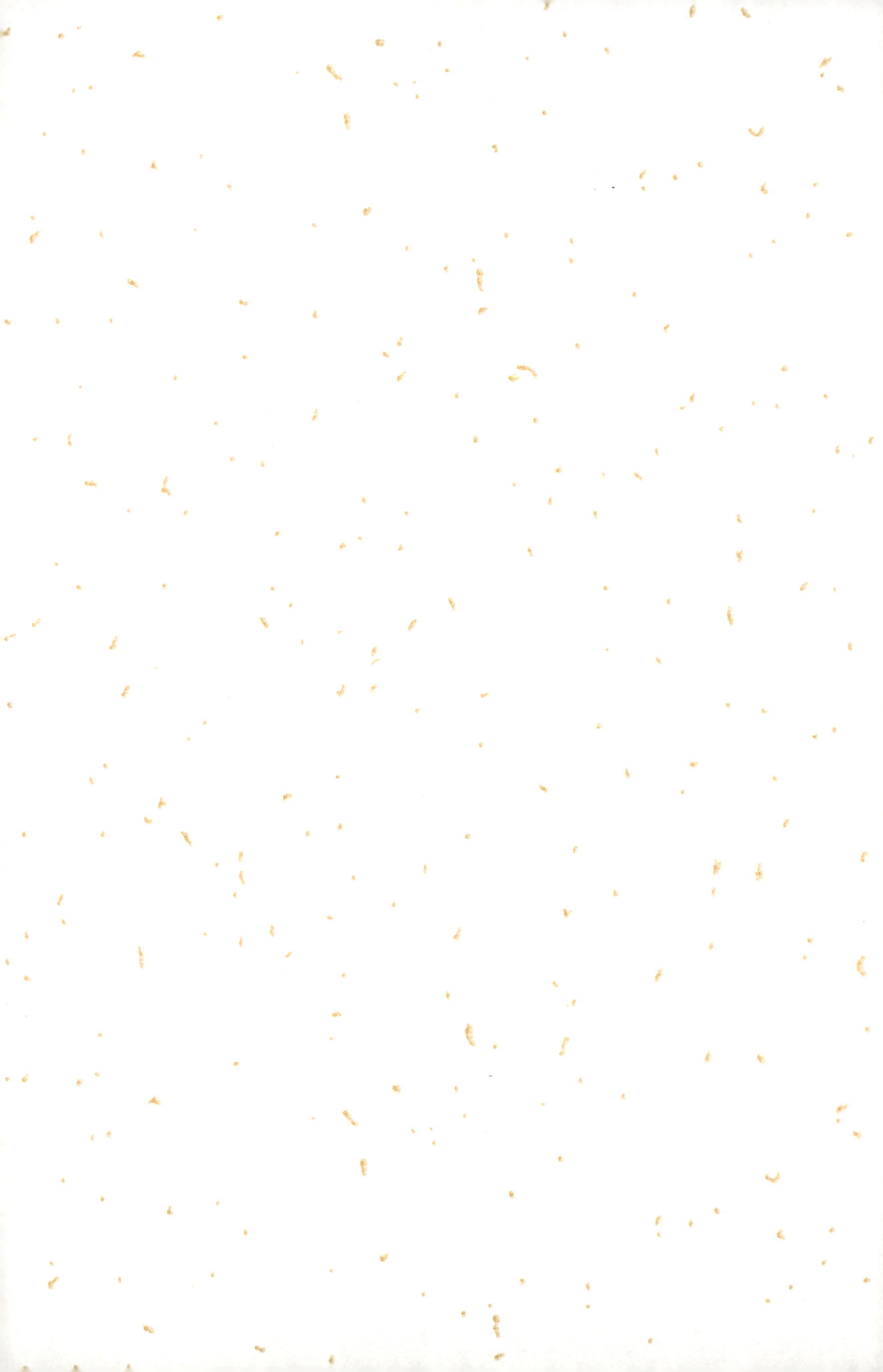

"公益慈善百年史话"丛书

青云志

顺德青云儿教院
口述史研究（1941—1945）

景燕春 朱健刚 编著

天津出版传媒集团

天津人民出版社

图书在版编目(ＣＩＰ)数据

青云志:顺德青云儿教院口述史研究:1941—1945/
景燕春, 朱健刚编著. —— 天津:天津人民出版社,
2022.6
(公益慈善百年史话丛书)
ISBN 978-7-201-18499-9

Ⅰ.①青… Ⅱ.①景… ②朱… Ⅲ.①孤儿院—史料
—研究—顺德县—1941-1945 Ⅳ.①D693.66

中国版本图书馆 CIP 数据核字(2022)第 089130 号

青云志:顺德青云儿教院口述史研究(1941—1945)
QINGYUNZHI:SHUNDE QINGYUN ERJIAOYUAN KOUSHUSHI YANJIU(1941—1945)

出 版	天津人民出版社
出 版 人	刘 庆
地 址	天津市和平区西康路35号康岳大厦
邮政编码	300051
邮购电话	(022)23332469
电子信箱	reader@tjrmcbs.com

策划编辑	王 康
责任编辑	郑 玥
特约编辑	佐 拉
装帧设计	汤 磊

印 刷	天津新华印务有限公司
经 销	新华书店
开 本	710毫米×1000毫米 1/16
印 张	30.25
插 页	5
字 数	350千字
版次印次	2022年6月第1版 2022年6月第1次印刷
定 价	119.00元

顺德青云儿教院院长　周之贞

岑学吕
顺德青云文社财产整理委员会委员

照玉彤长青教何

何 彤
顺德青云文社财产整理委员会委员

郑彦棻
顺德青云儿教院院董

伍 蕃
顺德青云儿教院院董

顺德青云儿童教养院全图

1949年顺德青云中学第二届毕业同学暨教职员合照

1954 年 10 月 30 日顺德青云儿教院 / 青云中学旅港同学聚会合影留念（区星权 收藏）

顺德青云儿教院同学于 2018 年 3 月 3 日在青云中学春茗会合影留念

从左至右：郑若翰、陈福锐、郑学善、欧阳学翘、麦启德、蔡武鸣、杨国彦、区浩玲、黄祖泽、李伟强、蔡尔洪、欧阳广源、苏振坤、区星权

总　序

　　中国的传统善举从清末转向以爱国合群为要旨的近代"公益",到今天现代公益慈善被纳入国家的第三次分配,推动中国走向共同富裕,这一转型历程迄今已有百余年。尤其在当代改革开放的四十多年间,公益慈善事业快速转型——从国际慈善的本土化到互联网公益的创新,在这一过程中,产生大量珍贵的档案文献和口述资料,亟需系统搜集、保存和研究。本丛书正是为此出版,以求抢救史料,薪火相传。

　　丛书来源于由广州公益慈善书院主持的"中国公益慈善数据档案馆"项目。感谢腾讯基金会、南都基金会和千禾社区基金会的支持,使得研究团队可以聚焦中国从近代到当代的公益慈善历史,搜集相关事件、组织、政策和思潮的文献史料并加以数字化。在过去的十年间,研究团队通过文献研究、田野调查和做口述史来对百余年间公益慈善事件、组织和人物进行研究、梳理和呈现。

　　丛书运用历史学和人类学的方法,力图呈现出百余年来公益慈善事件、组织和人物较为完整的历史脉络。这套丛书的特点有三:第一,它横贯近代史和当代史,从晚清到民国,再到当代中国的改革开放年代,关注的主题是百余年来中国公益慈善事业的转型;第二,它集中普通人的历史,通过文献史料搜集和口述实录来记录这些"挺身而出"的平凡人的事迹;第三,它着重于记忆的保存,并在史料钩沉中理解文化结构的变化。

基于此,丛书收录的每一本史料集都将包括三个部分的内容:一是导论,围绕核心,基于一定的理论脉络呈现完整的面貌;二是口述实录,通过对与相关人物的口述史访谈或者自述资历搜集,从不同的侧面来记录历史;三是文献史料集,收集整理相关的重要历史文献,为后续更深入的研究夯实资料基础。

本丛书第一批拟包含六本史料集。这六本史料集,都紧紧围绕百年来中国民间的公益慈善实践展开。《青云志》记录了抗日战争时期,顺德青云儿教院的发展历程;《潘达微集》记录民国广州第一任公益局局长潘达微的公益慈善事宜;《根的力量》记录中国第一个社区基金会——广东千禾社区基金会的发展历程;《公益十五年》记录一位普通公益人在环境保护领域的自传,也借此理解保护国际在中国的行动;《西南水保护》记录了21世纪初期西南河流保护运动的相关文献和口述;《热爱家园回忆录》记录了上海21世纪最早的民间志愿者社团的发展历程。每本一个主题,虽然时代不同、主题不同,但公益慈善事业的精神内核是一致的。

通过编撰这套丛书,我们期待开启近现代公益慈善百年回顾的漫漫长路,深入理解这一领域如何回应中国百年转型的艰难求索,让历史照见未来,从中生发中国社会崭新的想象之翼。

朱健刚

2022 年 6 月 21 日

序言：民间社会的国家担当

20 世纪初，清王朝崩溃，中国向现代的转型刚刚开始，社会建设百废待兴，国家遭遇惨烈的内忧外患。内乱频繁，外寇入侵，中华民族到了最危险的时候。

面对亡国灭种之祸，一盘散沙似的中国社会，第一次空前地团结了起来。前方抗日将士浴血奋战，后方社会各界各尽所能。其中，抢救难童，使其身心免受战火伤害，成为维系民族根脉的共识，也是国难当头富有远见的国家行为。

1938 年 10 月广州沦陷，紧接着顺德也落入敌手。一时间遍野流民，到处遗孤。广东抗日将军李汉魂的夫人吴菊芳临危受命，担任了广东儿童教养院院长一职，在日寇炮火下抢救了约三万难童和军人遗孤。

但国民政府在战时的主要力量用于军事抵抗，而当时的国力，还不足以支撑危机四伏的动荡时局。为此，国民政府号召，将抢救难童作为全民的一项救亡工作，鼓励有能力的地方士绅、宗族等为国分忧。

于是，以儿童教养院为名的抢救难童工作，就在社会多个层面展开了。

青 云 志

一、散尽家产，纾解国难

救助难童，最实际的问题是钱从哪里来？

由省政府和半官方性质救济机构直接支持的广东儿童教养院，即使有政府要求财力物力第一要保障军队，第二要保障难童的指令，但举全省之力救助难童的工作，还是做得相当辛苦。比如，广东儿童教养院院长吴菊芳，为了到处筹款，数十天不归家，导致爱子病故；为了难童能够吃上一点油荤，他们把用于制造牙刷柄的牛骨拦截下来，熬过一遍才给工厂。

在那个年代，国弱民穷再加上战乱，民生凋敝，百姓自顾不暇，何以分忧？

最先站出来的，是民间社会的精英人物——乡绅或乡贤。宗族和华侨，是他们直接依靠的社会基础。

广东的宗族，大多起于明清以来的移民。移民的沙田围垦与土地争夺，需要聚集宗族的力量。宗族聚邑而居，祠堂成为"敬宗收族"的文化象征。有了立足之地之后，广东宗族逐步向海外拓展，而沿海较早开放，也使宗族借助海外务工和经商，积累了财富。宗族和华侨海外同乡会，是中国传统社会以血缘和地缘为凝聚力的基层组织，也是侨乡顺德最有实力的民间社会群体。

抢救难童的工作，不仅需要强有力的组织去协调，还得投入大量人力物力，一般宗族或个人是无力承担的。在此情况下，类似血缘联宗和乡邦联合社团的民间组织，其整合地方社会资源的能力，对开展这一救亡行动有较多有利因素。在顺德，具有这种属性的有同乡会、文社等，其中最有影响的是青云文社。

青云文社成立于明末清初，由几姓祠堂共同管理，并捐款置田收租，作

4

为族祭社祭的活动经费来源。青云文社早期的主要职责是管理宗族田产和捐款的"公箱"，维持祭礼，乡试时送应试诸生试卷等。晚清后，青云文社的功能逐渐转化为办义学、做慈善、统领地方各种公共事业，在乡里有较大影响力。

顺德被日寇占领之后，随国民政府转移到粤北山区的顺德同乡会，商议筹组抢救顺德难童的事宜。经商议，认为具有一定经济基础，又有办义学和做慈善经验的青云文社，最适合做这个事。于是，抢救难童的重担，义不容辞地落到了青云文社头上。1941年9月，议事乡贤们以青云文社为核心，发起创立了顺德儿童教养院，并以"青云"冠名。

儿教院董事会吸收了一些顺德籍的军政要员作为董事，并一致推举在顺德本地具有很高威望的辛亥革命元老周之贞先生做院长，希望利用他们的社会资源，以青云文社的产业为基础，团结各宗族乡邦乡贤等地方精英，发动社会各界力量募资筹粮，解决难童的生存问题。但真做起来，才发现难度极大。

首先，是如何把孩子们安全转移的问题。顺德青云儿童教养院设于未被日寇占领的四会广宁深山之中。从顺德过去要穿越敌占区，还要走几天路。最难的是渡江，敌我以江为界，有兵把守。能够活着过江的，在儿教院都被称为"过海神仙"。

接着是安置问题。儿教院先借当地的一些祠堂落脚，让孩子们有个遮风避雨的地方。广宁乡贤出于对周之贞院长的敬慕，专为儿教院划出一片山。但要住人，还得由师生自己动手搭建临时棚舍。

吃饭问题最麻烦。别的事可以临时，每天几百号人的吃饭无法临时。由于青云文社的田地已经被敌占区的土匪恶霸趁着兵荒马乱霸占，田租收不回来，原计划的资金来源断供。周之贞不得不到处奔波，数度冒着危险潜回敌占区,动用自己的关系筹粮募款,但顺德各种慈善机构的公产公款均被敌伪把持。他是追随孙中山革命的老同盟会员,做过顺德县长,在国外考察过,在地方和海外有丰富的社会资源。他的社会关系网络涉及海外华商网络、顺德地方社会的乡土网络、革命组织及类似洪门的秘密会社网络。借助这些力量,才勉强夺回了在战乱中被霸占的部分田产。

周之贞和顺德乡贤到处劝捐"粮草"和书纸笔墨费,为难童能够吃饱穿暖想尽各种办法。但所筹款项只是杯水车薪,加上后来米价飞涨,费用超出预算数倍。抗战胜利后,战火再起,物价暴涨,昨日好不容易筹到的款,到今天近乎废纸。几度面临断炊,周之贞只好不断变卖自己的家产来维持儿教院的运转。难童说:"八年中,我们吃光了周院长在上海的私产,在怀集的杉山,在四会的果园和在香港珍藏的典籍。"周之贞为顺德青云儿童教养院殚精竭虑、耗尽家产,最终积劳成疾。他自1947年时经常咳血,撑到1950年春去世时,几乎家徒四壁,靠朋友接济才得以料理后事。

在周之贞、顺德乡贤和各界仁人义士的全力支撑下,顺德青云儿童教养院硬顶到抗战胜利,再坚持到内战结束。现读《顺德青云儿童教养院院志略(1941—1949)》中谈及经费筹措的事,方知在战时要养活并教育这些难童是多么不容易的事。即使如此惨淡经营,青云儿童教养院仍紧随孩子成长的步伐发展壮大,在艰难中创立了私立青云中学,为战时不被中断的地方教育,做出了重要贡献。这些投入,都是完全的消耗,毫无经济回报,周之贞等甚至毁家纾难。

没有人统计过,顺德的乡贤、华侨和各界人士,为顺德的地方教育事业,究竟付出了多少。唯一能够告慰周之贞院长等仁人志士于九泉之下的是,从青云儿童教养院出去的难童,很多都成了治乡建国的栋梁之材。

这些举家举族之力创办的私立学校,后来收归国有,变成了公立学校。

改革开放后,家乡父老为周之贞院长重建了故居,恢复了青云校名。青云儿童教养院后人立志弘扬青云精神,把学校建设成现代化的全能中学。

二、"续国脉,保元气":培育国家栋梁的"青云种子"

周之贞等地方精英,为什么要以毕生精力,散个人和宗族私产,坚持办公益教育呢? 接受过新思想熏陶的周之贞认为,救亡要保国,保国要保种,而保种则要保教。只有救助难童进而施以教化,才有可能"续国脉,保元气"。广东宗族素有"耕读持家"、鼓励科举和兴办义学的传统,顺德青云儿童教养院承续乡村书院教育的经验,把教育作为救助难童的首要工作。

但儿童教养院的教育方针和旧式应试性书院教育不同,更与敌占区强制推行的奴化教育相抗衡。周之贞结合战时实际情况,以陶行知等倡导的新式教育为范本,实施中山大学师范学院院长崔载阳为广东儿童教养制订的"管、教、养、卫"为一体的教育模式,把儿童教养院办成"家、校、场(农场)、营(军营)"合一的战时儿童教育基地。顺德青云儿童教养院除了救助,更有意识地开展精英教育。除了读书,劳动和军训也是锻炼、教育学生在艰苦时期如何生存的重要方式。为了培养学生成为地方甚至国家的管理人才,顺德青云儿童教养院还成立了名为"青云乡"和"消费合作社"的实体,学生都是"乡民"和社员,通过民主方式选出乡长、保甲长和经营人员,在"自治治事""自养养人"中锻炼治乡治国和经营管理的能力。

在救助和教育策略方面,顺德青云儿童教养院和广东儿童教养院也有所不同。作为政府及半官方机构主办的广东儿童教养院,救助难童是普惠性的,不分男童女童,不限年龄,不问贫富,只要有难,一概救助收养;而由宗族等民间组织主办的顺德青云儿童教养院,却有着明确的精英导向,其关注重点主要是十岁以上男童,而且多为出身于地方精英家庭和比较聪明的孩子,个别女童或未满十岁的孩子,也都是头面人物的子女。他们认为,男童艰苦耐受力较好,精英后代今后成为领袖人物的潜质较大,也就是成为国家栋梁的成功率较高。这种做法,除了因为民间财力有限,只能抓住重点救助培养之外,宗族世系传袭的男性中心传统观念,也是重要的原因。

当然,地方乡贤及青云文社举地方和宗族之力培育"青云种子"的初衷,从一开始就不仅仅是为了传续宗族和地方精英的血脉,而是为了国家的未来"续国脉,保元气"。也正是在这种思想的指导下,青云儿童教养院对收养儿童,不仅提供文化教育,还施以苦难教育、爱国教育、领导力教育和公民教育,锻炼他们通过自治治事、自教教人、自养养人、自卫卫群,[①]成长为保家卫国、治国救民的社会栋梁。

"续国脉,保元气",为国培育栋梁之才的"青云种子"精神,已经深深根植于这些孩子心中。顺德青云儿童教养院,涌现了一批管理、经营和教育人才。长大成才的校友,感念儿教院对他们的培养,也通过各种方式回馈社会。延续这一"义学"传统,一些校友捐资创办了莘村幼儿园、四会青云小学、莘村中学,并持续资助陈村青云中学、职业技术学校等。捐助乡里教育事业约两亿的校友李伟强认为,青云精神就是爱国精神,"世界上那些知识水准越高的国家,教育水平就相对较高。我认为想要帮助中国强盛富足一定是要从教育开始"。

民间社会承续宗族和地方精英"血脉"的行为,升华为维系中华民族共同体"国脉"的义举。个人和家乡,地方和国家,经由苦难的熔炼,而连为了一体。

在周之贞先生的遗像下,书写着一行大字——"不独子其子"。这也是他去世时,旅港同乡、知名人士和难童的挽幛之语。

---

① 广东儿童教养院"管、教、养、卫"的"卫"与顺德青云儿童教养院"自卫卫群"不同,是"自卫卫国"。

"不独子其子",应该是那个年代中国仁人义士共有的胸怀。记得十多年前,我受李汉魂和吴菊芳的女儿李浈教授的委托,开始接触当年的难童,参加他们的聚会,跟随他们故地重游。在韶关儿童教养院遗址纪念亭上,镌刻的几行大字给我留下深刻印象:"老吾老,以及人之老;幼吾幼,以及人之幼。"他们毕生奋斗,就为实现中国先贤两千多年前就期盼的理想社会:"大道之行也,天下为公。选贤与能,讲信修睦。故人不独亲其亲,不独子其子,使老有所终,壮有所用,幼有所长,矜(鳏)寡孤独废疾者,皆有所养。"(《礼记》)

作为籍贯上的顺德人,虽然没在顺德生活,更没有经历过那段历史,但在故乡前辈们生命故事的叙述中,那片故土、那段历史、那种"不忧身世却忧民"(周之贞诗)的家国情怀和义士风范,在我们眼前变得具体可感了。

顺德籍学子

中山大学社会学与人类学学院

广州美术学院视觉文化研究中心

邓启耀谨记

2022 年 5 月于广州

9

目　录

第三部分　附录：青云档案汇编

儿教院学员回忆文章选录

前　言

在侨乡顺德的近代历史上，有一位颇具传奇色彩的人物，他既是辛亥志士，又曾两次担任顺德县长，在日本侵略中国的连天烽火中，他没有继续从政，而是转向地方慈善事业，在当地青云文社的支持下，创办义学，收养难童，以"续国脉、保元气"，为国之未来培养人才。他就是周之贞，而他创立的这个慈善机构叫顺德青云儿童教养院（以下简称青云儿教院）。在抗战期间，青云儿教院共接收国难之童近千人并施以公民教育，为日后家乡顺德及国家的建设培养了一批人才，也改写了这些难童的命运。1949 年中华人民共和国成立之后，随着青云儿教院改名顺德二中，周之贞和他的慈善事业也逐渐被人淡忘，直到变得不为人所知。但是儿教院当年的学员却念念不忘，20 世纪 70 年代以来，他们发起种种整理文献和募款运动，如推动青云中学的复名，为青云中学捐款，为周之贞建立纪念馆等，整理青云历史、编辑出版各种回忆文集达 16 种之多。在历时两年多的研究过程中，笔者也投身到他们的集体记忆建构过程之中。

本书是一部口述史作品。作者力图和这些口述者一起来建构关于当年青云儿教院的集体记忆。哈布瓦赫在论及"集体记忆"时强调过，在大多数的情况下，我们之所以回忆，是因为别人刺激了我们，也就是"别人的记忆帮助

1

了我们的记忆,我们的记忆借助于他们的记忆"①。因此集体记忆要靠着一种社会性的仪式来完成。本书所组织的集体口述就是这样一种仪式。在这个过程中,人们并非直接记着种种历史事件,而是老人们聚在一处,透过阅读、对话或是参与校友的聚会,记忆起那些过往师生的言行成就,这个时候他们的感动才被勾起,社会机制才得以重新得到活络。通过老人的口述,儿教院校友的记忆再次鲜活起来。我们得以对那段时光进行纪念缅怀,正如哈布瓦赫指出,历史性的记忆只有通过书写记录,才能影响社会行动者。当然,即使是集体记忆,也只能通过个体才能进行记忆,因此每个个体也就有着融入自己个性的不同记忆。这些不同的个体记忆通过我们的记录和整理变成了今天这本口述作品。

围绕这种集体记忆,本书共包含三部分内容。

第一部分,从历史人类学的视角对青云儿教院进行考察。笔者通过对国内的顺德、四会、广州、香港和美国的旧金山等多地学员的口述史记录、实地调查以及文献考察,试图理解这种地方义学传统及其近代转换,进而理解周之贞以及同时代的一批 19 世纪的 80 后是如何通过义学这一方式培育地方精英,进而传承与民族国家的现代化进程相适应的所谓乡邦精神。这一部分包含四个方面的内容:一是介绍顺德及青云文社的历史脉络;二是描述周之贞作为地方精英如何从政治参与转到慈善领域,进而组织起儿童教养院;三是探讨儿童教养院的教育方式及其对学生的影响;四是讨论青云教养院的教育传统如何延续到今天。在结论部分我们探讨这种义学传统的演变如何再造乡邦精神。

当年在儿教院学习生活过的老人们将自己称为"青云种子",他们孜孜以

---

① [法]哈布瓦赫:《论集体记忆》,毕然、郭金华译,上海人民出版社,2002 年,第 69 页。

求,努力传承青云精神,延展周之贞在战时创办的教育事业的影响力。在对顺德青云儿童教养院历史进行探究的时候,正是这一批自称为"青云种子"的老人们,为研究提供了诸多线索和资料,也成为我们研究的重要推动力。同时他们关于儿教院和周之贞的记忆本身就是非常宝贵的财富。正是这些亲历者的记忆和对历史事件的讨论与探究,使得研究者能够有机会走进历史事件的内部,去一探内部的细微之处。

在笔者与青云儿教院当年的学员接触的过程中,最常听到的一句话就是:"等我们都死了,就再也没有人知道那些事情了。"当年周之贞创办儿教院培养难童这一历史事件的亲历者们,大多已经离世,健在的老人们也已年近九旬,身体每况愈下。在研究和写作过程中,笔者能够时时感受到他们对于这段历史即将被遗忘的焦虑,也有一种抢救历史的紧迫感。

在"青云种子"及相关人士的帮助之下,我们从 2017 年 1 月开始围绕周之贞和青云儿教院展开田野调查和档案搜集工作,并于 2017 年 10 月到2018 年 3 月在广州、顺德、香港、旧金山寻访并拍摄了 21 位青云老人及 6 位青云家属及后人的现场访谈,整理出这部口述历史的文稿,让这些历史的亲历者发出声音。他们所提供的广泛而多元的声音,使得关于周之贞创办的青云儿教院这样一段战时教育公益实践的历史叙事更加丰满。

本书的第二部分是对儿教院当年的学员及其家属、后代的访谈口述稿。笔者共访谈了 27 位青云种子及后人,通过他们的讲述,我们试图去理解周之贞义学的实践活动及其对地方社会的影响。这一部分将分为三篇——广州·顺德篇、香港·旧金山篇、青云后人篇——来呈现关于周之贞和青云儿教院的历史记忆。

在开展这项研究的过程中,青云老人们对周之贞及创办教育抢救难童的感恩之情、对青云校史及精神遗产的珍视和传承都深深地打动着研究者。

青云志

虽然本书呈现的历史人物和历史事件在当代社会的知晓度不高，但是以"青云"为主题的当代作品却是非常丰富。这得益于儿教院学员对校史资料的保存，也得益于青云校友会的努力推动。他们组织编写了大量回忆性的文章、总结梳理儿教院历史的文字资料，为今天的研究提供了坚实的基础，也成为社会记忆重要的一部分。

因此，本书的第三部分以附录的方式，收录了青云儿教院的学员整理编辑的青云儿教院的校史资料、儿教院的陈大展老师在 90 岁高龄时创作的再现儿教院学习生活的画稿，还有欧阳学翘老人 1946 年的校园写生铅笔画、周之贞在举办儿教院期间的亲笔书信等。通过这些史料，我们能够较为直观地了解当时的场景，为后续有关民国时期民间公益教育事业的更深入研究提供资料基础。

总的来说，本书记录的是大时代中的小人物。这些小人物，诸如周之贞和他的学生们，很多时候都会被人忘记，可能在一个更宽广的社会层面上，变得无人知晓。这其实是非常令人遗憾的事情。我们对 70 多年前在顺德乡间发生的倡办义学的地方实践进行研究，在很大程度上就是希望通过社会史钩沉、民族志描述和口述历史的方式，把这些鲜活的故事中深邃的地方精神挖掘出来，并以文本的形式稳定下来，让人们重新认识它，让人们专注地去凝视它。这种凝视的力量，可以让更多的人，在个人历史的迷惘之中，重新体验生命的意义。

第一部分

总论：义学传统与乡邦精神

一、引　言

　　1937 年,日军发动全面侵华战争,中华大地战火纷飞,引发了巨大的难民潮。据统计,年龄在 15 岁以下的儿童占难民总人口的 33.7%[①],关系"国之未来"的难童问题成了当时最为严重的社会问题之一。1938 年宋美龄在报章上发出呼吁,为难童请命,吁请各界关注难童救助保育[②],并出任汉口基督教女青年会发起的战时儿童保育会[③]的理事长,领导全国性的战时难童保育工作,开中国战时教育事业之先河。"1938 年 2 月,国民政府正式成立中央赈济委员会,其下设立儿童科专司难童收养,是国民政府战时难童保育事业在全国的最高权力机关。"[④]同年 10 月 20 日国民政府的行政院核准并颁发赈济委员会拟定的《抗战时期难童救济教养实施方案》。[⑤]在全国性社团和国民政

---

① 孙艳魁:《抗战时期难民群体初探》,《民国档案》,1991 年第 2 期。

② 宋美龄:《谨为难童请命》,发表于 1938 年 4 月 11 日《妇女生活·战时儿童保育专号》。载宋庆龄:《民国名人回忆录:宋美龄回忆录》,东方出版社,2010 年,第 127~129 页。

③ 其正式名称为"中国妇女慰劳自卫抗战将士总会战时儿童保育会",一般通称为"中国战时儿童保育会"。参见张玲:《战争、国家与女性:抗战时期宋美龄的妇女动员》,浙江大学博士论文,2011 年。

④ 胡相华:《抗战时期广东难童保育工作初探》,《岭南文史》,2014 年 9 月,第 37~39 页。

⑤ 游海华:《全面抗战时期中国东南区域的儿童救济机构考察》,《日本侵华南京大屠杀研究》,2018 年第 3 期。

府的大力推动之下,全国各地都建立了相应的难童救助保育的机构。游海华把全面抗战时期中国东南区域的儿童救济机构划分为三种类型:第一种类型为国民政府办理的难童救济机构,其中大多数由政府的赈济系统举办;第二种类型为半官方的社会团体,以宋美龄领导的战时儿童保育会最为典型;第三种类型为民间社会团体,以福建晋江的开源慈儿院、浙江奉化的国际灾童教养院为例。[①]

广东在全面抗战期间也未能幸免于难。1938 年 10 月 21 日广州全城沦陷,23 日日军侵占了邻近广州的顺德陈村、乐从、龙江,10 月 26 日进占大良。[②]随后省政府迁往韶关。在此之前的 1938 年 8 月,由中央赈济委员会和广东省赈济会主办的广东儿童教养院在战时省会曲江沙园正式成立,由当时广东省政府主席李汉魂的夫人吴菊芳领导的广东省新生活运动妇女工作委员会负责具体事务,到 1940 年在全省开办了 7 所儿童教养院,并设立了小学、中学、工厂、农场等 20 多个儿童救济与教养机构,共救助了 3 万余难童与军人遗孤。[③]然而战时政府能力有限,无力负担如此巨大的难童抢救工作。广东省政府在举办省儿教院的同时,鼓励各县市举办儿教院。此外还颁布了《广东省各县市推行宗族抚养贫苦儿童办法》,号召地方和民间力量,尤其是宗族收养难童,以扩大救助范围。[④]

在这样波澜壮阔的战时难童救济教养的历史画卷之中,于 1941 年创办的顺德青云儿童教养院,正是一个非常典型的由民间力量创办、养教并重的

---

①③ 游海华:《全面抗战时期中国东南区域的儿童救济机构考察》,《日本侵华南京大屠杀研究》,2018 年第 3 期。

② 参见《顺德县志》。

④ 郭丽兰:《抗日战争时期广东国民政府的难童救济教养工作》,华南师范大学硕士论文,2007 年。

战时儿童救助的典型案例。青云儿教院的核心人物、辛亥志士周之贞等人以"续国脉、保元气"为使命，为战后地方社会的重建培养了一批骨干力量。

二、顺德地方与青云文社

广东顺德处于珠三角的中心区域,在历史上与南海、番禺合称"三邑"。20世纪90年代以后,顺德工商业发展强劲。2006年,顺德就成为我国GDP(国内生产总值)率先实现1000亿元的县域经济体,其基础"顺德制造"成为中国产业集群、民营经济、自主创新和自有品牌的典范。改革开放之后顺德的经济腾飞,很大程度上源自其明清以来的重商传统在民间的旺盛生命力。在清朝前期,广州作为中外贸易中心,就已经将顺德等珠三角的市镇都卷入了商业活动之中。而工商业的发达又与顺德本身是向海而生的水乡息息相关,由于处在珠江三角洲水网区域,顺德全县的水陆面积比例达到4:6,因此水域是顺德非常重要的地域特征。河汉纵横,给当地的交通带来极大的便利。据《顺德县志》记载:

……惟顺德在在皆水乡,舟航所达,川流四绕,阡陌交通,故力农尤便。至于桑田鱼池之利,岁出蚕丝,男女皆自食其力,贫者佃富者田而纳其租,惰安者盖少矣。其他为匠、为圬、为场师又或织麻鸣机、编竹做器,一艺一业,往往遍于乡堡,相效成风。大率耕六工二,余则贸迁。其事诵读而试有司者不及十一焉。①

　　因此清代的顺德一方面将农业不断商业化,另一方面本地与外地商人又将顺德的工业,例如缫丝业纳入国内外市场体系之中。正是在这种互动中,顺德社会重商逐利蔚然成风。例如清前期的才女李晚芳坚持让儿子经商,是要完成三愿,"建祠以妥先灵,置尝业以供祀事,分以赡周亲使各有恒产。此三者,敬宗收族之要也"②。传统社会中商人的理想由此可见一般,敬宗收族成为以宗族为基础发展商业的重要目标。这样的商业传统一直持续到当代。

　　同样因为水多地少,向海要田也成为顺德人的基本生存法则。沙田围垦是珠三角比较普遍的扩充土地的方式,而顺德又是明清以来珠三角围垦沙田的重镇,可以说近二三百年来形成的新沙田,"天然积成者少,大部分是人工造成的"③,沙田的开垦与当地的宗族文化发达又有着密切的联系。因为沙田的开垦是一项浩大的工程,耗资巨大,不是普通个人的力量所能够完成的,因此沙田的争夺和保卫往往也需要动用家族的力量,甚至当相邻的两个地域之间争夺沙田的时候,一地的家族士绅往往会形成合作以确保自己在沙田上的利益。在清末和民国时期,珠三角的沙田大部分都被居住在民田区的大族所控制。刘志伟通过番禺沙湾何族沙田开发的个案研究指出,"在沙田控制上,宗族的意义其实主要不是一种经营组织,而更多是一种文化资源",他将这种文化资源称为"祖先的权力"。④他指出:"这种祖先的权力来自国家与地方社会互动的历史中形成的政治与文化议程, 并且需要运用这个议程的文化象

---

① 咸丰《顺德县志》(卷3),《舆地略》。

② [清]梁炜:《菽堂分田录》,乾隆三十八年刻本。

③ 邬庆时:《广东沙田之一面》(文史资料选辑第五辑)。

④ 刘志伟:《地域社会与文化的结构过程——珠江三角洲研究的历史学与人类学对话》,《历史研究》,2003年第1期。

征,通过具体行动来产生和维护。在地域社会中各种势力争夺沙田开发权和
地方控制权的明争暗斗日趋激烈时,尽可能'培养'出祖先与士大夫文化传
统的联系,无疑可以占据更有利的位置。根据正统的礼仪规范组成宗族也就
成了一种最有效的手段和途径。"①

科大卫指出,在中国,宗族始终不是名正言顺的商业机构,因此私有财
产权不是宗族的目的,而是宗族继续其事业的手段。宗族的事业是奉祀祖
先神灵、繁衍宗族子嗣。因此"宗族的自私自利,能够为国家与社会带来公
益"②。在明清以来的顺德地方社会中,宗族承担了重要的地方社会的互助
和福利事业。例如顺德大良镇的罗氏大家族,通过控制地产和科举制度不
断提升和扩大宗族的势力和影响力,同时他们也投身到地方社会的公共事
务之中,缝补官府的不足,维持地方社会的秩序。以宗族为基础的地方精英
对地方社会的把持和经营是清末直到民国期间顺德地方社会治理中的一
个非常突出的特征。

不过,向海而生的地域生态也让顺德形成了另外一个传统,就是海外移
民的传统。顺德人海外移民的历史始于 15 世纪。明景泰元年(1450),黄萧养
起义失败后,朝廷严缉起义者,大批的顺德农民外逃,一些农民乘船漂流出
海,至印度登陆,其后部分人陆续转至毛里求斯、留尼旺、马达加斯加及南非
等地,这是顺德首次大规模海外移民。鸦片战争之后直到太平洋战争之前,
随着中国的开放和资本主义全球市场的兴起,顺德商人开始经由广州、香港
及澳门转而向南洋(如新加坡、马来西亚、越南、泰国等)拓展商业网络,大量
的普通民众也向海外移民务工以获取更大的家庭生计的发展空间,这是顺德

① 刘志伟:《地域社会与文化的结构过程——珠江三角洲研究的历史学与人类学对话》,《历史
研究》,2003 年第 1 期。

② 科大卫:《皇帝与祖宗——华南的国家与宗族》,江苏人民出版社,2014 年,第 13 页。

第二次大规模移民。第三个人口外移的高潮是在太平洋战争爆发至抗日战争胜利时期,大量顺德人逃离县域,其中有很大一部分逃至港澳及海外。1949年之后由于国内政治环境的限制以及作为移民目的地的民族国家开始限制华人入境,顺德人口外移的情况开始逐渐减少。根据最近一次的统计,顺德现居境外的乡亲(包括祖籍顺德的海外华侨华人、港澳台同胞)约60万,分布在56个国家和地区,其中以东南非和东南亚为多,如毛里求斯、南非、新加坡、马来西亚、越南、印度尼西亚等。伴随着移民过程,海外的顺德人也常常在移居地建立会馆。诸如马来西亚槟城顺德会馆(1838年)、新加坡南顺会馆(1839年,旧称南顺陈宅,1889年注册时更名)、旧金山顺德行安堂(1858年)、毛里求斯南顺会馆(1859年)、旅港顺德绵远堂(1876年)、马来西亚太平顺德会馆(1896年)、马来西亚的雪隆顺德会馆(1949年)等,基本上都是顺德早期的海外移民建立的社团。这些社团大多是以地缘、血缘关系等为天然纽带,跟移民的祖籍地家乡之间有着密切的联系,并且以同乡、同宗之间的互助、祈神庇护、恤死送终作为团体组织活动的主要内容。

发达的工商文化、以保卫开垦沙田为基础的宗族文化以及海外华人移民和移民社团文化构筑了顺德文化传统的三个重要的核心要素。我们也正是在这样的背景下,理解顺德历史最悠久的民间会社——青云文社。

青云文社起源于祭礼。明万历年间,倪尚忠(浙江浦江人)任顺德知县时,出于振兴顺德文运之意,带头募捐,修建了太平、青云双塔。青云塔建于明万历三十年(1602年),原名神步塔,因位于神步岗而得名,又因岗下有青云路直抵县城东门,故俗称青云塔。青云塔建成之后,便成为顺德地方上读书人的重要祭祀场所,并确定青云文社春秋仲月例行四时之祭的经常性社火活动。崇祯己卯年(1639年)倪尚忠的儿子倪仁祯到访其父当年履职过的大良并登

青云志

青云塔在文昌阁下祭祀先父,并作了一篇《青云第一社序》①,青云文社的社名便从此而来。根据县志的记载,青云文社主要的事务包括三方面:一是每遇乡试送应试诸生试卷;二是递年办理县内胡侯、倪侯、王公、湛公四祠及表忠祠的春秋祭务;三是每年二月和九月拜谒青云阁祭祀文昌。青云文社没有社址,田产也不多。它的公箱(也就是捐款)则由大良城内的罗世德堂、罗本原堂、龙敦厚堂、李紫原堂各祖祠轮流管理。②

到了晚清,青云文社的功能逐渐从维持祭礼转化为支持地方教育,兴办义学,培养人才。1855年在收复被三合会占领的县城大良之后,团练总局就用其下辖的沙局积存的余项置买田业,充实原有的青云文社的资产,并将之更名为新青云文社。当地两大家族领袖罗惇衍和龙元僖不但自己出钱出力,而且借两人的影响力,发动城乡商户、街坊以及归国的侨民捐款,"筹款置产"。如咸丰九年(1859年)顺德知县李润卸任的时候,"捐出廉俸六千金,交邑局(新青云文社附设的沙局)置产,为新生印卷费用"③。又如大良归国华侨陈纯修也捐田三顷七十亩,④但是第二年就发生了潘姓和李姓家族争控田产的事件,捐款暂停,直到同治四年(1865年)青云文社才开始代送文武新生印卷金。具体的做法是,"田坦租息为文武新生送学官印金,经费每考每名银二十四两,拨进府学者同"。"其贽敬定银一十二元,由新生自备。"⑤除此之外,从同治十年(1871年)开始,还送文武科甲花红金、每年的书金、弓箭金、京官炭火金、恩科会试公车赎费等。顺德团练总局裁撤之后,团练总局的公产全部注入青云文社,东海护沙局也归入青云文社,这使得新青云文社的财力得

---

① 《顺德县志》(民国版)(卷二)建制。

②③⑤ [清]龙葆誠:《凤城识小录》。

④ 《记录清末民初大良中区社会慈善机构——名流为砥柱 济困全方位》,《珠江商报》,2015年11月22日。

14

到空前的扩大,同时团练总局下属的各种地方公共事业也都由青云文社来统领和办理。

新青云文社在扩充了文社的公产之后,就跳出了原来由府城四大家族祠堂掌管的治理格局,由公推产生的八位绅士总理社务,八位乡绅约定城内和乡里各四位,每年轮流负责。扩充之后的文社,资产主要用于三方面:一是提供防台风的经费;二是支持科举,包括文武新生印金,孝廉公车赎费,京官炭金,文武科甲花红金、书金、弓箭金等;三是提供书院学堂经费,光绪戊戌拓建凤山书院后,每年提拔社银一千两以增生童膏伙;在废除科举之后,文社将之前用于印金、公车花红金、书金、弓箭金、书院津贴等费用停止拨付,转而将这些经费用于资助新式学堂。①此外,根据《顺德县志》(民国版)的记载,光绪年间在京城购置的顺邑老馆的东院、顺邑南馆、顺邑新馆所用的资金也大多来自青云文社的资产。②

废除科举之后,青云文社的资产开始转向顺德本地的新式学堂、报馆等新兴的文教事业。例如补助顺德中学、师范讲习所、师范学校、县一小和二小、县图书馆及县民众教育馆、义务教育实验区的开办经费。在民国期间,文社还资助县内的进步报馆和本地的留法勤工俭学学生。

1929年文社改为委员制。委员会由县内具有代表资格的人士组成,主要由前清贡举以上人员,旧制中学、高中以上毕业学生,县区教育会各派代表一人,而中小学也各派代表一人。委员经县政府审核合格,发给出席证。委员从代表中选举产生。从选举产生的委员中,又推选出常任委员,成立"管理顺德青云文社委员会"。

---

① [清]龙葆诚:《凤城识小录》。
② 《顺德县志》(民国版)(卷二)建制。

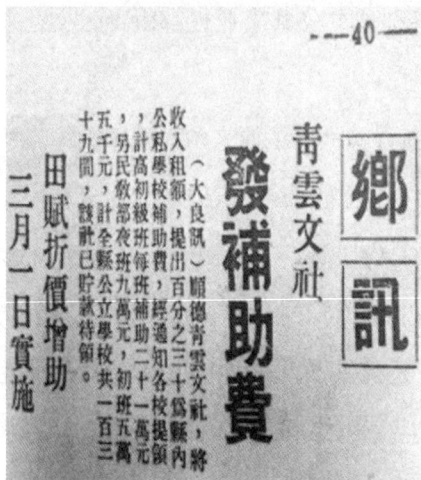

图1　青云文社向公私学校发放补助的公告

在整个民国期间，即使在时局混乱期间出现过文社田产被霸耕的情况，内部人员等贪污侵占文社资产等事件也时有发生，但由于文社的私有财产得到政府与民间的确认，文社的运作仍然一直得以保持。直到1949年，在一份侨刊中我们还可以看到青云文社向县内诸公私立学校发放补助费用的消息。

可以说，团练总局成立之后改组的新青云文社实现了地方传统的重要革新：将文社从大家族祠堂轮流控制的地方文人雅聚和祭祀的机构，改革为由地方绅士和精英共同掌管。青云文社成为得到政府和民间双重认可的促进地方文教事业的公共机构。随着时代的转变，青云文社实际上已经成为地方上的公产管理机构，这笔公产来自地方，也用于地方子弟的教育和培养，这一方针得到了官方、士绅及民间社会的一致认可。这种来自各方面的认可，既是文社资金运作的保障，也起到一定的监督作用。文社作为一个控产机构，实际上扮演着地方文教基金会的角色，从而也在特定的历史时期催生出地方社会中新的慈善实践，即青云儿童教养院。

青云儿教院的出现与抗日战争息息相关。1940年顺德已经沦陷，战争和饥荒使得县城及乡村的很多儿童失养失教，流落街头。那个时候，因为战事困难、财政紧张，广东省政府的儿童教养院陷入资金困境，因而下发文件，要求各县市自己解决救助战争难童的问题。于是聚集在当时流亡政府所在地韶关的顺德军政界要员在曲江顺德旅韶同乡会商议，决定以顺德青云文社的名义,筹组抢救顺德难童的事宜,以求"续国脉、保元气"。1941 年 9 月 30 日,旅韶同乡会正式议决筹办儿童教养院,命名为顺德青云儿童教养院,负难童的收养管教之责。同时还确定经费筹措的办法,主要是借拨顺德青云文社的租项,同时向社会各界募捐,请求政府和各社会团体的济助。为筹办儿童教养院,同乡会同时还成立了顺德抢救难童委员会和儿童教养院筹备委员会。抢救难童委员会主任为周之贞,委员为何彤①、郑彦棻②、伍蕃③、陈骥④、萧次尹⑤、何

---

①　何彤(1892—1972),字葵明,广东省顺德县大良人。清末废科举,何考进广东陆军小学,1909 年考入广东陆军第四中学,后曾在上海参加辛亥革命。1940—1945 年担任广东省民政厅厅长兼广州市市长。

②　郑彦棻,佛山北滘槎涌村人,郑军凯侄。早年留学法国。毕业后,受聘于日内瓦国际联盟秘书处。1935 年回国任国立中山大学教授兼法学院院长。1939 年进入政界,历任广东省政府委员兼秘书长、国民党中央委员副秘书长、秘书长等职。1949 年去台湾,任"行政院司法行政部部长""总统府秘书长""国策顾问"等职。郑彦棻少年时就读于周之贞创办的北滘乡高等小学。

③　伍蕃(1890—1959),字少裝,广东顺德人。国民革命军中将,擅书法,先后毕业于广东黄埔陆军小学堂第 2 期、南京陆军第四中学、保定陆军军官学校第 2 期骑兵科,历任国民革命军第 7 军第 5 旅参谋长、(1927 年底)第 15 军第 3 师(后改称第 52 师)参谋长、广西省保安处长、广西省政府委员、广西省保安司令部中将司令、第四集团军总司令部高参、第四战区军官训练团副教育长、第 7 战区挺进第 3 纵队司令等职。1946 年 2 月退役。

④　陈骥(1890—1974),字骧衢,广东顺德人。广东陆军小学第三期、南京第四陆军中学、保定军校第二期步科、日本陆军士官学校第六期骑科毕业。历任粤军排长、连长、西江讲武堂教官、营长、团长。1936 年任广东省保安第 4 旅长。1937 年 1 月,任 66 军 159 师师长。1939 年 8 月升任军长。1940 年 8 月接任第四区行政督察专员兼保安司令。1948 年 5 月,任顺德县长,1949 年秋赴东南亚。

⑤　萧次尹(1903—1989),名永任,字启尧,广东顺德人。曾任胡汉民、谭廷闿、孙科、梁寒操秘书。曾先后毕业于广州市立师范学校、广东工程专科学校、广东大学。北伐初期,先后任职于国民党第二次全国代表大会、广东省政府及广州国民政府交通部。广州国民政府迁武汉后,兼任国民政府秘书处主任。宁汉合并后,奉派接受国民政府秘书处、交通部秘书处。任专员,国民政府秘书。1929 年 9 月,任行政院秘书。1932 年任浙江民政厅秘书兼科长。1935 年 2 月,任铁道部秘书。1936 年任广州市政府秘书兼科长。抗日战争期间,任立法院兼任秘书兼驻渝办事处主任,1939 年为陈诚任为军事委员会总政治部设计委员会少将委员,1940 年任桂林行营政治部同少将主任秘书,中国茶叶公司粤分公司经理。1945 年 8 月,任广东省政府委员兼田赋粮食管理处处长,广东军粮会主委。1946 年冬,任接收西南沙群岛专员,正式升旗立碑〔固我南疆〕,宣告中外,维护国家领土主权。1947 年建议创办国父纪念馆、华侨革命纪念馆,任该馆总干事。1948 年当选为行宪国民大会代表,9 月兼任广州市政府秘书长。

雪甫、岑学吕①等人。儿教院筹备委员会主任为周之贞,委员有伍蕃、郑彦棻、陈器范②、冯焯勋③、伍颂圻、何雪甫等。

但是在那个时候,青云文社的沙田实际上已经被当地的"大天二"④趁着兵荒马乱而霸耕。在田租收不回来的情况下,文社的资金开始捉襟见肘。从保留下来的儿教院院董会的章程上,可以看到顺德抢救难童委员会和儿童教养院筹备委员会都是以青云文社财产整理委员会(以下简称整理委员会)的名义进行,这个整理委员会在民国期间的主要工作就是整顿过去的青云文社账务、回收被霸耕的沙田和租项,将所筹资金用于地方文教事业。7 名委员都是顺德地方上非常有名望的军政界的要员,这批人同时也担任儿教院的董事。我们看到这份青云文社财产整理委员会的董事名单,大体可以揣测筹款的困难程度。因为只有依靠这些顺德籍的军政要员,才有可能凭借其所掌握的军政界资源及在地方社会的声望,在战争时期从"大天二"手中夺回被霸占的文社田租,让战后地方社会的恢复和重建以及培养人才成为可能的事情。儿教院以"青云"命名,一方面是对青云文社的财力支持表示感谢,另一方面也是借助青云文社在地方社会中的影响力为儿教院提供保障和信任的基础。

为了筹备和运作儿教院,1941 年 10 月 14 日,儿教院董事会成立。青云文社整理委会员的全体董事:周之贞、何彤、伍蕃、郑彦棻、冯焯勋、陈骥、伍颂

---

① 岑学吕(1882—1963),1906 年在香港加入同盟会,参加革命活动。后来奉黄兴、胡汉民之命赴槟榔屿办报,宣传革命。1911 年胡汉民任广东都督,学吕由南洋返回广州,任都督府秘书。民国二年,先后任东莞、番禺县长,当时不信佛教,曾拆寺庙改设学堂。1917 年,任广东丰顺县长,1922 年重任东莞县长。后来又曾到东北任幕职,曾在张学良幕中治军书,以理念不合,挂冠求去。1931 年前后开始信佛,1933 年在福州鼓山涌泉寺,皈依于虚云老和尚座下,法名宽贤。1937 年之后,谢政隐居。

② 陈器范,民国期间担任顺德中学校长,1929—1937 年间担任管理顺德青云文社委员会的常委。

③ 冯焯勋(1889—1944),字鹤荪,广东顺德人。保定陆军军官学校第一期炮科毕业。民国高级将领,1936 年任第四路军总部高级参议,后辞职返乡。

④ 大天二:广府方言,指那些在地方上有势力、霸蛮一方的地主或者土匪。

圻转而充任儿童教养院的董事。①在这个时候,曾两任顺德县长的周之贞被院董会举荐来主持大局,担任儿教院的院长一职。

---

① 《顺德青云儿童教养院院志略(1942—1949)》。

三、周之贞:从政治革命者转向社会建设者

　　周之贞被地方乡绅和党政要员举荐为儿教院院长绝非偶然。周之贞,字苏群,晚号懒拙庐主,1882年出生于顺德北滘一个殷实人家。他出生的时候,恰好是千年未有之大变局酝酿的时代。在殷实家庭中成长起来的周之贞受到新思想的启蒙,不再参加科举,而是在17岁时下南洋,远赴新加坡谋生。他先在侨商鹤山人黄陆佑手下当文书,后来自行集股经营,主要在新加坡和马来西亚两地经商,家道终于渐渐达到小康水平。他秉性侠义、爱国忧民、沈厚守信、热心社会活动,曾在马来西亚槟城加入洪门会和中和堂,被推为"大哥"。他起初支持康有为的保皇思想,后来在新加坡聆听了孙中山的革命演说,深受触动,抛弃了保皇派思想,结识孙中山,并于光绪三十一年(1905)在新加坡加入同盟会。

　　周之贞在最初加入同盟会的几年里,主要负责革命的宣传和筹款活动。宣统元年(1909),周之贞与谢心准在新加坡共同创办《星洲晨报》,积极为同盟会筹集革命活动经费。其后周之贞参加了当时盛行的暗杀清政府官员的活动。1910年,周之贞东渡日本,在东京参加由黄兴组织的支那敢死队,研制炸弹,苦练射击,能"击物于百步之外而百发百中"。1911年春从日本回国组织民军,参加广州黄花岗之役,负责指挥攻打将军衙门,起义失败后亡命海

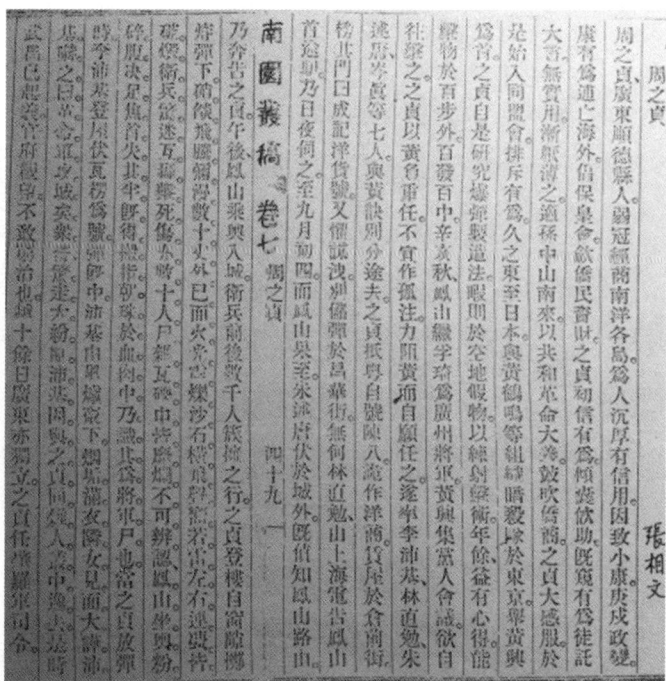

图2　同盟会会员张相文《南园丛稿》中所记周之贞小传

外。继而奉黄兴之令,化名"陈八",组织暗杀队,于同年10月亲手炸毙清政府派来广州履新的凤山将军,名震一时。

此后经年,周之贞干脆弃商从戎,继而从政,一直追随孙中山,奉孙中山之命参与军务和政务。1912年2月,周之贞任肇罗经略处经略,奉孙中山之命到肇庆督办军务;1913年参加反袁斗争;1915年任广州湾(今湛江)党务联络委员;1917年任大元帅府参军。在1921年广东光复,孙中山就任临时大总统时,周之贞被委任为顺德县县长。这时他逐渐从一个革命者转型成为地方治理者,他清剿匪患、整治县城、拆城墙、辟马路、重建县府办公楼并主持编撰《顺德县志》(续志,共24卷)。可惜第二年,陈炯明就发动兵变,周之贞不得不追随孙中山避居上海。1923年孙中山回粤后,周之贞再度出任顺德县县长,继续县乡建设事业。他力图改变家乡顺德,进而建设他理想中的中国的新面貌。

图3　在怡保与辛亥同仁合影（前排左三为周之贞）

但是当时的政坛诡谲多变。1926年之后，周之贞遭到国民党内西山派排挤，不得不避居南洋，周之贞的侄子周扬海曾在回忆文章中写道："但他毕竟自感无力狂挽，又不欲自置于内耗的漩涡之中，于是转向务实。为乡间、为社邑、为后代、为日后的国基做筹划。"①周之贞曾做七绝一首以表达那时的心情："风人应起振龙喑，正气情同落日沉；泽畔岂徒吟杜若，忧时忧国见婆心。"

其后，周之贞漫游欧美及日本，考察世界大势，寻求救国之道，开始从革命者向建设者转变。1930年初，周之贞归国，寓居香港、广州、上海等地。当他正准备实业救国的时候，抗日战争爆发，周之贞又被委任为珠江三角洲游击队总司令。1941年冬天，由于众乡亲推举，他辞去总司令一职，全心投入到抢救顺德难童，创办顺德儿教院的事业之中。

从以上的描述中可以看到，院董会选择周之贞担任院长有很多原因。首

① 《青云之路》编纂小组：《仁者爱人　薪火相传——民主革命家、传统教育家周之贞先生纪念文集》，《青云之路》编辑部，2007年，第164页。

先他是革命元老,又曾主政顺德,家境殷实。其次因为他的社会关系网络涉及海外华商网络(新加坡、马来西亚、香港)、顺德地方社会的乡土网络、革命及秘密会社网络(黄花岗故人、同盟会、洪门)。在 1940 年前后,活跃在广东军政界的许多要员,例如当时的广东省省长李汉魂、张发奎都曾是周之贞的旧部下。因此这些人脉资源成为周之贞在沦陷时期能够营救难童、坚持办学的重要支持力量。当然最难能可贵的是,他自己教育救国的志向也让他决心放弃仕途机会,而愿意全身心投入到慈善义学中去。其实早在创办儿童教养院之前,周之贞就已经在其家乡顺德北滘创立了"北滘乡立高等小学"。根据台湾侨务之父郑彦棻的回忆①,当时担任校长的周大可(仲爵)也是一位革命人士,校址设在北滘泮涌坊周氏大夫祠,学校的匾额是周之贞的好友胡汉民所题。周之贞也曾经在世界顺德联谊总会成立大会上发言,认为顺德发展最急迫的任务是发展教育,尤其是在经历了战争、人才破产的局面之下,复兴地方就必须要发展教育,为未来顺德培养人才。

周之贞在国难当头时,没有投身政治和军事事业,而是同意担任儿教院的院长,转向在自己的家乡顺德开展教育,显然也出自自己的深思熟虑,其原因有三:一是因为他对政治纷争的失望,并且无心卷入;二是他有教育救国的心愿,近代救亡运动要保国需要保种,而保种则需要保教,只有救助难童进而施以教化,才有可能"续国脉,保元气";三是看到自己的能量是在地方,因为他在自己的家乡人脉众多,而且也有威望,这正是他在自己的家乡开展教育的方便之处。

---

① 当时与周之贞共同创办儿童教养院的董事之一、后来成为"台湾侨务之父"的郑彦棻在一篇回忆朱执信的文章中谈及此事。郑彦棻早年就读于周之贞在北滘乡创办的这所学校。参见郑彦棻:《革命圣人 朱执信先生》,转引自《青云之路》编纂小组编印:《仁者爱人 薪火相传——民主革命家、传统教育家周之贞先生纪念文集》,2007 年 8 月。

四、青云儿童教养院的教育

作为一所影响深远的义学,青云儿教院的魅力显然不仅仅在于它的救济功能,更因为它的整个教育模式具有有效的教化作用。青云儿教院在战时条件下,反而发展出自己独特的办学模式。我们可以从四个部分来分析这种办学模式,分别是募资、招生、教学、劳动。

(一)募　资

在古代书院教育中,学田是四大事业中不可缺少的一部分,周之贞办儿教院,募资便成为非常核心的工作。为了躲避战乱,顺德青云儿童教养院最初选址在当时未被日军占领的四会广宁的深山里。不过即使是在偏居一隅的深山之中,战时创办学校也是耗资巨大的工程。青云文社的财力和影响力发挥了关键作用。但是仅有文社的资助还是远远不够的。因为在抗战期间,法币贬值时有发生,因此儿教院时时面临财政匮乏、无以为继的压力。于是周之贞利用自己的社会关系网络四处筹措资金。他常常奔波于沙坪、曲江、四会等地,到处劝捐"粮草"和书纸笔墨之费。1945年冬,日本投降后不久,儿童教养院迁至陈村的"欧氏大宗祠"(肯构堂)继续办理、惨淡经营。直至周之贞逝世之前,学校经济依然十分窘迫,几有"断炊"之虞。在最极端的情况下,他变卖了自己的房子和田产来维持儿教院的运转。他如此投入儿教院,以至于去世时,几乎家徒四壁。但即使这样,周之贞仍然借用《咏红梅》中的"任彼风霜寒彻骨""赏余兴味尚油然"等诗句,表达他不畏艰苦,寄希望于未来的乐观心境。

(二)招　生

儿教院的章程中明确规定要遵循"救济顺德县之失教、失养儿童,施以义务教育,必要时增办职业教育及中学教育,以应时代与地方需求为目的"的办学方针。在这样的办学方针的指导下,儿教院大量吸收顺德的难童。但是在战争中开办的儿童教养院困于经费问题,无法全部收养。因而我们发现,青云儿童教养院并非是普惠性的,而是有着明确的精英导向。最后进入儿教院的学生,常常不仅仅是因为这些孩子失教失养,而是因为他们具有未来可以领导家乡的潜能。所有入院的学生必须是男孩、并需要家长同意、有担保人担保、通过考核才可加入。

根据儿教院学员的回忆,经过精心挑选的儿教院难童主要有两类。一类是顺德各乡镇的头面人物及"大天二"的子弟,另一类学员则是贫苦人家的聪明或有才华的孩子,但这些孩子也同样需要有担保人举荐。我们在实地调查中遇见的早期儿教院健在的学员中大多都是前一种情况。例如86岁的麦志辉,是顺德杏坛麦村人。他的父亲当年是杏坛的"大天二",人称"麦白虎",手头握有地方的武装力量。在周之贞带领儿教院的学员偷渡西江时,麦白虎还曾派人护送。[①]还有85岁的李伟强是顺德北滘莘村人,他的父亲是当时北滘乡的乡长,他是家里的独子。出于家庭策略的考量,他的父亲最终决定在战

---

① 2017年4月16日访谈麦志辉笔记。

事艰难的时候和独子分开，认为这样儿子存活的概率会增大。[1]根据 1945 年秋天儿教院学员名录的记载，北区罗氏家族中至少有三位也曾被儿教院收养，他们都是居住在北区锦岩后街和文昌直街的大户人家的子弟。

欧阳学翘是这其中的例外。他曾作诗一首并附上说明，讲述自己当时进入儿教院的过程[2]：

获知能上青云跳起来

欧阳学翘

家乡沦陷好凄凉，时常挨饿快断肠。

知我能上儿教院，痛快心情告亲娘。

宜荇老师带队去，一再嘱咐要自强。

均安偷渡到窦口，自由土地处处香。

他特别为这首诗做了说明：

1941 年秋冬季，听说周之贞先生要在广宁设立青云儿童教养院，招收顺德的儿童去那里读书，我母亲得知，请求乡长让我也能去那里，但遭到乡长的拒绝，我母亲很失望。

但富教学校的两位老师（都是中共的地下党员）都认为我是个聪明、勤奋、成绩优良的学生，都主张选我上去。且我的叔父是家乡的一个财务人员，所以我才得以入选……与我同时出发的儿童中，一位是星槎乡乡长的儿子，两位是我们氏族"大天二"的儿子，其他人也都是本地有

---

① 2017 年 6 月 28 日访谈李伟强笔记。
② 欧阳学翘，获知能上青云跳起来。载广州青云校友会编：《青云春秋（第五辑）》，2016 年 1 月。

财有势大户的子弟。

所以儿教院的学生除了少数真正失养失教的孤儿之外,实际上挑选的仍然是顺德地方上精英家庭的后代。

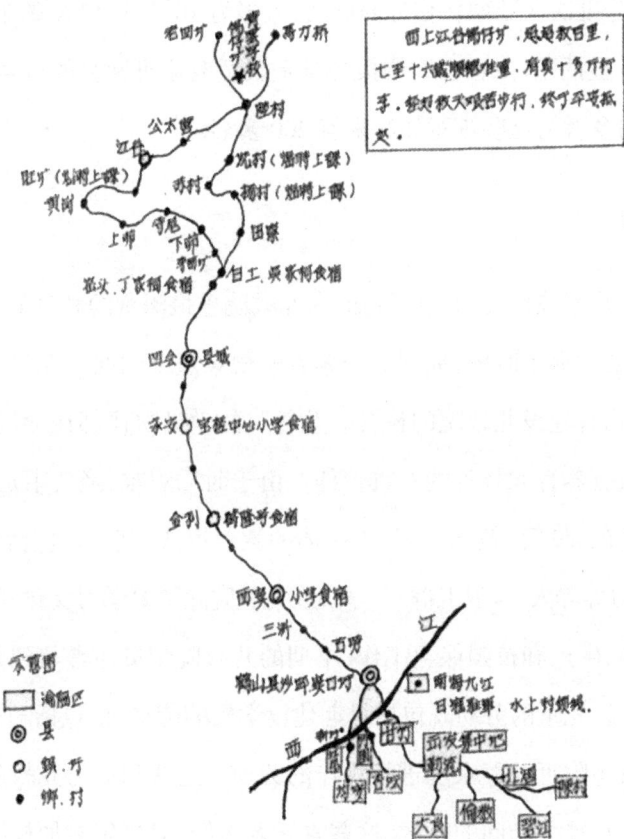

图 4 难童从顺德各地赴四会路线图

对于这些孩子来说,他们的教育还没有到学校就已经开始了,那就是从家乡到四会的长途跋涉。这段路路途遥远、形势凶险。尤其是从顺德到四会要横渡西江。而此时西江河道已有日军把守。这一河道成为难童抵达四会的险峻环节。大多数老人们现在都还记得在甘竹滩附近,突破日军封锁横渡西江的惊险情景。孩子们都必须匍匐在船里,抬头就要被老师扇巴掌。因此那些能够顺利抵达四会的,都被称作"过海神仙"。这段跋涉的记忆也成为老人们记忆中最活跃的部分。"抢救难童"即从沦陷的顺德家乡各地向儿教院输送学员,从 1942 年 11 月 7 日开始,一直持续到 1944 年 1 月 29 日。两年多时间里,儿教院分批次从顺德转移近 800 名、大多为 10 岁至 12 岁的难童到四会。此外还有零星抵达、由省政府调拨的难童及暂时避难回乡的侨童(主要是从港澳避难回乡者),这些难童加起来有 200 多名。①

(三)劳　动

从很多儿教院校友的记忆得知,在儿教院里最深刻的教育似乎还不是课程,而是劳动。那个时候,周之贞带领着顺德难童来到四会江谷佛仔堂的深山里,从无到有建设儿教院的校舍。儿教院的学员吃住都在学校里,因此学校对学生负有养育和教育的双重责任。由于时局艰难、经费不足,周之贞在儿教院实施的是"管、教、养、卫"为一体的教育模式,其内容包括"自治治事、自教教人、自养养人、自卫卫群"②。学员在儿教院除了要学习文化科目之外,还要从事劳动、生产和校园保卫工作,早期的儿教院学员还参与到儿教院校舍的建设之中。儿童的劳动既包括早期建设学校的劳动,也包括随后因为粮食不足而在校园附近开辟农场进行耕作的劳动。这些都成为儿教院教育内容的一部分。在接受访问的时候,这些青云老人们,对当年参加校园建设而吃过的苦记忆犹新。很多学生都回忆说自己的吃苦耐劳以及拼搏的精神都来自当时的劳动,这种习惯甚至还传承给了他们的孩子。

---

① 《顺德青云儿童教养院院志略》(1941—1949),1988 年 2 月。
② 儿教院学员吴均伯的笔记,《青云儿教院从创办至青云中学》,载青云中学校友会主编:《青云之光》,第 18 页。

通过师生共同的劳动建设,学校规模初步形成。当年在儿教院就读的欧阳学翘,非常喜欢画画。他在儿教院的学习期间,画了很多校园图景的铅笔画,从他的画作中,我们大概可以了解当年儿教院建设的规模与规制。坐落在今天四会江谷镇深山里的儿教院,由七·七广场、礼堂、宿舍和教室组成,设施一应俱全,颇具规模。

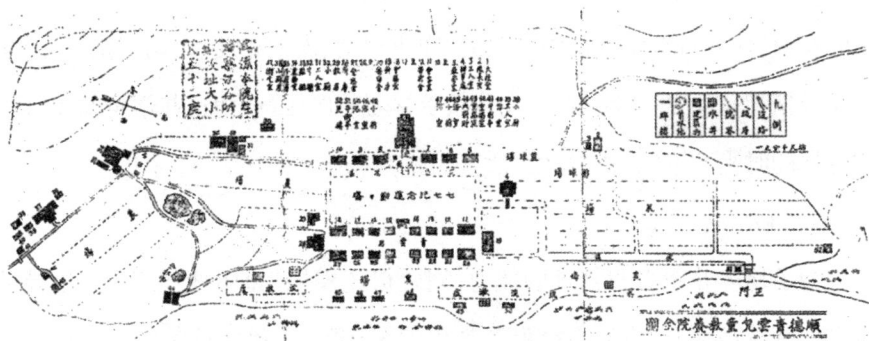

图5 顺德青云儿童教养院全图

(四)教 学

学校既成,周之贞和他的学生们在这里度过了一段艰苦但也充满理想激情的时光。儿教院董事会的章程提出办学要先从儿童教养院办起,将来还要办中学和专门学校。但在1941—1945年间,儿教院主要提供的还是小学教育。周之贞在儿教院的事业之中,将自己从参加革命到革命之后游历各国时期的所见及对国家未来和地方社会发展的思考都蕴含在学校教育体系的设计里。他实践了不少新的教育理念,迥然不同于当时普通的小学教育。这些教育理念如下:

1.生活即教育

周之贞接受了当时陶行知等倡导的新式教育的概念,结合学生的耕读特点,强调生活即教育,要求通过学生在学校里的劳动、生活和学习,培养刻苦、勤奋、自我严格要求等品质。所以那个时候,在儿教院的劳动不仅仅是艰苦时期的生存策略,而且也成为儿教院有意识开展的精英教育和人才培养的一部分。在儿教院的日常管理之中,周之贞还带领学生们建构起"青云乡"的实体,训练学生们自治治乡的能力;导向至善和"相友互助"也是儿教院日常对学生的基本要求和训练规范。周之贞还特别强调培养青云同学之间同生共死的友谊。他一直在学生之中倡议的"守望相助、出入相友、疾病相扶持"的互助互爱精神,对学生影响很大。在儿教院学习的经历,成为这些学童幼年时非常宝贵的时光。

2.三位一体

为了培养儿童自我管理的能力,周之贞还模拟当时的社会实际,指导学生在儿教院内成立"青云乡公所",学生即为乡民,以民主选举的方式选出正副乡长和保甲长,制定自治公约。还在院内设立"青云消费合作社",委派学生参与经营管理。强调学生长大以后要能够做"县长、校长和团长",以治理好家乡。这就是所谓"三位一体"的教育。[①]学生对这样的活动非常踊跃,欧阳学翘因为成绩优秀,就担任了两届"乡长",颇为骄傲。儿教院的校友冯绍伦先生总结周之贞的教育行动,认为周之贞是把教育作为社会改造的首要前提。儿教院的培养目标是希望"儿童学会自己判断,自己管理自己,使儿童有远大目标和志气","把他们向三位一体(县长、校长、团长)目标培养,这是社会改造、建设、保卫的首要任务"[②]。校友李伟强回忆:

---

① 蔡尔洪,青云中学一段珍贵校史。载《青云之路》编纂小组编印:《仁者爱人 薪火相传——民主革命家、传统教育家周之贞先生纪念文集》,2007 年 8 月,第 170 页。

② 冯绍伦:《周院长教育理念真义与贯通》,载《青云之路》编纂小组编印:《仁者爱人 薪火相传——民主革命家、传统教育家周之贞先生纪念文集》,2007 年 8 月,第 116~120 页。

他每年都去学校讲一次话,搬张凳子,好和蔼可亲的样子,跟同学讲。他讲话的时候我们都鸦雀无声的,各个都听他讲。我最深刻的印象,就是他说,"你们读书,要读识得使人的书,不要读书被人使。什么叫使人的书呢? 比如说,要你去抬一张凳子,你一个人抬不起,你要识得去拍拍别人的膊头,'喂,帮帮手啊'"。意思就是不要让人指挥你,自己要学着做小领袖。就是说最起码要知道去找人帮忙。这就是领导力,要"醒目"。他有一个要求,将来我们这些学员如果有机会回到顺德工作,一定要做到三位一体:起码要做个保长,跟着要做乡长,最好还能做区长,那么我们顺德就有希望了。当时抗战那么多年,顺德真的是人才破产了。周院长的根本就是要为顺德造人才。[①]

3.爱国与救亡教育

爱国主义教育也是儿童教养院给孩子们留下深刻印象的内容。每周一儿教院都有纪念周活动,老师们常常讲述日本军队侵华辱华的罪行,教育学生毋忘国耻、振兴中华。学生们至今还记得那时学的抗日歌曲。为了救国图存,学生也自觉地形成发奋读书的习惯。根据儿教院学员的回忆,儿教院里的老师虽然有国民党也有共产党员,但周之贞都不做深究,而是强调一致对外,打败日本侵略者,为未来的中国建设而努力。可以说在那个国难当头的时刻,孩子们虽小,但是民族国家的危亡已经与个人命运紧紧连接在一起。

1945 年,日本战败之后,儿教院就从四会的深山里回迁到顺德陈村的欧氏大宗祠肯构堂,这里当时是一所空置的学校。儿教院就将校舍安置于此,继

---

① 2017 年 6 月 28 日访谈李伟强笔记。

青云志

续办学。随着学员们年龄的逐渐增长，儿教院也开始提供中学教育，并于1947年更名为私立青云中学。1947年教导主任何觉夫以代理副院长名义将青云中学易名为岩野中学，随后又改名为岩野学园。1948年，"众校董认为校产为当地人所捐献，意欲栽培本地子弟，倘再用岩野之名，将来一旦迁校，校产必被收回，于是一致决议复名为青云中学"[①]。新中国成立后青云中学被收归顺德县人民政府所有，更名为顺德第二中学，1968年易名为陈村中学，成为完全中学，高中部为两年制。"青云"之名被隐去。而周之贞也于1950年在香港的寓所中病逝。

可以说，儿教院的苦难教育、爱国教育、三位一体的领导力教育使青云老人们终身受益。据李伟强回忆：

> 我都好多谢周院长的。没有周院长，我当时是没有（机会受）教育的。当时我是从小学一年级开始读，读到小学毕业就离开儿教院。当时我去广州考培正中学。我不知道我们学校的资历怎样，我们是儿教院，不是正规的小学，所以我报名的时候就填"相当程度"，录取率是20%，正式小学毕业的录取率是80%。培正放榜了，我就从后面看上去，都不知道会不会有自己的名。一直没看到自己的名字，心里好失望。没想到我的排名都很靠前，居然在前十名之内。他（儿教院）的教学都教的好好，教学都好完整。我自己都不知道自己功力这么高，数学考了100分。语文的作文又很高分，我记得有个题目是要求写《六年来的我》，我有大把资料。以前我在青云成绩就"麻麻地"，没想到我考培正的时候才知道自己的功力这么高。

---

① 2017年6月28日访谈李伟强笔记。

五、青云儿童教养院的影响

让周之贞可以告慰的是，虽然儿教院生活条件艰苦，却仍然培养出了一批有用之才，成为新中国成立之初国家建设急需的人才，实践着周之贞对他们的期待。他们中有县长、校长、大学教授、记者和企业家；也有一批人才从事教育事业，做了老师；甚至有人为了国家赋予的使命，隐姓埋名服务多年。可以说其中不少人成为顺德、广州和香港的社会精英阶层。校友李伟强回忆：

> 新中国成立之后，我们那班儿教院的同学都没书读了。赵汝安比我们年纪大，他读到初三了。就在顺德工作了，当时顺德好多干部，都是我们儿教院的同学。赵汝安后来做到了顺德的副县长。其他的好多都在镇上，在工业企业里面工作。那个时代的人好清廉的，没人贪污。

更加难能可贵的是，70 余年来，这些学生还依然保持联系和团结，互帮互助，继续着青云学子守望相助的传统。从 1950 年起，陆续赴香港的儿教院同学就已经开始互相联络、聚会。1974 年，当时"文化大革命"还没有完全结束，当年在青云儿教院任教的老师赵继祖、陈大展就和作为学生的欧阳学翘、蔡尔洪、邓汝根牵头相约在广州市纸行街文化站聚会，这成为广州青云校友会的开端。并树立了四大目标:恢复青云中学校名、成立校友总会、树立周之贞形象、为赵百则①校长平反。

他们赋予自己"青云种子"的使命感,为了在家乡树立周之贞形象并为之正名,在蔡尔洪、周均权等人的坚持之下,青云校友们历时20余年,出钱出力,四处收集资料、打通关节。在地方政府的支持之下,1984年顺德二中恢复青云中学名称,也于2010年建成了周之贞纪念馆,使得周之贞及青云儿教院这段历史能够被更多的人所知晓。蔡尔洪是这四大目标的提出者,也是坚定的推动者。从20世纪70年代开始他便投身广州校友会的事业,承受政治风险、放弃个人仕途,出钱出力,直到80多岁高龄,仍然为校友会的事务四处奔走。在广州校友会的方溢华(已故)、蔡尔洪、欧阳学翘等校友的推动下,先后有《青云之路》《青云之光》《青云春秋》三个系列的出版物,陈村青云中学也组织出版了一系列的校本教材。已故的儿教院老师陈大展在90岁高龄时还根据记忆绘制40余幅儿教院生活学习的铅笔画。儿教院学员在不同时期的画作、诗作,都成为保存和延续青云儿教院文化传统的重要历史文本。

在他们之后,儿教院校友李伟强在改革开放后也开始加入这一事业中来。新中国成立之后赴港谋生的李伟强是当年儿教院学生中在商业上获得成功的一个。在青云中学恢复校名、组建校友总会之时,他也加入到青云校友们重光青云教育理想的事业之中,并为自己定立目标,要做周之贞教育事业的接班人,在家乡努力推动教育事业的发展。根据不完全统计,李伟强迄今为止在顺德和四会捐资近2亿元人民币,创办莘村中学、莘村幼儿园、四会青云小学,持续资助陈村青云中学、李伟强职业技术学校等,他还创办李强教育基金会,为他的教育公益事业提供持续的保障。他也提出"正德厚生,立业助

---

① 当时青云中学的教学主任,在"文革"时因其早期国民党党员的身份而被枪毙。

人"的校训,在他看来,立业助人正是周之贞在青云儿童教养院教给他的做人道理。在四会的青云小学,每年清明的时候,都会组织学生到佛仔堂开展校史教育,缅怀先辈。学校还开辟了菜地,将劳作和生活教育纳入学校教育之中。而李伟强在顺德北滘创办的莘村中学是顺德唯一一所村级完全制中学。他请来以前的同学欧阳学翘,还有当年是儿教院自治委员会的主席周锦云,按照当年儿童教养院的模式来建设这所中学。中学教学质量备受称赞,亦有多名学生考上清华北大。

事件对于历史的真正意义在于它可以持续而绵延不断。可以说,在青云校友的共同努力之下,周之贞当年在家乡顺德的教育事业,至今仍然薪火相传,生机勃发。而每年春节,散落各地的青云学子们也都会赶回顺德相聚。回忆儿教院的经历,蔡尔洪说:

> 周院长为了我们这班难童,变卖了家产。最后在香港去世的时候,身无长物,还是远在台湾的郑彦棻知道了情况,转交了一笔钱拜托在香港的朋友料理了周院长的后事。我们都不能忘记周院长的恩情。几十年来,我们广州的校友没有一个做过对不起国家和社会的事。这就是可贵的青云精神。我们不能忘记周院长,我们要把青云精神发扬光大。①

---

① 2017 年 4 月 16 日蔡尔洪先生访谈记录。

六、结　论

从上文中我们可以看到，作为顺德文教脉络的主线，青云文社的发展与顺德人文地理的特征是密切相关的。发达的工商文化，以沙田为基础的宗族文化以及海外移民的社团文化塑造了青云文社在晚清到民国时期的转型，尤其是经历了太平天国运动之后，顺德团练总局改组，青云文社作为承担地方文教传统的地方文教基金的功能得到强化，也由此使得在抗日战争时期力图"续国脉，保元气"的周之贞等一批顺德本地的军政精英能够以青云为符号建立儿童教养院，挑选本地的难童来培育未来治国治乡的人才。而周之贞得到这些学生老师和董事们的支持也绝非偶然，老同盟会会员在顺德本地的威望、地方和海外丰富的人脉网络以及他自身的奉献精神都使得他被推举出来担当此任。"除鞑虏其始，育青云其终"，这是儿教院学生吴均伯对周之贞一生的总结。但需要指出的是，周之贞并非特例。作为一个19世纪的"八零"后，周之贞的故事不是他一个人的，而是那一代仁人义士的共同命运。青云儿教院的背后其实浸染着无数一线的教师、背后的董事和捐款人以及地方政府等多方面精英的努力。值得我们关注的是，这一代仁人义士的义学传统一直延续到当代，青云儿教院的校友继续不断努力恢复和传承青云精神，他们通过对历史的回顾和整理、通过捐赠，使得青云文社这一古老的地方传统延续,同时也赋予了青云精神以新的内容和生命力。这么多代人的传承使得顺德青云儿教院的脉络具有了更长时间尺度的青云精神。我们从中也可以透视到顺德地方慈善力量的绵长。这种青云精神实际上已经成为顺德侨乡的乡邦精神。按照儿教院校友的总结,就是"爱国爱乡,拼搏进取,守望相助,立业助人"。

这种乡邦精神的传承显然来自教育。我们对于民国抗战时期的关注大多集中于军事史,却忽略了那个时期同时也是中国教育救国的创新时期。无论是西南联大,还是晓庄师范,都在坚持开展各种教育创新的探索。和同时代其他教育救国的实验比较,我们发现青云儿教院大体包含着和其他教育类似的三块内容。一是生活教育,这基于儒家的修养功夫,强调通过日常生活的耕读劳作、衣食起居以及待人接物的训练来建立自己吃苦、勤勉、立志、互助等美德。战争年代艰苦的生活反而成为这类生活教育绝好的情境。二是爱国教育,强调国家命运与个人的命运息息相关,尤其强调在那种国难当头的历史情境下的救国图存的意志。三是精英教育,强调培养学生治国治乡的能力。希望学生能够具有领导力和治理能力。这三种教育融合在一起,就培育出学生独特的仁人义士的理想品质。

民国时期,所谓乡邦精神并非仅仅是一个地方的民俗风貌,而是地方精英文化的一种传承。它也不是只把关注点放在自己家乡,而是把家乡当作便宜之处,在这里去实现"士"阶层对于未来理想中国的想象。特别值得注意的是,从晚清到民国,再到中华人民共和国的历次政治运动和改革开放,这种乡邦精神仍然在延续和传承,这是我们看到的公益教育的力量所在。

第二部分

口述:青云种子忆青云

广州·顺德篇

一、蔡尔洪

出生年份:1934 年

祖 籍 地:顺德龙江

访谈时间:2017 年 11 月 13 日

　　　　2018 年 1 月 13 日

访谈地点:广州五羊新村

　　　　广州农林下路

2017 年清明蔡尔洪与青云校友拜祭儿教院师友
（景燕春摄于 2017 年 5 月）

　　蔡尔洪祖籍顺德龙江。据蔡尔洪介绍,他的父亲是当年国民党的文职军官,抗战时期,广东省政府迁居韶关时,他的父亲也曾到韶关履职,与当时在韶关的顺德同乡会有密切的交往,并与周之贞皆为故交,也是周之贞创办青云儿教院时一名默默的支持者。他家世显赫,但在抗战期间,作为"国难之童"进入青云儿教院,从此改变了一生。

(一)我在儿教院的经历

1.因为周之贞一句话,我来到了儿教院

有一次父亲带着我坐小艇到北滘的乡下,然后我的表叔和父亲就带着我到周之贞的家里面,听到了周之贞给我父亲安排工作,具体是让他负责带当时的一批学员去儿教院那边。本来父亲是无意带我去儿教院的,但是周之贞先生看到我并问我父亲:"这个是不是令郎呢?"我父亲说是的,于是周之贞先生就说那正好你可以把他也带过去读书。我的父亲就说可是他还不够10岁,周之贞先生就说那没关系我的侄子也不够10岁,并坚持让我的父亲带我去儿教院,说这关乎到孩子的未来还有国家的栋梁。这件事给我的印象十分深刻。

我父亲带我过去的时候,同一条船上面有很多优秀的同学和校友。但是起初我父亲要带我去佛仔堂那边的时候我是不知道做什么的,我去了之后写信给他,他也不会回信。回到陈村之后,他才告诉我,你在儿教院的事情我有很多都知道,包括你想回家的事情,我也看到过你在操场上跑步,但是我都没有回信给你,为什么呢?因为我希望你能够在那边好好地磨练自己。

当时那些父母怎么舍得让自己的孩子走得这么远呢,儿教院的学员都是小学生的年纪而已,虽然我

图6 幼年蔡尔洪(图片由蔡尔洪提供)

们日夜都在读书,水准是远超于小学水平的。刚开始我们读书的时候由于经费问题是没有书本的,只能由我们的老师来编书。我们自己编的教材都是从实际出发的,无论是语文、数学,还是自然课程都是,因此需要和管理机构尽早结合起来,让学员们能够早日成为家乡、国家的栋梁。

2.儿教院的筹备和设计

周之贞是同盟会的成员,他没有加入国民党,因为他跟蒋介石不是很合得来。周之贞离开了国民党的那一片区域,脱离了孙中山推翻帝制建立民主共和国的体系,然后出国考察去学习一些如何更好地建设家乡的方法,后来回到顺德就向同乡们讲顺德已经不能跟上时代的发展了,很落后了,而且日本侵华、顺德沦陷后我们60多万人中只剩下很少一部分,有钱的人也走了,经济萧条、做生意的也都衰落了,做官或者有权威的人也衰落了,他就跟我们讲这样下去不是个办法的,这样对小孩子也不好,然后回去之后就提出了"续国脉、保元气"。那么国脉从何谈起呢,就像我们现在所说的富二代、官二代那样,他们是"国脉"的主要来源,当然像我之前所说的年龄、性别、身体健康等方面还是有很严厉的要求。当年日本人侵华之后,我们省西江与珠三角地区外为"红辖区",粤西、粤北那边就被叫作"非红辖区",省府、军队等等都撤到粤西、粤北那边,例如韶关那一带。我们顺德有个同乡会在那边有一个机构,有一些顺德的知名人士和权威的人士等等,就在那边的指挥中心办公。当时周之贞就是在那边和这些有权威的人士一起讨论怎么样去拯救衰落的顺德。后来就成立了一个办事处,来筹办他们的具体工作。当时只有办事处的时候还没有儿教院的存在,也没有公开什么具体的工作,只是做了粗略的计划和准备,而儿教院只有一个名字而已,但是也很快得到各方的支持。

3.青云儿童教养院的独特之处

(与当时广东省政府在韶关举办的儿教院相比)我个人觉得周之贞办的

青云志

青云儿教院有三点不同：

第一是主办的目的、性质不同。省办儿教院具有收容性，社会上贫困人士、流浪人士都会被收进（儿教院）读书，那些人（意指省办儿教院的学生）基本上是没什么背景的，社会上流浪的男孩女孩都收。但是周之贞办的青云儿教院是不同的，不同的特点就在于当时他的宗旨就是培养为家乡服务，为国家服务的栋梁。

第二是主办单位和经费来源不一样。省办儿教院是由政府来承办，当时是由政府出钱。周之贞的青云儿童教养院是由顺德的乡贤政要发起成立的，不是由政府来提供经费的，而是由顺德青云文社提供的经费。这个是继承了我们家乡顺德一个叫"青云文社"的传统。青云文社是由明清之际一些有钱人家集资组织而成的一个社，主要针对的就是顺德一些进京读书、出国留学没钱但是学习比较优秀的人进行培养，让他们未来为自己的家乡、自己的民族国家做事。而且这个青云文社组织集资而来的钱买下了很多的土地，其中很大一部分在斗门以及其他的地方。日寇侵华的时候，这些钱就被那些有权威人士霸占了，包括番禺的李朗鸡也霸占了一份。把那些（地方的）产业的租金收回来后，就为这些顺德的男孩子、未来为家乡服务的男孩子的读书提供资金。当时这件事是花了很多力量、涉及到了很多的人脉才要回来的，所以这也就是说大家都需要出一份力才行，因此就提出了这个涉及人员来历的"续国脉、保元气"，凡事都要一鼓作气，这样这个动力就会变大了。这样一来乡里人人都拥护他（周之贞），包括当时地方的"大天二"，也就是我们所说的小混混，还有顺德稍微有些名气、有些人脉的人都拥护他，所以（青云儿教院）就顺势而成了。

第三是招募的对象不同。因为这涉及到经费和办学宗旨，青云儿教院指定要收顺德的男孩子，一个女孩子都不要，并且男孩子必须要 10 岁以上的、身体健康、没有任何残疾的才可以。这些学员不是省儿教院在社会上收养的难童的性质，但也算是"国难之童"，周之贞办儿教院时按照"续国脉、保元气"六个字的标准选择的。所以才说这一群学员，并不算得上悲惨，只能说是很艰苦。当然不艰苦的话就很难培养出人才。

（为何青云儿教院只招男孩子不招女孩子呢？）首先明确一点"续国脉、保元气"，那就要挑选一些能够为国家、为家乡做事的栋梁，在那样艰苦的生活条件下男孩子的适应能力会比女孩子要好。另外，青云儿教院是封闭式学校，一年365天是都没有假期的，条件非常艰苦。青云儿教院的生活既要学习，也要劳动，要自力更生，自己种菜、磨谷、养猪等，来减轻经济上的负担，尽量在生活和吃住上面自己解决不用烦心。女孩子在生理条件上比男孩子都要弱一点，因此学员只招收男孩子而不招收女孩子。当然这只是其中的一个因素，而不是绝对因素。因为也不完全都是男孩，例如教务主任赵百则的女儿，还有校医梁本华(音译)的女儿，不过这些都是个别的情况。另外还有一些低于10岁的孩子也能够当学员的个别案例，例如我、李伟强还有周扬海等。

4.儿教院选址在广宁的深山里

我们为何在广宁那边的江谷佛仔堂呢? 那边并不属于四会。就是因为周之贞曾经管辖过那一带的地方，在那边做过督办，曾被叫作"周督"，在那边很有名气。他做官的时候还没离开孙中山推翻帝制建立共和国家体系，他这个官职在那边是很有名气的，尤其是那些商家都很拥护他。有了这个基础，再加上那边是一个山区，远离顺德来办这个学校，认识他的人都很拥护他，就划了一个山头对周之贞说："好了，你来搞(青云儿教院)吧。"

当然办学这件事也不是说办就立刻可以办起来的，办学的时候那些乡亲父老也议论纷纷，尤其是乡长。因此就不得不成立了一个办事处。但是有了办事处却还没有校舍，于是把当地的苏村、杨村、冼村等地方的祠堂临时当成教室。这些祠堂现在还有存在的，（四会的）青云小学隔壁就是冼村祠堂。去得早的小孩子就临时安置在那些地方，那些孩子都算是年纪比较大的了，以至于那些后来去的人看到都会惊讶（怎么这么多人），因此没有正式建立青云儿教院的时候已经开始要分流了。组织基金的时候并没有来得及组织足够的经费，当人全涌到一个地方的时候，只能选择分流。分流就需要（周之贞）那些原来在国民党里面当官的核心成员的帮忙，通过他们的帮忙就把很多学员分流到广西的儿教院，到曲江那边（还有一部分分流到韶关的广东省儿教院）。

然后剩下的没有被分流的孩子就地上课，但是上课没有书本，只能由当时的老师自编课本，坐在树边读书，当时黑板也是很小的一块。一开始每个学生有一块木板，坐在树边石头上当作书桌，也没有纸，只能用树枝在地板上写字。我们当年就是在这样的环境下学习的。这就是（青云儿教院）早期的情况。

除了这些情况以外，我们还要劳动。当地的人后来也帮忙支持建校舍，那时有很多人过来帮忙，乡亲父老、学员都帮忙来建校舍，校舍大概在1942年前就建好了。我是1943年最后一批去（青云儿教院）的学员，我去的时候校舍已经建好了，当时还觉得（校舍）很辉煌。校舍建好之后，加上我们最后一批学员，学校总共306人，也叫作所谓的"国难之童"。

我们就在儿教院读书直到后来回到陈村。我们去儿教院的时候每个人都要自己带衣服过去，还有棉被之类的，每次都有两个人带孩子们去儿教院，每一站都有人来照顾我们。以我为例，第一站我们在自己家乡的左滩得到信号之后就横渡西江，到达沙坪的时候已经很晚了，到那之后就有人来接待我们。那个是顺德勒流人，非常的好，是"大天二"，实际上也是地下游击队。他负责保证我们能够安全渡过西江,把我们照顾得极好。以我那一次为例,船走到一半还没靠岸的时候就听到远处的马达声和枪声,他们嘱咐我们要注意安全,我偷偷看了一眼但是没看到什么,上岸以后就听说有人打中了日本人。问了这个情况才知道,原来是接待我们的人的手下听到日本人驾驶的船的马达声,就打枪,两方对打时,我们趁机渡过了西江。

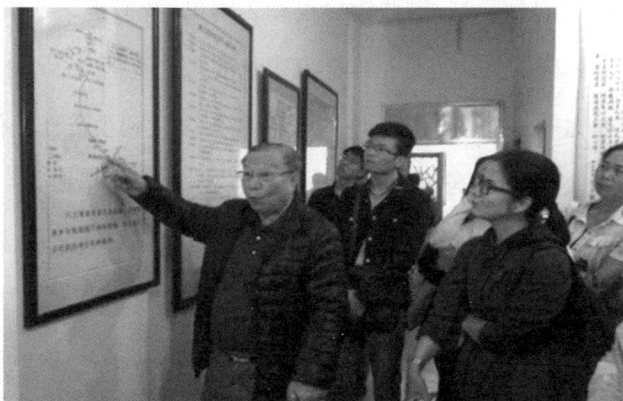

图7 蔡尔洪在周之贞纪念馆为广州公益慈善书院的学生们讲解儿教院的历史
(摄于 2017 年 4 月 15 日)

这就是当时的情况,那个时候我们小孩子也不觉得辛苦,只是觉得很开心很好玩。最后一站带给我印象最深的事情就是,我的脚都走到肿了,差不多到江谷的时候,所有小孩子都在一家店坐下,每人一盆暖水,一条白手巾,每人都去泡脚,他们还教我们怎么用手巾洗脚,后来脚才变得舒服多了。吃完饭后,我们才去佛仔堂。但是江谷到佛仔堂也是需要几千米的,我们一路上受到了十分好的照顾,也是多亏了周之贞和他拍档的配合,没有发生什么不愉快的事情。当然队伍中有很多人看起来是衣衫褴褛的,毕竟每个人的出身不同,而且还要自己背着行李磨炼自己。到学校之后我很开心,偷偷在窗户上就看出校舍的辉煌,毕竟刚刚建起来,确实很好看。实际上,住进去之后才发现住宿条件也没有想象中那么好。

5.不艰苦的话就很难培养出人才

那个时候的伙食,不至于吃不上饭但是不会很丰富。当时离乡别井,思念家乡是很正常的事。所以我父亲一直不肯见我,也是怕我一看到他就想跑回家。以前我们都要把剩饭拿回去交给厨房,我基本每次都吃不完,但是平时的饭菜没什么油水所以很快就会饿,我就把剩饭焦包起来,留到自习的时候和其他同学一起分着吃,这些饭焦也称为锅巴,我们把这些锅巴叫作"青云切酥",切酥在珠三角这边是当作糕点来吃的。这就是生活中的一些趣事,可能我们坐在七七运动场的树下吃这个有些人会感到很奇怪,但是当时的生活就是这样,确实挺艰苦的。

我们每天早上起床和吃饭时间都是听吹号的、吹喇叭的声,而不是听吹哨子的,周边直到很远都可以听到这个声音。大概是1944年,日本人最疯狂、太平洋战争最激烈的时候,他们路过江谷听到我们的号声就以为我们是行为部队的营防,当时就让那些汉奸想办法把我们的儿教院毁掉,对此我们就很紧张。知道这种情况后,老师们就带着我们到当地的人家藏起来,当地居民也都很乐意把我们认作义子,当时我们留在当地居民家逗留了一个星期,吃住都是居民包。后来解释清楚我们的情况日本鬼子才放过我们,我们也才得以回到佛仔堂。我们也是这样和当地居民结下了很深刻的感情,也因此有很多人虽然不是我们的学员也被我们称为准校友。当地人建校舍的时候帮助了我们很多,还有很多当地人成为儿教院的校工,来帮学员们剪头发等等。刚开始的时候还有些联系,现在很多都去世了,也就没有联系了。所以我们一般儿教院的学员都把那里当作自己的第二故乡。

这就是当时的生活,很艰苦。我们当时在江谷还要担谷子,也不能一直担在肩膀上,更多是在地上拖着走,可想而知我们当时才多大。人人都要经历,都要做这些事情,就算做一点点那都是要做的。虽然很艰苦,但是也很快乐。

当时在儿教院施行的是乡保甲制的管理模式,乡长就是学生会主席,保长就是班长,甲长就是组长一类的级别了。这也采用了乡镇管理的模式,有合作社、卫生所等等。这样的形式、这样的机构,都是由老师做主导,以年纪稍大的学生为管理人员,叫作"自治自管"的模式。

后来还制定了《十二守则》,详细的内容我也不太记得了,不过我已经在《青云春秋》里转载了。当时要求我们这些小学员都要以《十二守则》为标准,这样不论是你处事还是做人才会成功。但是《十二守则》具体是从何而来的我就真的忘记了,好像是我们的一个校友赵绍春——赵百则老师的弟弟——在一堆旧物里面找到的,然后交给我问我有没有用让我处理。我就像是捡到宝贝一样,因为这些东西已经是几十年前的东西了。后来我就和方溢华一句话一句话的来整理这个守则的内容,让这整个守则的内容读起来更有逻辑、更顺畅。整理完之后再重新看这一份守则的时候,真的是很(有感触),那个时候对我们的要求真的是很严格。每当我看到《十二守则》的时候,就会想到当年他(周之贞)对我们的教育花费了多少苦心。

周之贞要求学生们从儿教院读完书出来之后,要树立"三位一体"的概念。如何做到"三位一体"呢? 就是努力去做学校的中小学校长,乡镇的乡长镇长,部队的营团长,用这样的一个要求、一个形式来训练我们这些小孩子,就连出操也是部队的形式。所以新中国成立以后,我们有一些校友的工作都和部队有关系,还开玩笑说早知道这样年轻的时候就说自己是部队出身的多好,因为那个年代也很看重"三代正,六代红"等等。我们儿教院在当时顺德县,国家的管理层都基本是我们儿教院的同学,虽然不是每个人都是,但大部分都是从儿教院出来的。(顺德的)副县长就是赵汝安,下面各个级别直到股长很多都是我们儿教院的同学。

从儿教院出来的同学,远的地方的同学我就不谈了,以广州为例,没有一个人可以用"稗子"来形容的。他们离开广州之后,要么继续读书获取更高的学历,要么边工作边读书。所以他们普遍是各种级别的领导干部,最差也是个厂长或者是车间主管。在广州,他们不是在经济上有点名气,就是在行政或者机关有一定的职位和名气。从这些方面可以看得出来,我们在儿教院受到的教育,使我们读书很成功,并且这对于我们教育方面的成功有很大的影响。那个时候虽然日子很艰辛,但是我们也收获了很多。

通过上面的种种,儿教院对我的培育我真的是缅怀于心。小孩子的基础培养是很重要的事情,小时候的基础好长大之后也会更容易学好。所以这些事情都是潜移默化、耳濡目染的,就像我受到家庭、学校、长辈们多方面的影响,才会有今天。如果我没有受到这些影响我也未必会有今天。我既不是苦大仇深那种类型,也不是官二代,但是能够有今天,就说明了当日的磨炼对于我来说有着很大的帮助,所以这些给我的感受很深。

6.儿教院的老师们

我们的老师也都是那些热血青年,都是很爱国的。我列举几个在儿教院里比较德高望重的老师吧,陈大展、赵继祖等,其中还有一些是共产党的,这些人不都算是苦难之人,家境也都算好,也说明了我们的老师条件都算好的。

以陈大展为例,他就是顺德师范毕业的,就是陈村肯构堂那所学校的优秀学生。赵百则原本在那所学校工作的,我忘记了是做校长还是教务主任了,然后就挑选了像陈大展一样热爱国家、成绩优秀的学生来当我们儿教院的教师。来了后对于他们是没有什么好的条件,不过还是会有一点点薪水的。有一些老师也是靠一定的关系才能进入儿教院做老师。儿教院里面只有两个女老师,她们家里都算是有钱的。现在回想起来这些老师真的是很爱国、很爱家乡啊！对待那些学生就像对待自己的兄弟姐妹一样,所以当时的师生关系是很好、很融洽的。为了缓解学生们心中的寂寞,他们还会搞一些月光会、合唱等等的节目和活动,都搞得特别好。

而我就有点特殊,因为小时候我算是比较晚进入儿教院的,但是我和其他同学都很熟悉,我们同一条船去的同学都很聊得来,或许也托父亲照顾以及家庭环境的影响和其他等等因素。去了不久的时候,我本来觉得陈大展老师和我不太熟悉,但是有一天他叫我一起去江谷喝茶。在家乡喝茶那是很平常的事情,但是来到儿教院之后也能够喝茶,这让我十分的高兴。后来回到陈村之后才知道,原来老爸和这些老师很早就相识了,因此我就很自然地和老师们接触的更多,知道的事情也更多,另外和我同船一起的同学也有很多接触,回到陈村之后也经常去他们家里玩。我也算是半个陈村人,因此我接触的人脉关系也变广了,认识的人也多了,种种这些让我逐渐了解的事情也越来越多。

我们的老师真的是把我们看作是他们的子女一样,小时候我也是被宠惯了的小孩子,很调皮。从各种小事也能够看得出来老师们对于我们这些学生都是很照顾的,如果现在学校的每个老师都能做到如此细致的话就很好了。我们当时学校的老师也只是十几二十岁的孩子而已,老师的素质很高,我才学到很实用的知识。

7.周之贞变卖家产维持"佛仔堂"的运营

我出来工作之后,赵百则的弟弟告诉我新中国成立之前周之贞很难维持儿教院的支出,就连上海自己的产业都卖掉了,也把香港自己的细软卖掉了,甚至用一对儿皇帝送给他的花瓶来维持儿教院的运行。最后一年也是很艰难地维持着,实在不行了,就找到卫生局的梁本华校医申请事后救济。那个时候已经回到陈村了,周之贞可能是劳累过度得了肺病,回到香港不久就去世了。所以大家都对周之贞先生那么缅怀。

话说回来,为什么周之贞会卖掉自己的杉山、果园,还去上海卖掉自己所有的产业,甚至最后连自己的细软都卖掉,去世的时候身无长物呢?提到这个话题,真是让人很怀念。说到青云的租费,有的人愿意给,有的人不愿意给(这些钱来源其实很不固定的)。那个时候需要很多人去做工作,当收到那些钱的时候就会立刻想尽办法把这些钱拿去广宁江谷那边买米,但是当时钱贬值得很快,拿到的钱往往买不了多少米。但是整个儿教院加上教师差不多有400多人都等着要吃饭,虽然儿教院有备粮,但是也吃不了多久。周之贞先生长期住在佛仔堂的儿教院那里,看到这种情况,就去卖掉自己的杉山,为了保证我们这400多个人有充分的备粮并且不断粮,保证我们能够吃得饱不饿坏。那个时候我们每天只吃两顿饭,没有早餐,自然很快就会饿。当然节假日也会有早餐吃,也会有肉吃,因为我们自己在养猪,自给自足。因此为了我们能够吃得饱,周之贞先生就变卖家产,甚至连杉山都卖掉了。

后来这件事情也感动到了当地的人们,虽然我们那里属于广宁,但是处于广宁的边缘,反而和四会很近,当日四会县的县长邓征涛知道我们这件事,他就呼吁他的兄弟们有多少粮食都捐给我们,这也在一定程度上保证了我们没有遇到饥荒这种情况。邓征涛先生是个很爱国的人,他很重视我们儿教院的发展,当时有些同学例如欧阳学翘他们在表演的时候也经常会演一些抗日的节目,深受大家的喜欢,这些深得邓征涛先生的喜欢和重视。有了邓先生的支持,以及其他很多方面所得到的支持,我们从来没有缺过粮食,也没有吃不饱的情况发生。

我们老一辈的学员对这些事情的印象都是十分深刻的,因此才会出现后来一次又一次的无偿投资,这是有事实基础的。

图8　时任四会县县长邓征涛在文章中提及支持周之贞儿教院的事情

8.儿教院的学习生活对个人的影响

给我印象深刻的第一点是,一个人如果没有经历过磨练,就没有办法得到成长,也很难学会如何为人处事,所以一个人一定要经过艰辛的磨炼。温室下培养出来的花朵,肯定会有不理想的地方。这就是我生活中的第一个感受。

第二点感受是,如果没有一个统一的目标去指引你、教导你的话,你的思想就未必能够专一。所以我们在儿教院的时候,那些老师好像统一了口径似的,例如爱国家、爱民族、爱家乡,不要忘记自己的亲人老师等等。这些话他们经常都会对我们说。"一日为师,终身为父",我们学习到的很多道理都是从他们平时说话中得来的,所以记忆很是深刻。从这样一个角度来看,老师们就好像是自己的长辈、父母们一样亲切,给我烙下深深的印象,让我学会以后如何去对待别人,如何处事。

第三点感受就是"读书学习既要专心，也不要专心"。因为我们学习的时候是关上门来学习的，当时算得上是秉烛夜读，点上一盏驱虫灯，确实需要我们专心学习。后来我的工作是宣教干事，还要组织劳动竞赛等等。这些事情对于我来说也比较简单，直接把以前学到的搬过来用就行了，我就提议"一帮一"，还获奖了。别人还没想到怎么做的时候，我就已经把小时候所学的知识用上了，非常的实用。所以说读书呢，太过认真就容易变成读死书，但是不认真的话就学习不到东西了。

这些微小的事情也教会了我很多，无论是在社会上，还是在自己的家庭，都是很实用的。所以我觉得儿教院可以比喻为是熔炉。我80岁的时候在《青云春秋》上面就写了一首诗给儿教院：

> 宦海浮沉数十年，泛舟破浪无湿肩。
>
> 平安着陆实不易，淡泊交班信仰坚。
>
> 铁骨铮铮青云铸，乾坤朗朗谢前贤。
>
> 松青柏翠迎八秩，兰桂齐芳颂诗篇。

实际上，也只算是顺口溜罢了。我做干部这么多年，也都是青云培养出来的，是由以周之贞为首的老一辈老师教导出的。

9.周之贞很爱国、爱民族

从我父亲带我去拜见周之贞先生，直到最后一天我离开儿教院，我都觉得周之贞第一点就是很爱国、爱民族，他告诉了我"没有国就没有家"这个道理。第二点就是很勤奋，一定要多学习，不去学习的话很多事情就不会做。第三点就是慈祥、慈悲。之前我在儿教院的时候有很长的一段时间在卫生院，周之贞先生会亲自过来嘘寒问暖，像慈父一般。

周之贞先生还给了我一个印象，就是不要计较、不要与和自己持相反意见的人互相伤害。所以我在工作中对两类人有所分别：一类人就是支持自己、帮助自己、肯定自己的人，我不会忘记他们，有机会我会适当对这类人爱护、帮助、关注和维持；另一类在背后说我坏话的人我会记住他们是我的反面教材，我不会得罪他们，依然会笑着迎接他们。我这个人生态度，也是周之贞教给我的。

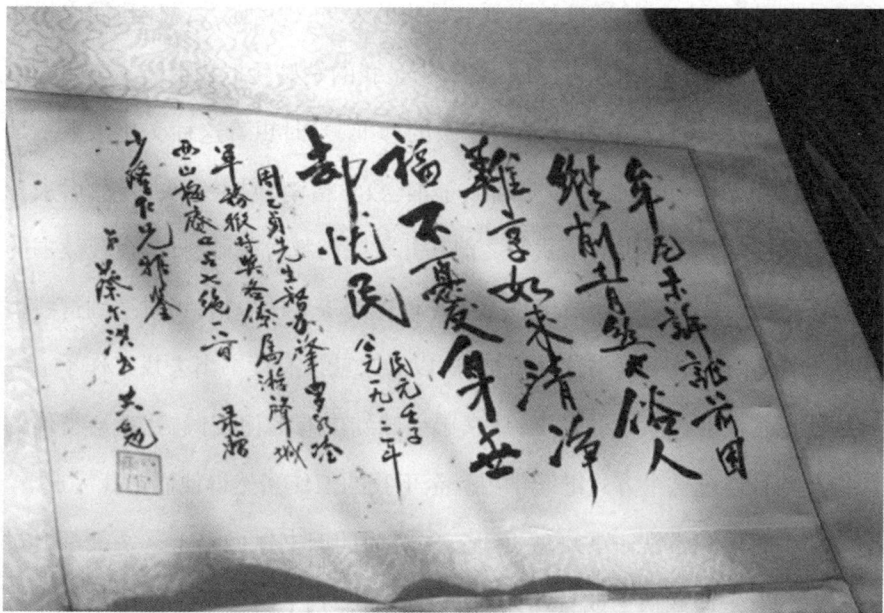

图9　蔡尔洪书法作品（吴少隆收藏）

周之贞先生建立儿教院不是为了收留社会上的难童，而是培养一些有基础的孩子成为国家的栋梁，所以他直到去世也都身无长物、毁家纾难，这样的先生叫我们如何不怀念他呢？从社会公益慈善的方面我们可以以他为榜样，另外从爱国、爱民族、爱家乡也可以以他为榜样，从推翻帝制的方面也可以以他为榜样。

更重要的是，为了磨炼我们、把我们铸造成可以为家乡服务、为祖国服务的人，做到临死时身无长物，真的是很难得。

我受益甚深，有很多东西已经融进我的血液、脑袋里面。就连我太太也经常说，你记得你在青云的事情，但是经常忘记我们之间的事情，她经常会吃醋开这样的玩笑。

10.离开青云之后的读书工作经历

儿教院迁回陈村后，要招自费生。我不算是优秀生，只能算得上是中上，所以是自费生。当时代理校长张剑虹是我的表叔，他就跟我说让我回广州读书，我当时听到十分开心，可以回家了，于是我的姑姑就把我带回了广州。回到广州之后，我还没有达到小学六年级的标准，当时想着这种文化水平不足以我以后找工作，我就去新华书店买了本《数学指南》回家埋头苦读，后来考上了南武中学。这也说明了我们之前在儿教院的教育基础、日日夜夜读书的结果。考到南武中学之后就出现了海珠桥爆炸等等的事情，当时遇到这些事情就想着暂时要放下读书这件事情，所以后来就没有读书出去找工作了。一开始就在餐饮业做所谓的童工，后来弟弟妹妹中有的比较懒，我就会帮他们写作业并且通过这个方式继续学习。至于我的工作当然得他们帮我完成。

那个时候我常常一下班就去十三中对面的旧书摊做书丁，每天都会过去看书，看一些武侠书或者四大名著之类的，我平时会带一些小烟纸做标记，标记着我看到哪里。甚至后来老板都帮我留着我要看的书，也是通过看这些书来提升自己的文化素养，提高自己的文化水准。通过看这些书，也进一步了解应该如何处世。

有了这样的基础之后，我就去机关干部的中学报名读书，我报名的是高中部的语法修成班。后来党的十一届三中全会之后，就一定要让我担任商贸公司的经理，我也推脱不了。虽然工作也不赖，但我还是去北京经济管理函授学院广东分校学习，是由我的太太陪着我周六、周日过去上课的。在这很早之前,大概是18岁左右去实用会计学校学习财经。从这些方面可以看得出来,自学很重要,我以前在青云儿教院学习的基础也是很重要的。在工作中遇到的很多事情,都运用到了所学过的知识。如果我没有学习过财务,也就不会懂这些方面的工作。有了这些知识,工作自然不错,也因此拿到很多的奖,包括先进工作奖等等。

所以很多时候,我们一定要学以致用,学了就要学会用,直至今天老了也要继续学习,这对自己是有很多好处的,脑袋会一直维持活跃的状态。所以我一直都说,如果没有曾经青云的基础,我就没有后来发生的这么多事情,也不会有现在的家庭,也不会有今天。

(二)关于青云校友会的工作

1.新中国成立后的广州青云校友会(1949—1958年)

广州的儿教院校友聚会呢,就纯粹是佛仔堂的那些老校友、老同学搞起来的。早期就是新中国成立初期的时候,由我们的学长伍庆巨(音)自任会长,由温显和副会长,冯梓彬任副会长。他们三个联合、组织广州佛仔堂的校友坐到一起简单聊聊,问一下彼此情况之类的,早期的时候也没说搞个活动或者约定个固定场所喝茶。好像就是在爱群(大厦)斜对面那一间酒楼,那家店名我忘了。

那个时候我们还都是工人,当时是新中国成立初期,百废待兴,生活确实很艰难。有一些校友读完书后就找不到工作。当时在顺德陈村搞过一间青云电器行,找了当时分流去韶关儿教院的同学赵日华(音)来做电器行的技术人员,他参军的时候是做通信兵的。

我们青云电器行的主旨不是做买卖的,而是做维修电器的,家用电器、收音机那些。除了几位校友之外,其他资金之类的什么都没有。当时广州校友会是以伍庆巨（音）为首的，他就即刻发动了在职的校友大家一起筹款，每个月都拿出点钱来资助青云电器行的运转，钱多的就多拿点，钱少的就少拿点，我当时就拿得很少，那时候工资很低的。两块到五块不等，大家都不同程度的拿钱。刚开始办起青云电器行的时候，大家都很高兴，我们也偶尔约到一起游泳。最后电器行运转了一段时间，因为没有任务，就散伙结业了。

1958 年的肃反运动，记得伍庆巨（音）的单位属国营单位，所以就审他。询问他在儿教院的时候参加了什么活动？是不是国民党？是不是共产党？是不是三青团？伍庆巨（音）否认后，他们就开始彻查他。我是负责肃反工作的，他们就来问我相关事情。其实当时儿教院还在佛仔堂的时候，老师中有国民党的党员、也有共产党的党员。这些事情大家都知道，但是周之贞不准发展组织，认为凡是爱国抗日的，你教什么都可以，但就是不要发展组织。在伍庆巨（音）排除了怀疑之后，他就被调去了九佛（音）农场劳动。所以 1958 年广州自发的校友会就终止了活动。

2.1972 年提出干四件大事

在 1972 年的时候，我们有一个同乡校友叫邓汝根在路上碰到了我。他当年在儿教院的时候是我们的大哥大，帮助我们去耕作的。路上见到我后就询问现在在干什么，我说我现在在政府机关单位工作，然后他就建议我组织大家把校友会组织起来，大家时常聚一下喝茶聊天。我就跟他讲，我说喝茶、聊天这样没有什么意思，平时的时候大家也可以私下聚到一起，我们既然要组织设立校友会，就应该干几件大事：第一件，恢复青云中学的校名；第二件，青云中学要成立校友总会，下设分会，按地区分别成立分会；第三件，在北滘为周之贞建立纪念馆；第四件，为赵百则主任甄别平反。他就问我这四件事情要怎么实施，我说如果大家认可，就一定能搞定。

这四件事，给邓汝根解释之后，他就很同意。我说这四件事如果要做，广州佛仔堂的那些青云校友都要有个共识。而我们的校友当中，有些是在乡下，有些在港澳，有些在台湾，有些在美国、加拿大等。大家去通传、发动、宣传、组织起来，向地方提出来，向现在这个陈村中学提出来，因为它前身是青云中学，只要我们提出来，他不做就是他们的态度问题而已，或许是认识问题。而如果我们不做，那就对不住我们的先贤。

后来我又找上了欧阳学翘，他在广州做中学校长，原来是我们儿教院早期的乡长，也是学生会的主席，一直在做教育工作，周之贞也比较器重他。他年纪比较大，是我们的学长。我就先去找他做思想工作，如果欧阳学翘都认可，我们就可以准备起来了。

1974年，祖国迎来了开放改革第一个春天，神州大地一遍欢腾生机蓬勃。乘此和煦春风，广州校友蔡尔洪、欧阳学翘……等联名邀请名师起题组、陈大展和市内校友三十多人济济一堂，假座广州市纸行街文化站举行了一次历史性的叙会。图炉共庆欢声笑语，别外飘愉。席间议论如何恢复每校正名和筹瑞校友会等问题，意见虽出大家纷纷发言，并取得共识，起到提大作用，最后请蔡尔洪、欧阳学翘等校友进行与各地校友联系。促进这一议题日后获得圆满成功。

图 10　陈大展老师漫画(《青云之路》第二册)

我们做了两年的思想工作，等到1974年的时候达成了共识。那年夏天我们在纸行街文化站，光塔路的最顶头一起餐聚，附近住的老师、校友都把自家的餐具拿出来打火锅吃。餐聚的时候说到这四个问题，大家都很认同，就分头安排工作。我们在那里恢复了自己的校友会,当时我们校友会的手续都没有,那些人当场就推荐了我做会长,但我想"秃头会长"不行,我就提议了几个副会长,分别是欧阳学翘、邓汝根、赵宝娥和苏铭林。还提议了老国樑(他现在去了美国)做秘书。然后下面就设立了三个片区,越秀东山那片区域,由温显和(音)做片长联络员,荔湾、芳村这片区域,由麦绍根(音)做片长联络员,海珠那片区域,由邓汝根兼任片长联络员。当天就是我们自己组织自己宣布,就这样开展了各种活动。

我们这样组织校友会就影响了大良,他们怕我们做出什么,就出来效仿了,但是即使效仿也没有我们这个机构那么完整。这个事情影响到香港这边后,麦万方就担起旗来搞了。他经常回来问我们的活动情况,每次关绍才等同学回来,都通通回来找我,让我接待安排他们,我们就跟他们讲我们的意图,我们是怎么做成这样的,怎样做才能越搞越像样。

3.恢复"青云中学"校名

当时感动了顺德的那些人,大家就把校友会组织起来了,第一个就是怎样解决"陈村中学"更名的问题。当时就很巧,何瀚桂从外地调回顺德陈村中学做校长,他好像是陈村潭村人。当时我们对这件事的呼声很大,我们给他摆出事实,他也认可我们的提议,于是出面去县里请求恢复"青云中学"的校名。他做了很多工作,又去县政府档案室拿资料,最后终于批准了。如果以1974年来算的话,直到1984年才恢复"青云中学"的校名,足足十年的时间。在这十年里我们校友会也举办了几次大型活动,把活动推向了高潮。其中就包括发动大家捐钱筹建母校。那时候很穷的,学校里面没什么东西。我们就组织了两次捐款,当时我们内地校友大多数工人工资很少,就几十块钱而已,大家就有钱的多出,没钱的少出,各尽其力。到第二次的时候,影响到香港的校友,他们开始捐款。当时香港有个叫罗沛辉的,他捐的最多。罗沛辉没有去过佛仔堂,是肯构堂的插班生,他是陈村人,捐了1万块港币。后来我们就提出要通过搞经济来帮助学校建设等等,所以就开了一家"青云贸易公司",陈大展老师自荐带头。然后又找了几个同学一起合伙运营公司,可是那几个同学都没有做过生意,也没有经验,凑的钱也都是杯水车薪,最终贸易公司就失败倒闭了。罗沛辉当时送了一辆小汽车给青云贸易公司来运营,帮助学校,当时捐赠最多的就是他。那个时候李伟强还没有来,他这个行为影响了很多人,李伟强也是被其感动,就回来投入学校的建设。我好像是在1986年去了香港,代表广州的校友和李伟强促膝谈心。当时他也很乐意、很积极的回来投入建校活动中。在这么多校友中,我们都知道他是最有钱、最好的那一个人,当时他也很乐意去做这些事情。

恢复"青云中学"校名这件事是最重要的一件事,这不仅仅是校名的问题,更是我们教育事业延续的问题,关乎到民间对教育事业的支持和延续。我也希望能通过这件事让大家都认识到要为国家搞教育事业,要为群众要做好事,更要继承当日青云的精神。比如我们以前的学校,周之贞就提到"续国脉,保元气"这六个字。我们那时候只有小学没有中学,读完书出来,回到家乡他又提出要做到"三位一体",要我们做国家的栋梁,为家乡付出努力做支柱。但是只有个空校名也不行,一定要有校友,有校友的话必须设置校友总会,要担起这一支大旗下设分会,那才有利于发动校友、发动群众来建校,让大家重视教育事业、出人才。

4.筹建周之贞纪念馆

周之贞在北滘有一间房子,我曾经去过。他的堂弟就是周澄海的爸爸,周澄海住在隔壁,一墙两边的那种。(我起初就提出)我们把那里用来作纪念馆就好了。我当时说得很轻松,到后来我才知道那间房子已经被北滘镇党委征用。然后我就说,大家将周之贞跟随孙中山先生推翻帝制建立共和的丰功伟绩、创办儿教院的艰辛和目的之类的资料拿出来,这样纪念馆就很容易建好了。我还讲纪念馆既是我们的优秀文化之一,也是北滘地方上爱国主义教育的一个好场所,更是旅游的一个亮点,我跟他讲了我的想法后,他也很认同。

建立周之贞纪念馆花费了很多功夫和心血。这其中还十分感谢赵汝安,当时和他说希望他也能够和我们一起为保住我们的校园出一份力。后来他也和北滘政府的人就周之贞纪念馆的事情谈了很多,也为此下了很多功夫。后来北滘镇政府的人看到了我们的资料后确实觉得周之贞是一个伟人,就同意了在周之贞故居的斜对面建设纪念馆。一二楼作为纪念馆,建馆的费用由北滘镇政府来负责,后续的建设和内容摆放之类的事情就由我们来负责。我们为了这件事情也去了几次北滘,最后终于都建成了。吴范夫收藏了那里很多资料,现在我们关于周之贞纪念馆的部分资料就是他提供的。

5.组织校友创办刊物,记录青云历史

我提出的四件大事,有三件也都实现了,周之贞的纪念馆也最终建立了。在一次聚会的时候,大家都在讨论去哪里玩,我就提议去顺德那边玩,后来大家都很赞成,当天晚上欧阳学翘也联系我了,提议将我们的这次活动叫作"爱校敬师之旅"。实际上这件事在提出之前,我就已经和陈大展老师聊过关于如何实现周之贞纪念馆这件事情的问题,当时儿教院的老师差不多都死了,最德高望重、最有资历的就剩陈大展了。他画漫画很厉害的,欧阳学翘的画都是他教出来的。我思来想去就亲自拜访陈大展。跟他讲好多东西,陈大展也很乐意去做,但当时欧阳学翘还不知道我和陈大展老师私底下在讨论这件事情,只知道借这件事来提出建立周之贞纪念馆。

后来开始着手推进这件事,陈大展老师画了很多幅画(漫画)来描述曾经在儿教院的生活,吴均伯把欧阳学翘曾经送给他的儿教院的写生给欧阳学翘，动员欧阳学翘把这些写生配合陈大展老师的画作放在后面（来用于纪念），后来这些画作通过欧阳学翘的儿子欧阳力汇成一本书。我们还说到，只是把这本书叫作画册的话给人的感觉会很狭窄，大家想了很多名字都没有确立下来，后来陈大展老师说不如把这本册子叫作《青云之路》怎么样，他们都同意了。出版这本书大概要2000多块钱，我就说我们几个和邓汝根一起出钱，一个人也就700多块，邓汝根副会长也是个很豪爽的人，而且他很乐意为这些事出钱。就这样第一册印了100本，每个人都抢着要这本书，就连我自己都没有拿到这本书。后来陈大展老师说100本好像不太够，就又加印了100本。这是校史的依据，不够就要加印。这一系列的书里面，我们大部分人的名字不用全部写出来的，只有陈大展是唯一一个还在世的老师，因此他的名字必须得标出来。陈大展老师在《青云之路》这本书和周之贞纪念馆的建立方面花费了很多的功夫。

我们做这些事的资金又是如何得到的呢？我瞒着家里卖了一套房子，后来家人和其他人也都知道了。毕竟去疏通各方的关系，花费的钱肯定是不少的，继续出版《青云之路》这本书肯定是到处都有用钱的地方，如果我不带头的话，别人又怎么会愿意出钱来推动这些事情的发展呢。但是我也不能出太多的钱，不然别人就会有种错觉，即使没有我的帮助这件事情也能成功推进，这样就不行了。因为我们所做的这些事情就是让大家认可我们的校史、周之贞的历史以及青云的发展历史。有了青云这个源头，才有现在的我们。

《青云之路》搞得风生水起。后来也没什么东西可以写。有些校友就提出不要搞了，因为没有新内容，还浪费钱。后来我们就找了方溢华来帮忙改这个刊物，方溢华是我们20世纪五六十年代的校友，是我们顺德二中的。他从北师大毕业，后来是广大的教授，古典文学教研室的主任。他做总编辑的时候，我们就提出月刊里感性的文章多，记叙性的也有，能不能提到理性的呢？

方溢华一听就很高兴,梁光也很支持,就出了一本《仁者爱仁,薪火相传》,但是这本书出来之后,经济有问题就停止了。

然后广州校友会就自己制作了一本《青云春秋》。《青云春秋》做到第五期就停止了。除了制作这几个东西之外,我们还制作了一本《国学精选解读》,这个原来是陈四根校长来广州进修,我和方溢华还有吕东来(音)去探望他的时候聊起来的。陈四根听到就很高兴,让我们负责印制。这个就做了一半,陈四根就迫不及待拿回来印了。那一本就作为学校的教科书了。《青云春秋》的第一期就登报出来。这些主要是方溢华编撰、解读的。我只不过是给个意见、提出方向上的建议。

其他校友的活动还搞了很多。比如顺德之旅、大良之旅、均安之旅等等,还有一些规模性的串联活动工作。在广州还为老师做了祝寿活动。学校和校友们都很认可。所以在广州组织了很多活动,去过很多茶楼、酒家等地方。

我们在广州能把 20 世纪 40 至 60 年代的顺德二中陈村中学校友组织到一起活动。就是那些校友也是受到我们刚才所说的刊物和活动的影响,参与进来了。现在我们其实也没什么大活动,就只是坚持每个月 13 号去喝茶。80 岁以上的就组织祝寿活动。

总之,我们(在这些事情上面)也遇到了很多崎岖的事情,例如出版《青云之路》、建立周之贞纪念馆、为赵百则平反等等,不过很多都如愿了。虽然过程中和同学们之间也有很多不愉快的地方,但是到了最后不愉快也都变成了愉快。现在有的同学去世了,有的已经很难走动了,余下的已经不多了。我们的故事也体现出了"一日为师,终身为父"这句话。大部分人都很快乐,因为可以为母校贡献,做了自己能做的事情。

二、陈文权

出生年份：1929 年

祖 籍 地：顺德北滘槎涌

访谈时间：2018 年 12 月 17 日

访谈地点：顺德碧江陈文权家中

（一）和哥哥相依为命，为去儿教院读书兄弟分离

　　我是顺德槎涌人。小的时候我们家里人就都失散了，按当时当地说法就是家里人都过世了，家里只剩我和我大哥两个人。而我们当农民年龄又太小并且什么东西都不懂。我们成为孤儿的两兄弟后，有些叔伯就带着大哥去割禾草卖，但这个也维持不了生活。然后还有一个比我们大一点的同学就带上我们去装一部分书拿去卖，就这样卖了一阵子之后，我们两兄弟就被当地乡内用牛耕田的"大户人家"找来看牛。我们俩一人一个地方，给人家看小牛。

　　后来听说有书读、有饭吃。这么好的条件，听到之后很多小孩子都很高兴。我们两兄弟也很高兴。我没有上过学，我大哥上过 1 年的学，我家隔壁就是学校。但一想到两兄弟要分开去读书就不高兴了。我曾经打过工的那些老板也都不是很同意，他们认为两兄弟为什么要分散呀，其实两兄弟都是可以读书的呀。但是情况不允许,大哥就说:"你去吧。"正如别人所说的两个都能去最好,不过一个去读书总比两个人都在家待着好,两个人都在家还不一定能挨过生活。而且他比起其他人来说,看小牛干活少。我俩商量后就决定让我去读书,因为哥哥说他比我大1年多,并且他在这还比较懂事,我还不太懂事。

因为好快就要分开了,我俩一夜没睡抱着哭了一晚。因为我们两兄弟本来就是孤儿,再加上伯娘也死了,在槎涌就是真真正正的孤儿了。听到有书读首先就答应去了,我当时很高兴是因为我没有读过书嘛,而我大哥起码是进过学校。达成统一意见后我俩相拥一夜没睡。第二天,我也没有办法,忍住牵挂去读书。而我大哥依然在家乡看小牛。

刚去的时候,每天都很想念大哥,在儿教院的每个人我都不认识,因为我们都不是同乡,整天都上课、读书。当时对读书有很浓厚的兴趣,就喜欢上了读书。在那里有饭吃又有书读我觉得挺好的。我在儿教院待了几年,这几年都没有回来见过大哥。大哥的身体一直都不是很好。所以他干不了太重的农活,于是就跟别人去学了个手艺,记得他最远是去中山石岐学做鞋。我觉得做鞋也还好,最起码有份工作,这样我在学校读书也能安心。但是每次想起哥哥的时候我就常常想哭。

(二)感恩廖主任给我补习让我读到小学毕业

我一直是在儿教院读书的,但其实我在儿教院也没读几年书。因为我入学的时候年纪已经很大了,当时已经12岁了。而别人12岁的时候都已经小学毕业了。当时廖燕海(音)帮我报名,叫我去找他,他一看我的年纪,就问我读过书没有?我说还没有读过书,倘若读过书,我就不来儿教院了。

那他说,你这么大个年纪会不会写字啊?会不会写自己名字啊?我说我会写自己的名字,因为大哥读过一年级,当时我家就在学校隔壁,每次就跟他上学放学,所以能勉强写出自己的名字。然后我就把名字写出来让他们看,那廖老师问我,你怎么看待你比其他同学年龄大,而跟你同龄的孩子已经小学毕业了? 我就讲,读一年级我就要比其他人更加努力才可以。但是读到一年级的下半学期,我的语文考试和数学考试都不及格。而和我同乡上学的谢永连,当时就可以及格升级,我考试没有考好,就自己走回宿舍睡觉。廖班主任看见后,问我去哪里? 怎么哭了?

我跟他讲了缘由,主任就把我叫到办公室开始安慰我。他说,闲人说你也没有办法,基础不行这也没有办法,那你要想办法升级呀。他就提议说在下学期上课的时候补考,补考可以通过的话你就可以和那群同学一起升级了。然后他就安慰我,说这个暑假整天给我补习,我多点努力,补考过了的话,就可以升级上二年级了。我俩就坐在学校大礼堂大会场的舞台上面,先点了3支松香烛来补习、补考。那时候儿教院连灯都没有。当时老师给同学们补完习之后,我们几个小的要去补考。因为也不止我一个人要去补考,为了不让别人知道这件事,我们在每晚宿舍点完名,别人去睡觉后出来学习。天气很冷,冷到都不知道会有人在舞台底下复习。就这样读完了一年级,到了二年级的时候,就很辛苦。因为我的成绩始终跟不上,数学还不及格。然后廖班主任就又像上学期那样找我聊天,他说有个一个多月的假期,让我还是像上次那样继续跟着补习吧,整个假期复习数学,结果考试就通过了。当时我和老师都很高兴。对老师来说,只要勤学就一定可以的,只要勤学,学习就能跟上。班主任如果一直在儿教院里工作的话,他就会把我们班一直带上去,所以我就跟这个班主任一直读了上去。三年级就没有读,跳了两次级,而我年纪还比别人大,只能继续努力。结果还没有读到六年级的时候我就小学毕业了。实际上在读书期间,我的数学始终不好,因为基础不好,一直跟不上，最后只能勉强读到小学毕业。

（三）毕业后我边工作边照顾哥哥直到他去世

　　小学毕业之后儿教院就迁回陈村，也叫作青云小学，很快第一年当地很多的小学毕业生要求建设中学，儿教院就开始办中学，叫作青云中学。很多陈村的小学毕业生来考试，那时候就不只是儿教院了，逐渐开始正规化，招生时男女都招，而在儿教院的时候就只招男生。我在那里又读了1年左右，当时陈村乡的乡长到学校说你们这些无家可归的有书读，但是没有饭吃，你们觉得怎么样？我说那我去哪里吃饭？家里又没有人，他说如果没有的话，能不能出来工作呢？然后给我们安排了工作，并嘱咐我们工作的时候带上行李。我们每个人都很高兴，都带上行李准备第二天就去。去之前我就很开心，因为我哪里都没有去过，都在自己的乡下，当时收拾行李最快的是我。刚好，我的伯娘到学校找我，有人告诉她我要去工作了，不读书了，去哪里都不知道。我的伯娘就赶去学校，在北滘去陈村很近的。到学校就说你现在想读书都不可以，你哥哥去打工有病回来了，我又要工作，没有人照顾他。你回去看看怎么安排你哥哥，以后再考虑工作还是读书吧？然后我就回到槎涌跟别人借了点钱去给哥哥看病，照顾哥哥。安排好了哥哥在勒流之后，我就去乡下工作。读完书回去之后，要安排哥哥，但是又没有房子住，就在别人的茅屋暂住，也安排哥哥在那里住，自己也在那里住，当时也算是有地方住。然后我就开始赚钱了。

　　当时我就一边工作一边照顾哥哥，直到哥哥去世。没有办法，生病了也没有很多钱去就医，我一个人划艇带哥哥去沥滘看病，我已经不记得了，反正是一家小诊所。我划艇去划艇回，当时也挺厉害的，经历了很多风浪，但都划艇顶下去了。他去世后，我也慢慢释怀了，可以过自己的生活了。

（四）一辈子做老师

那时候农村开始有扫盲，我就有夜校上了，那段时间我很高兴，因为我对学习这方面很感兴趣，想继续去读书。白天教书，晚上又去夜校，整天不离开学校，很高兴。学校的老师听别人说我是中学生。我说什么中学生呢，就是小学生，小学生还是跳级上的。就问我会不会刻钢板那些，我说没有刻过。结果就跟老师一起写学习课本，这样写了之后，老师认为我可以，难得找到一个人去刻钢板、写学习课本。我同意后，每天就空下点时间不去工作，跟他们一起去教夜班。

教了夜班之后，县里就开始扫盲，扫盲是需要笔和课本的，就可以找我教，我能教的我就教。当时乡里也有一些人叫我写东西，我也可以写。那时候什么都是找我，后来也有人找我写招牌，乡政府、民兵部等招牌也找我写，说找我写的话就不用拿去陈村。乡里写很多东西都找我了，我说写就写吧，尽自己的力。后来大队文书会计也要招一个人，说招"牛权"，就是我了。我说我都不知道文书会计是什么，别人就教我，我就跟着做，每个月都是这样做，别人来缴纳公粮，我也跟别人一样缴纳公粮，是这样出来工作的。

出来之后，刚好得到乡的信任，什么工作都找"牛权"，我的花名叫"牛权"。李伯轩老师就跟工作队说，让我去当教师，为乡内教学事业多个人才。儿教院出来之后叫我做什么我就做什么，一边学一边做。我就去当了教师，刚开始教低年级的，第二学期就不是了，找我做领导了，因为我之前做过百香的会计文书，做过学校经费的管理。

不知道是在1949年还是1952年，广东公路通车，每个学校都要带人去欢迎，槎涌开去省城都挺远的，老师觉得学生太顽固了，不行，带他们去的话像赶鸭子似的，有人就提议找我，说学生很听我的话。我就带学生去欢迎公路通车。每个乡都说槎涌的队伍很好，然后通过这件事，工作队就确定了让我以后在学校当教师，经上面批准我就在槎涌教书。第一个学期做教导主任，我说教导主任干什么的？他们说你平常做的工作就是教导主任要做的。在槎涌教书教了一年，之后调到三桂乡，三桂是人很少的小学校。以前去三桂要过海，但是刮风下雨是不能过海的，所以很多孩子经常不能依时上学，调去三桂之后我还负责宣传工作。在三桂教了两三年，又来碧江，碧江是大乡，后来搞联谊又调去西海老区学校，再后来因为家庭原因，周末都要回去。他们就让我在西海老区学校一直教下去，不让我走，我说我家在碧江。本来上面要求我去西海中学，然后就到了碧江中学，最后又调去教育办，在教育办的时候我因精神不好，就不想干了。组长说你不想当领导的话，就去西海中学吧，我说去西海中学还不是要当领导。他说你不当领导也行，我说我真的不想做，害怕了。我说我不想当领导，结果一不当领导工资就调整，我就说我服从安排。

（五）一直想参军未能如愿

我已经提过很多次不当领导、不当教师。那时候本来还想去参军的，我年龄和资质都符合参军条件，自己也很想去，但是别人去的时候，我不知道消息，并且每次想参军的时候，都因为工作需要上级不同意。第一次参军就是上级不同意。第二次参军，本来上级已经批准了我报考军工学校，但到考试的时候又说工作需要，不让我去，每次都是因为"工作需要"四个字不批准，自己没有办法只能继续工作。而我工作的时候，怕自己教得不好，因为那时候要求普通话教学，我已经两年没有用普通话教学了，就跟教育办主任聊，说我不教书了。但是我又觉得这样不行，我一定要教，我这个人就是这样做事很纠结，确实有的时候转不过弯。

(六)对周之贞的记忆

我到了学校后才知道周之贞，他在学校另辟一个地方当作校长室,同学们讲这个人就是周之贞,他偶尔也会出来转。高年级的学生说他很勤奋,他还搞革命之类的,那时我们才知道原来周之贞这么伟大,之前都不知道周之贞是谁，只知道他是县长，后来知道他这么热心于教育事业，收留无家可归的儿童去读书,提出"三位一体"的教学理念,要求我们读完书出去起码要做到这样,这样就能达到他的要求了。

图 11　陈文权和妻子、子女在旧居楼上合影

周之贞的儿子是岭南大学的,假期回到学校就是跟学生一起去学习的,平时我们就说他是"岭南牛"。如果遇到学习不好的、有弊端的孩子,平时就拿着一支笔和纸,看看谁在那里动了,他就马上抓出去罚,好像军训一样,他是很严格地要求我们。周之贞的儿子我们不知道他的言论是好的还是坏的,反正他对我们很严格,动不动就用皮鞭打,打完再说。有些老师也学他这么严格要求学生,如果我们不好好学的话,他就要求我们去运动场卷起裤脚让他打,所以他对我们要求是很严格的。

(七)其实他们那时候都说我行,只有我自己觉得我是不行的

我没有去过(周之贞纪念馆)。陈大展老师让我为纪念馆写一些东西,我说"什么都丢了,笔也丢了,什么都丢了,没有什么东西可写"。我当年教书的

时候画油画,当时都是偷偷摸摸去买一些油画颜料、布匹之类的,我说现在都没有东西可以画油画之类的了。他说你要画一些东西去那里留念一下。他还跟我讲,其他人我都没有叫,我就只叫了你。其实他们那时候都说我行,只有我自己觉得我是不行的。

陈大展老师对我挺好的,有一年他过来(碧江)不知道干什么,他说我看你教书这么多年,走过这么多地方,怎么连一块砖头都没有(没有房子)。我说因为没有条件,只有工资怎么建房子? 陈大展老师就说:"如果你起房子的话就叫人帮帮你忙。"我说:"连一块砖头都找不到。我都没有想过那些,住到学校也没有关系。"跟陈大展老师一块儿来的那个书记说:"趁我现在还有一点权力,叫生产队划一点田地给你吧。"然后就是这么一句话,就给我划了地,后来找砖头,陈大展老师说你已经走出一大步了。划了地给我 3 年之后,陈大展老师问我为什么还不建?我说建房子需要钱的,不是几块砖就可以的了。那时候有很多学生都开始帮忙,房子是书记帮忙砌起来的。我就将这块地放在中间,两边都设了一个花园,把整个房子设计为花园式,别人都夸我设计得这么好,我说真正的设计其实不是这样的,我说做成效果后,才能看出我的设计是花园式。如果只是一个厅的话上面就不批的,划了地上面还是要批的,我说就这样做了。

三、冯绍伦

出生年份:1930 年

祖 籍 地:顺德大良

访谈时间:2017 年 12 月 17 日

访谈地点:广州芳村冯绍伦家中

(一)将门之后

我们冯家在大良,我的爷爷、曾祖父、高祖父都是做缫丝的,还开榨油店。因为这个家里有一间大房子,在顺德清晖园隔壁。对南区来说,清晖园不算大,我们那里更大些。1680 多平方米,有 4 座房子在那里,其中有一栋房子,是我那些大哥叔叔读书的地方,我的叔叔们都是黄埔军校的人,但是伯父冯焯勋不是,他上的是保定陆军军官学校,是孙中山的国民革命军来的,做过广东江防司令部海军中将副司令,后来和周之贞一起创办儿教院,他是校董。新中国成立初期的时候,都以为我们家是地主,最后查了很久证明我们家是革命资产阶级,所以有这么多地方。

我今年 89 了,现在手已经不听眼睛的话了,眼睛是青光眼,一只眼睛已经没用了,医生都说我没得医治。虽然眼睛看不见了,但是我觉得作为装饰品也挺好的。就只有一只眼,这只眼一开始也换了晶体,也看不到了,看不到后用激光激了一次,不敢再用激光射第二次,因为这样我眼睛会受不了,怕会瞎,所以我就没有管它。激光射之后也能再看东西,但是手又不听眼睛的话,不听使唤了,眼睛已经看到一二两行,手只能写到一行去,不知道为什么。

我爸爸有 21 个兄弟姐妹,5 个都是黄埔(军校)的,1 个是保定(军校)的,除此之外都是做生意的,整个家族都是这样的情况。我爸爸死了后我们没有办法生活,就是十七叔冯若培一手把我培养起来,看着我们长大。十七叔后来去了加拿大,前几年的时候离世了,现在家族里的长辈都已经离世了。

(二)进入儿教院,从此与父亲生离死别

那个时候抗日战争已经开始了,顺德沦陷,街头有好多失教失学儿童。我伯父冯焯勋是国民党的海军中将,我伯父指定我爸爸一定要送我去青云儿教院,于是我爸爸就把我送去了。因为周之贞院长是(韶关顺德)同乡会选出来的,以青云文社的名义,成立了儿童教养院,所以就被叫作"青云儿教院"。当时不是什么人都可以去的,能去儿教院的孩子,都是顺德有声望、有名堂的人,我们都是经过挑选后才得到了去儿教院的名额。我们每个人去的时候,父亲都很担心,在每一张棉被里面放了 100 块钱,黏在棉被的角,并且交代我们这些钱不能乱花。如果遇到什么事,走失了,就告诉走失的人我被角里面有 100 块,那些人当时就会救你的。

我是第一批去儿教院的孩子,那时候还是在白土(地名)。我到儿教院的时候,儿教院还没正式成立,只是一个办事处。和我一起上去的有我的弟弟冯绍仪、姑姐的儿子陈文斌。我们到了之后,我爸爸就把我们交给以前顺德

一中的校长，他在儿教院做教导主任，叫陈器范。交给他之后，我记得我爸爸就跟我讲："要好好听先生的话，多用点心思读书，将来做个有用的人。"然后就含着眼泪转身头也不回地离开了。后来我才知道，我爸爸在从化战六十三军时就已经全军覆没了。

（三）要立志做大事

进入儿教院后，学习虽然艰苦了一点，生活都过得去。周之贞对小学生都很好，经常教我们，和孙中山总理所说的一样，做人要怎么做？要立志做大事，不要希望做大官。做大官也罢，做小官也罢，不做官也罢，一定要立志做大事。周院长根据孙中山总理所说的来教导我们，所以，在我的脑海里深深地印刻了。一直到现在为止，我都觉得我之所以有今日的成就都得益于当年周院长的教训。

记得初去青云儿教院的时候，都不知道到底是什么东西，所以周院长整天跟我们讲，你们为什么要读书？读书为了什么？因为当时日本鬼子欺负我们，所以要读书，读够书，要打日本。所以有句话说，"每饭不忘，打倒日本"。

我去读书的时候，每个人都很有心思去读书。记得那时是有3个老师负责我们，其中一个是廖树芳（音），一个是张景益（音）。老师们都是爱国热血青年，他们是义务来教我们读书的。廖树芳是当时顺德县县长的弟弟，张景益（音）是个热血青年，他义务来教我们，没有拿学校的一分报酬，他还和我们在儿教院一起生活、吃饭、学习，还教我们唱一些革命歌曲。还有一位女教师，叫陈丽媛，教我们读书、唱歌，张景益教我们唱歌。我记得唱的就是《我们是抗战的烈火》。歌词是怎么说的呢？就是：

我们是抗战的烈火

燃烧着钢铁胸膛

我们是无名的突击队

我们的前线在后方

声援前进

费尽力量

军民合作

决战一同

还教我们唱《白云故乡》，白云山是我们故乡的故事，这首歌是讲我们离开了故乡。除此之外，还教我们唱《中国不会亡》这些歌。他一直到儿教院搬去江谷镇的时候才离开我们。当时青云儿教院成立的时候是在江谷佛仔堂的地方，我们和蔡尔洪、何树毅一群人在冼公祠堂。

我们的教材都是自己编的。就是讲为什么要读书？读书是为了什么？为什么要抗日？讲这些内容所以也没做什么功课，并且周之贞院长讲课，是没有课本的，那些热血青年都是用一块黑板、一支粉笔来上课。

（四）提前离开儿教院，回到顺德一中读书

我走是因为我要继续读书。那时候青云儿教院没有办中学，所以就离开了，离开之后就回顺德一中读。青云儿教院接收我的那个校长叫陈器范，同样回顺德，做了顺德县立中学校长。所以我就回去读书。我们全家人，我爸爸、我叔叔，然后加上我，都是顺德中学毕业的。

所以儿教院迁回去陈村过了几年就变成顺德二中，然而那时候我已经

离开去顺德一中读了。读完之后就到基督教青年会（YMCA）工作，并且在这个青年会还认识了很多人。

（五）进公安工作

（1949年加入了共产党。）新中国成立以后进了公安学校。在公安学校，我又是第一批去工作的。有个老革命人士，我不知道他是谁，当时拿着解放军名册，有个人跟着他后面，他就指着我，（问）这位小同志叫什么名字？后面就有个人说我的名字。后来不到一个星期，我就被派上工作了，可是那个时候还没有毕业，但是因为工作需要，就收拾行李去广州市公安总队①，负责整顿交通、清理临街妓女、整治地下钱庄这些工作。

（六）三反五反时含冤入狱

有首《失落》的诗是写自己，当年受委屈，我很不服气。我以前在公安工作的时候被派出来搞三反五反，搞完出来就调入工厂，做工人代表。当时做工人代表就是维护工人的利益。工厂里出现拖欠工人工资的一个情况。当时，有个革命叛徒叫赵潮。他杀了我们的革命同志，逃回了广州混进了工会，工会是工作的官方代表，他是工会主席，就害我，说我破坏生产，我很不服气，但是没得好说，因为他（职位）比我大，好多事都没有办法说。就只能忍气吞声，所以《失落》那首诗我就起名为《失落》，这首诗在我那本书里有，讲自己当时受委屈的情况。革命叛徒赵潮就指责我说我放走资本家、破坏生产，我就很不服气，就写了一首《失落》。那首诗这么说的呢：

---

① 1949年成立的武装部队，用于新中国成立后恢复广州混乱的社会秩序。

青云志

天上白云空悠闲

闺中儿女盼爷还。

铁窗明月催人老，

故里阳春扰梦残。

几时能得澄清日，

奉母抲锄到田间。

(七)平　反

改革开放后，上级给了我一沓钱，派梁结雨给我平反，他是十一县综合厅的厅长。他问我叫什么名字，让我不要害怕，这件事不但没事而且还有功，事情已经都帮你搞定了，你写写你的感受就可以了，当时我是怎么写的呢？几十年来，由于家庭的关系，被指成那个叛徒。我本来以为我会背着政治包袱去见上帝了，万万没想到共产党的好政策真真正正落到我身上来了。这个政策不单是我个人欢喜，海外亲人奔走相告，说共产党真是伟大。

胡锦涛当总书记的时候，有关方面派人来了解我，询问我为什么每次都是抗日的老战士？我说，是啊，不过我在抗日战争时期是国民党。他说知道。他又问我为什么加入了共产党。他的问题很特别，并且我回答的也很爽脆。我说因为我觉得你们政策好、主义好，所以就去了你们这一边。再说了就算我现在是国民党，那也不见得国民党的家属都会变坏。你看我们这边的，哪个有犯过错误的？哪个有做过对不住国家的事情的？然后我就说就算现在是国民党家属又怎样，大家只不过都是各归其职，也没什么了不起的。

我很大胆的，我什么都敢说。因为我进公安局的时候，他审查过我。问我为什么要进公安,问我为什么改名字,我以前叫冯绍伦,现在叫冯国振。我就说,因为我不知道你这政权可以坐多久,所以就改了个名字,有什么事我跑路也比较容易。回来查过之后就认为我没事。当时无论谁找我,我也不害怕,国家也很清楚我的情况,就算搞完"三反五反"进工厂做事,那个人冤枉我,我也不怕。做人出来问心无愧,敢做敢为。

(八)离开公安,进工厂,在工厂退休

后来说我不适宜公安的工作,就让我离开了,然后我就以身体不好,家庭负担重的理由离开了。离开之后就开始做电子一类的工作。在一家工厂里面做事,当时那里的经理也姓冯,但和我们不是同乡,他对我很好。我们就问,我们适宜做什么工作?你觉得的呢?他说那你做业务主管吧。我说好。还有一个很有意思的经理,姓梁。当时业务主管的事情就全部都是我管。尽管他当时是经理但也归我管,他很相信我的,就一直做到退休。所以退休的时候我不在公安,有人问我为什么没有在公安退休。因为当时是这样的环境,是你们叫我,不是我自己离开的,我都听你们的。

(九)与青云同学重逢

我当时因为是第一批,去儿教院比较早,和吴家驹、罗树毅是同班同学,我们班的小孩子整天打架,打完又和好,和好又继续打。那时候我还不认识蔡尔洪、李伟强他们,因为我是前期入儿教院的学生,他们是后期进入儿教院的。那些青云后期学生我们就叫作"青云后学"。那时蔡尔洪说他就是"青云后学",但我不认识他。

我离开儿教院之后去了顺德一中读书,没有回陈村。所以之后就和儿教院的同学没有联系了。直到2003年我才找回那些同学,因为前一段时间我

已经进了公安机构,就没有时间去参加青云同学会的活动,2003年的时候我才和青云的同学联系上。

2003年,我认识了一个医生,共同谈起青云儿教院的事情。当时他问我是广宁的吗?我说我是广宁江谷的。他说我也是广宁江谷的,然后他说有本讲广宁的书拿给我看。拿来一看后有好多同学,就像罗树毅、吴家驹通通都是我同学,我伯父的名字冯焯勋也在那里,于是我就立刻去联系了。

联系后,我第一个认出来的就是罗树毅(音),他当时和我是同班同学。在西马路(音),我直接找到蔡尔洪,蔡尔洪问我你认识哪一个?我说我认识吴家驹(音)、罗树毅(音)他们两个,然后我们就相拥到一起,说你怎么老成这样了。我们联系上后,一见面就说:"我还以为见不到你了!"这么久才联系到一起是很难得的事情。

(十)我之所以有今天的成就,完全是得益于儿教院那几年的培养

周之贞是一个教育家,也是一个爱国者。他办儿教院不是为了自己,他把全部的家产卖掉都是为了给家乡、国家培养人才,并没有私心。新中国成立之后他去了香港,(患了)肺病。他去世的时候,学生们叫人买了一副棺材并抬着他上山,送他最后一程。这也算是对得起国家和民族了。我觉得周之贞院长培养了我们,对得起国家、对得起社会、对得起民族。并且从儿教院出来的学生,没有做坏事的。

我现在可以生活自理,就得益于周院长从小的教导。那些老师很好,大部分都是热血青年。刚刚去的时候,衣服都穿烂了,老师叫我们不要穿那些烂布。教我们将那些烂布搓成一条来织成草鞋自己穿,因为那时候没有鞋子穿,所以就这样解决问题了。除此之外,还做一些力所能及的活,例如种菜。我们自给自足,虽然这样说,但其实都是周之贞的。周之贞对我、对我们一班同学来说,都是感恩不尽的恩人。他训言也是这样说的,我们要守望相助,疾病相扶持,做人要这样。大家在同一间屋子没有说你不理我,我不理你,我们这群同学关系很好。

最有意思的是,我们生活能够自理,这个习惯就是从这里培养出来的。到现在为止,我都80多岁了,还一样能够生活自理,除了脚不能走,其他的什么都可以。

我之所以有今天的成就完全得益于儿教院那几年的培养。我写过一首诗,叫作《颂先贤》。是这样讲的:

> 国难当年入山沟,
>
> 少小离家志未酬,
>
> 跟随周公延国脉,
>
> 儿童八百青云收,
>
> 贤书教学难忘记,
>
> 每饭不忘打日寇,
>
> 昔日儿童今鬓白,
>
> 感激贤书当年教。

四、麦志辉

出生年份：1932 年

祖 籍 地：顺德杏坛麦村

访谈时间：2017 年 12 月 18 日

访谈地点：顺德杏坛麦村麦志辉家中

（一）我讲起以前的故事就像一匹布那么长

　　我在的那所学校就有周之贞，周之贞就是国民党里有威信的人士。那个时候顺德沦陷，一般人的生活都过得很凄凉，所以我们村就有很多难童，衣食都没有着落。国民党统治的时候，我爸在杏坛做"联会主任"，在杏坛官职最大的就是他，当地人都叫他麦白虎，他在我们那里很厉害的。他也认识周之贞，并且跟周之贞是老朋友。当时周之贞是孙中山的下属，官职很大的。那时候我爸爸去了沙坪（音），见到了周之贞。周之贞给我爸爸建议如果你们村有困难小孩衣食无着落，倒不如叫他们来我们顺德的青云儿童教养院吧。

　　我们麦村上去的人有几十个左右，这些都是由我爸爸发动的生活困难、日子过的很苦的孩子。我的家庭也不是说那种很困难，揭不开锅的那种，但是我爸爸考虑到其他人可能会怀疑"如果你的儿子你都不让去，那食宿是不是全包的，为什么这么划算，是不是一个骗局？"那个时候不管放不放心，我都是要去的，是我爸爸叫我去的，我不去都不行。我爸爸由于要树立自己的威信，证明这间学校是好的，是不会教坏人的，让我来带头去叫那些同学去。我爸爸觉得他要做表率，他都能让自己的儿子去儿教院上学，那就也能发动其他孩子去上学。当时那个凄凉的年代，饿死了很多人，我爸爸就发动这些人去谋生。并且他希望能以"我"上学为例来发动左邻右舍的同学去参加学校。我们麦村就有二三十个人去了，当时是由我爸爸派人带我们上去的。我们是在右滩偷渡过去，一直走了七天才走到（佛仔堂）。那时候我们都是小孩子，走不了多少路，他就派人一路把我们护送上去，到佛仔堂附近的那些祠堂找地方歇宿。当时的青云儿童教养院就是周之贞一手创办的，开始是有七百多人。后来就转了一些（儿童）到上面这几个地方，最后就剩下两百多人。

（二）我们当时每个人都很辛苦地去创办这间学校

我们刚刚上去的时候什么都没有，就只有荒山。我记得当时的佛仔堂建筑比较简陋，就派了些人去建设佛仔堂。那时候，大家都积极去做，用竹支批荡。我们每个人都很辛苦地创办这间学校。我们200多人，几十个老师，一起建造了几十座教室。当时学校的课室、纪念堂、医疗室、职工宿舍、难童宿舍，这些建造得都很大。那时候很多人都认为我们过得很快活。其实当时的环境真的很凄凉，周之贞是用自己的钱来开办这间学校的，并且包食宿。学校里面那些教师的薪酬很少，差不多仅够自己吃。当时每一个人都为了这班同学，为了这所学校的建设，付出了辛劳。

学校里一般有四五十位老师，其中顺德人较多。这些老师都是周之贞发动的，说这所学校要请很多老师，就四处介绍老师来到学校，每个老师对我们这些难童都很用心,困难的时候帮助周院长一起建学校、教学生。那些老师尽心教育我们,教了我们很多知识,把我们从不会教到会,给我们讲了很多我们不知道的东西。我们那时候都过得挺高兴的。每天都是这样上课下课,我们那时候的成绩是有点差的,我是很差的,因为自己年纪又小,也都挺顽皮的。有时候不听话也不出奇,不过老师们也有很多教育我们的方法。他不是说你比较调皮就会为难你,他们每个都对我们很好。最多的就是对我们进行教育,讲一点真理,教我们一些做人的方式方法,给我们讲怎么做个好人这样。

学校里面的设施和教学都是一流的,就算是体育也是一流教学的,在左邻右舍的很多运动比赛里,我们绝对是第一。我们学习的书本都是由国家核派的,那时候学校都是教物理、自然、语文、数学。高年级就是教物理、自然之类的。当时我们还算很好的了,我们是在日本投降之后才回来,也算是挨过了那段凄凉的岁月。

当时周之贞一个星期或者一个月,都会去趟学校。那时候他就会去旁边挺大间的一个校长室里。他不定时会回来看那些同学,把我们这些孩子就当成是自己的儿女一样很疼爱。周之贞一般都会回到那间校长室住,他当时有个大陆的太太,我们叫"六娘"也到儿教院住。因为我爸爸和她老公有点交情,她很多时候都惦记我爸爸的人情,有时也下来看一下我,所以我比其他同学就会(被)优待一点。并且周之贞给我们树立了很好的威信,每个人都很崇拜他。你看现在陈村的青云二中还有他的遗像,但是那一尊遗像做得不太像,不过也是同学们的一份心意。我不知道他对我影响最大的是什么,我当时就觉得他很崇高,也很辛苦,他带领我们七八百个同学离开了顺德的沦陷区。带领我们去了那么远的地方,花了很多的费用,还给我们提供饭食。

(三)相对于学习来说,我们生活凄凉一点

我们的同学每个星期都要去担谷,走一个小时左右走出江谷去担那些谷回来,然后学校自己就派人磨那些米。当时学校的医疗条件都是很方便很齐全,但是在学校里还是病死20多个年轻的小孩子,都是那些不治之疾。而我们在上面的那段日子是很艰辛的,每个人都对日本侵略有很深的仇恨,老师在每次吃饭的时候都教我们说"每饭不忘,打倒日本"才能开饭,日本投降了之后,我们吃饭的时候就说"每饭不忘,建设中国"。

我在那住了差不多3年左右,不到3年的时候,情况就比较好转了,我们学校也迁回了陈村的肯构堂。我又在那里读了2年左右,之后因为当时青云儿教院又收不了租,困难了就解散了,解散之后我们就各自回去了,然后这间学校就转为顺德二中。我就回到家里,在家周围找学校读书。读了一两年就到了解放战争时期,因为我家是地主官僚出身,所以就没有书读,我就出来打工了。当时我们这条村这条生产队有几个人也去上学了,不过现在都去世了。我当时的处境比很多同学都要好,而有些同学处境就很凄凉的。儿教院解散之后我就回家了,而他们没有家就到处流浪了,哪里有工作他们就去哪里。回想起我们度过的那些凄凉的岁月,真的说起来其实日子也不是很长。我很想感谢周之贞院长,感谢老师对我们的帮助,教育我们成长。

(四)我有今时今日养大这些儿子,同学都给了我很大的帮助

在同学之中周澄海和我关系最好,他也是北滘的。他当时住在周之贞的隔壁屋。我们来往很频繁。而其他同学,像蔡尔洪跟大家关系都很好。我出来之后,曾经在广州做过两三年的生意,我那时候探望过蔡尔洪,彼此之间

有来有往的。有时间我们就常常聊天,也没有做什么特殊的事情。不过我们对周之贞院长,对我们的学校都很怀念。所以我每次上去(江谷拜祭)他们都知道我上去,我就尽自己的努力,有钱就多买点祭品这样悼念以前的校友。我们现在去佛仔堂,也都会拜祭,现在还起了很好、很大间的坟墓。

我和我的同学交往是最多的,因为我出来做过几年生意,做生意的时候,有什么困难,需要什么帮助,我就联系同学寻求他们的帮助。我有今时今日养大这些儿子,同学都给了我很大的帮助。以前很多家务,都是要自己买的,倘若我没有棉被什么的,同学就会送点棉被过来。所以那些同学对我真的很好。自己做生意有困难,同学帮助,甚至是衣食住都会帮助我,他们人真的很好。

五、欧阳学翘

出生年份：1929 年

祖 籍 地：顺德均安三华

访谈时间：2017 年 11 月 12 日、

　　　　　2018 年 1 月 13 日

访谈地点：广州淘金路欧阳学翘家中

　　我是 1929 年端午出生的，乡下在顺德均安三华。我的家族比较大，包括亲的、堂的，吃饭的时候能坐几十围。我们那里是鱼米之乡，种桑养蚕养鱼，比起其他的农业区来说是比较好的。我（现在都）很喜欢回去，时不时都会回去，关帝出游或者孙辈满月这些喜庆事的时候回去。回去的时候我儿子就会载我一起，一年三四次。

（一）此生有幸入青云

　　如果 1941 年入不了青云，我可能就死于 1941 年了。1941 年的时候，是顺德最困难的时候，没饭吃，日本人又搞细菌战，因此我们乡下就有很多传染病发生，包括霍乱、伤寒、疟疾、烂脚等很多，那段时间死的人最多。乡下就传开说周之贞要办青云儿童教养院，在青云儿童教养院是有饭吃的，我妈得知这个消息之后就非常高兴，找乡长说让我去儿童教养院。乡长说："我们三华那么多人，什么时候才轮到你的儿子学翘。"我妈当时就很失望。后来是因为教我的老师很了解我，认为我是个能读书的人，就力争要让我去，尽管乡长反对，但当时懂教育、办教育的人都说让我去，我才有机会来青云。这件事讲起来就很开心。（我当时）在三华的学校读书，读书的时候是跳级的，二年级跳四年级，四年级跳到六年级。我去儿童教养院的时候12岁多点，具体时间我已经忘了。

当时学校有指定的人带我们去，是各区各自计数的，我们是第九区，十几二十人左右一起去。坐艇仔过了沙坪之后，基本就一路走过去。在永安那边一站站走过去，到了一站就住一晚，吃一两餐又上路了。走了四五天才到四会，当时我们走山路，走得慢。去的时候真的开心得不得了。安排我们偷渡过去，我们幸运没碰到什么事。当时在乡下是用一支竹竿竖起蓑衣，竖起的时候不能过，没竖起来就可以过。因为周之贞有"重男轻女"的思想，另外他觉得有男生有女生的话很难管理。周之贞还提到学校要"续国脉，保元气"，续国脉主要就是说，有人才能算是国脉。而这个时候男生就会比较重要，起的作用就会大一点，所以儿教院几乎没有女生。

刚到沙坪祠堂的时候，还没正式上课，有时间就坐在那里听老师讲抗战的故事。那时没建好学校，我们就在临时的简易房屋，附近农村乡下借屋子来住，在祠堂上课。后来儿教院建好之后就全回到那里上课了。儿教院在佛仔堂的校舍大概是1942年建好的。

我们这班学生参与到儿教院的建设，运竹运瓦，搬建筑材料都是我们学生帮忙。一人拿几块瓦，一人托几条竹那样运过去。建设校园用了一年多时间，因为运输那些路也不好走，要抬竹、抬木来回走山路。去佛仔堂要经过那棵大榕树。我们之前每次去江谷，抬谷、担谷、担柴都要经过那棵大榕树，每次到那里的时候都会休息聊天，聊会儿天才回去，所以那棵大榕树给我的印象还挺深刻的。

(二)品学兼优,全级之冠

我们当时分班是要经过甄别考试的,考试结束之后就按成绩分班,我当时在班里的成绩每次都是第一名,所以就被分到最高班。我读书的时候非常用功,虽然只是读到了小学而已,但我们有些同学就自学初中的课程。谈起佛仔堂的读书风气,真的很勤奋很用功。没有放寒暑假的,放假也没地方去,外面又有老虎又有野兽,就不放假了,年初一要上课,因为没有办法,外面有老虎又有猛兽不安全,学校还修了一堵围墙把我们围住了,就是为了躲避外面的猛兽。我们那里也没有星期天,每天都要上课。白天上课,晚上就自修,有空就做功课。我在高年级,读书一直第一,班主任每年的评语都是"品学兼优,全级之冠"。

我比较聪明、勤奋,也知道读书重要,所以就比较用心。那时候画画是自发的,喜欢画画,所以那时我们都画了不少。当时在儿教院画画我是最棒的,读小学的时候我就写生青云。当时只有铅笔画,没有水彩之类的。就用铅笔在纸上写生,画学校、礼堂、课室、宿舍这些。

周之贞有个想法就是培养学生自小有管制乡村的能力,在学校做个乡长来管,民政文化都是乡长管,要有这么一个概念。"青云乡"实际上就是学生会。我做过两任青云乡长,就是学生会主席,一任一年多。大家集中投票选,每个班发纸投票。

乡长有什么权力? 主要是管纪律、管工具。我们有很多锄头工具是借给学生劳作的,所以乡长就要管好这些工具。吃饭之前乡长都要喊"每饭不忘",然后大家就说"打倒日本",之后才吃饭。如果乡长不举手不喊,大家就不能吃饭。其他同学都要剃光头,当乡长就可以不剃头,可以留个西装头。乡长说进饭堂,集体吃饭大家才能吃,挺有威望的。我跟吴均伯同学7年,从儿教院到陈村都是同学。吴均伯收藏的青云的资料很多,青云的资料属他保存得最多。一有关于儿教院的资料,他就去搜集、收藏,所以儿教院的资料他搜集收藏得最多。他也做过"青云乡"乡长。当时除了我俩,还有一个做过,不过后来去了韶关,然后我就连续当了两年乡长。

(三)儿教院的饮食生活

我们那时候演戏,第一部就是《杏花春雨江南》,因为儿教院都是男孩子,我就扮演女孩子。那些人就称赞我们演得好,后来我们就成立青云话剧团,不仅在学校演,而且去江谷、四会那里演。我画画得很好,全校的铅笔画里我画得最好。陈大展老师很喜欢我的画,我也喜欢跟他画画,再加上我是他的学生,我一直跟着他学习画画。青云校徽是我设计的,因为当时的青云校徽不是这样的,我的设计理念就是五

图12 欧阳学翘1946年为迁回陈村的青云儿教院设计校徽

湖四海都有我们青云人这样。

儿教院一间宿舍有几十个人住,宿舍是双层床的上下床,所以就能住很多人。儿教院还有牛棚,当时养了两三头牛用来耕地。儿教院的地也挺大的,我们还可以在那边自己种菜吃,这样的话等到收获的时候我们就可以自己给自己加菜吃。当时还有农务室,专门主管这个生产、种植之类的事情。还有卫生室,就是等于医院,有病就去那里看病,个别需要留医的就去那里留医。一个医生,一个看护,两个人而已。好几个同学在这里就是因为生病没办法医治死了。

儿教院吃的菜基本上是黄豆、马铃薯。一直都会有东西吃的，不会饿肚子。我印象最深刻的是杀猪添菜。学校养猪，养大了就杀了每年级分一些，大概半年杀一次。平时会煮豆子，因为一个桌子就一个钵头，一钵头浸泡的黄豆摆出来分，我记得一打白豆也就12颗。一打白豆，十几颗黄豆就是一顿菜。平时很少有猪肉吃，杀猪的时候每人最多两块。儿教院有磨谷房，我们把谷拿回来后，自己先舂掉壳，然后再开始磨。我们去（儿教院）之前都不会做这些活，到那里之后才学习这些技能。我的同学也去帮厨，还请一些当地人的工人来做饭，不过主力还是我们的同学。

（四）周之贞会看相，觉得我是教书的料子

周之贞在儿教院的时候，坐着都能说一个多小时：要我们一定要爱国，不要纵容国奴，认真读书，以后管治乡村，有好的生活。我记得他当时就是鼓励我们要互相学习，取长补短，成绩好的要帮助成绩差的同学。

周之贞强调读书，强调好的品行。我在香港住他家，接触机会多，所以受他影响比较深。尽职尽责、实实在在、勤奋读书，得到的知识不怕被偷不怕掉，终身受用，这些都是受他影响。我在周之贞家里住了段时间，真的觉得他的家是家空屋净，让人感到惊奇。曾经做那么大的官，家里应该是很堂皇的，但他家里连好看的花瓶都没有，桌椅都是普通的。周之贞那时就跟我讲以前不读书怎么出洋相，读好书就有好出路，所以就经常说读好书得到的知识别人是偷不去的，进了脑就是你自己的东西。

周之贞会看相，觉得我是教书的料子，叫我去教低年级。后来我去香港他部下那里打工，周之贞都叫我回青云教书。回陈村之后我又读书又教书，虽然当时我初中还没毕业，但是教师认为我专长画画，就叫我去教画画了。当时是在青云中学教的美工，前后教了2年时间，蔡尔洪当时也是我的学

生。所以周之贞就很放心，让他爱人的妹妹跟我学画画。新中国成立前后我在青云中学宣传解放，唱解放歌。1950年之后去香港打工，在那段时间，我觉得我不适合这些工作，然后就回到了顺德乐从，在那里做小学老师。后来我被学校保送去了华师，当时学校是保送了5个人去华师，我就是其中1个。我读物理，是两年制的，在华师读了2年，华师毕业之后到十七中做老师。我在十七中做了很多年，先做老师，后来做校长，又从十七中调去二十七中。被调到二十七中的时候，我也是做校长。

周之贞那时提出要"三位一体"，就是做校长、乡长、保甲长，也就是保卫地方上治安的干部这样。我基本达到了周之贞的期望。我觉得做老师做校长，最重要的就是培养品德，在思想深处的东西，好事多做，坏事千万不要做，不做亏心事。我当校长几十年，加上教书的时间就更长了，我写了些句子送给学生，他们都很高兴。个人成才是小事，要培养一大群有成就的人才是成功，老师说教的好只是自己说自己而已，教出一帮好的学生才是老师最大的成就。我一直以来就说，要勤奋、认真读书，不要逃学。所以我的儿女孙子都没有逃学的，并且他们读书读得比较好。我的儿子一般都是高中毕业，我的长孙是硕士毕业。

(五)退休之后帮助同学李伟强办莘村中学

莘村中学可以说是我一手帮忙办的。那时李伟强带我回去看乡下学校，又破又旧不成样子，就说要办学校。我说好，你肯出多少钱，他就说你认为多少就多少。一次就拿5万块，该用的用不该用的不用。莘村中学在今天的顺德很有名气了，实实在在来说我在里面出了很大力气，我住在学校里面，24小时都在里面，所有事我都知道。

1991年我退休，退休几个月后李伟强就拉我去莘村中学。去莘村之后直接叫我去学校,做了 10 年校长助理。还有一个周锦荣,是在东北退休回来的。因为退休之前我去香港,探亲访友,我就跟他说我退休之后不想白白坐着,想找些东西做,李伟强就说你退休之后来莘村中学,我就答应了。我去了之后,周锦荣在东北退休之后也来了。那时莘村中学是从小学搬过去,小小间、破破落落、很残旧,当时就说要么就不办,要办就办好,像个样子。结果办了之后,就五连冠,在顺德统考里面 5 次第一名,所以李伟强就很高兴。后来年纪大我就回广州了。

六、苏振坤

出生年份：1935 年

祖 籍 地：顺德北滘碧江

访谈时间：2018 年 1 月 13 日

访谈地点：广州农林下路厨大班餐厅

(一)在家乡走投无路,跟表哥们去儿教院读书

碧江乡当时的环境实在很漂亮，要是在那个位置有几家店铺就会不愁吃穿。后来,日本人一来就把我们那条村都放火烧掉了。当时日本人看到我们那条村的一家"粮食加工厂"米铺,那里有大把粮食,日本人准备第二天来搬粮食。因为对他们来说最重要的就是粮食。我们西江纵队那些游击队一看到就知道他们第二天要来抢粮食,就提早一晚将粮食全部运走了。结果日本人就把我们那条村全部烧了。

我家当时整条街上有好几间店铺,可以说当时的生活是相当好的。有一些俗语这样说的,"苏家有儿子就不愁没老婆"。因为当时娶老婆要用很多钱的。不过在我家要是生了儿子,基本都不自己养的,太公每年都会给分红。这样的生活条件是很好的了,但是后来都烧了,也饿死了好多人。

当时我家乡都被烧了,在乡下我们没有田又不会耕种。太公呢,本来就有很多钱,但又被那些地方势力霸占了产业,我们不敢去收。这样的情况下,幸好我母亲的娘家就是在广州,我们就从乡下到广州。在广州的时候做一些散工,基本上在那个时候你想去打工,也没有人请。就只能去到那些农村里面,白云山里割一些草卖点钱养家。卖了的钱也只能是撑一阵,但是也不是办法。

这个时候,儿童教养院就成立了,是周之贞办的,他是同盟会的会员。他认为这个时候办这样一所学校,收一部分学生,等到我们抗战胜利的时候,就用这一群人来建设家乡,他就是这样讲的。

那时候走投无路了就经常回一下乡下。我母亲有个结拜姐妹,她的丈夫是在碧江那边做乡长。母亲的结拜姐妹就说我现在也饿着肚子,没什么活干,建议我去读书。然后就问我母亲,我母亲就说:"为什么不去?不知道有没有办法去而已。"她说:"不怕,如果你要去,我就帮你说一下。"这样我就进了儿教院。那时候也想不到什么好的方法,总之就是有路就要走。这个情况下去沙坪就已经很好了。我们从九江偷渡到西江,从顺德去四会,走了整整一个星期。而我又为什么这么大胆去呢?因为我有3个表哥在那间儿教院里,一个是苏铭林,一个是赵继祖,还有一个是赵耀祖,3个表哥都在那里做老师,所以我就不怕。我当时8岁,他本来要到10岁才收的。我大哥一听我要去别的地方有书读,有饭吃,这很难得的,他就在那里哭。他说弟弟有书读,他没有书读,怎么样也要一起去。然后我俩兄弟最后就都去了。

(二)周之贞院长让我们念《总理遗嘱》,念到熟为止

我们那间儿教院,根本上是共产党社会的精神。虽然当时儿教院是国民党领导的,但是一进去有很多东西都是像现在这样有共产党的精神。在那里除了读书，就是劳动服务，一天基本上就是要么读书要么劳动就这两样事情而已。当时每天都要劳动，没有寒暑假，没有星期天。因为在四会去江谷也有一段路，有 10 千米。那些东西全部都是我们搬运的，可以去那里买了东西搬进山里面。

那时候第一个是劳动服务，第二个是自力更生，第三个是爱好劳动，第四个是唱歌。唱的歌有《在太行山上》，读的有《总理遗嘱》，"余（致力）国民革命，凡四十年，其目的在求中国之自由平等"，每天都要念。基本上一天的时间，除了读书就是读书。一个星期里面有一天两天是劳动，其余的什么都要温习。当时没有电，没有电就只能找松香烛，蘸一些松香来看书，那个时候是很正规的。就是营养有点跟不上，吃饭就随你吃。那时候基本上在广州、在顺德都是没饭吃的。每一家都是这样的，儿教院那个时候很好，到那里就有饭吃，有书读，我们都很开心的。老师都没有薪水，和我们这些学生一起的。

院长经常周一上午经常在礼堂宣讲。首先让我们念《总理遗嘱》，念到熟为止。然后讲着我们来到这里就希望我们来日建设顺德，因为现在顺德已经死了一大半人了，基本上饿死的。我们家族大部分人都是饿死的，我们以前很有钱，后来就被坏人抢了，又被日本人烧了，现在全都没了。所以从顺德到四会现在家里什么样子我们都不知道了。周院长很有心思他就希望以后这群人能和他一起建设顺德。

回来之后也没有地方好去。后来再回来的时候学校要收学费、交粮食，我家里穷，哪有钱交，就出来打工了。可是年纪小也没有人请。新中国成立之后就去做公务员。退休前在建筑工程学校做讲师，在企业里就做工程师这样。

当时周院长要求我们，让我们这群人最低限度都要做保甲长，他讲话很有心思的。我们学校很正规的，我们班事实上有五六百人，唱歌就唱抗战的歌。学校外面的东西没有人动，虽然饿，但不会偷吃东西。不过老乡只要看见我们这样，就会拿点番薯给小孩子玩一下，这样而已。所以，四会那些人对我们很有感情。

(三)周院长勉励我们"读书要勤奋，做人要老实"

周院长每天都勉励我们，比如他在每周一的周会上讲话，他说，你们呢就不要觉得现在有书读就很厉害，你们要明白，要谦虚谨慎。我说个故事给你听。有一群年轻人，就是有一群公子哥儿，秋天的时候在城市里面出来游山玩水，其中有一个人看见有一只鹦鹉，他就用鞋子扔那只鹦鹉。然后有一群农民看见他们，就觉得他们呆头呆脑的。其实那对鞋是燕尾鞋，一对燕尾鞋就相当于农民半年的收入。然后他就跟我们讲让我们不要学那群年轻人，不要觉得自己读书就了不起，做人应该谦虚一点，以此来勉励我们，一个是读了书不要这么自高自大，另外一个就是读书要勤奋，做人要老实。主要是把"为公"的这个思想灌输给我们。

七、郑学善

出身年份：1933 年

祖 籍 地：顺德北滘槎涌

访谈时间：2018 年 1 月 13 日

访谈地点：广州农林下路厨大班餐厅

（一）父母去世后，无依无靠，被送去了儿教院

我家乡是在北滘，不过我原本是属于槎涌四井的，85 岁了。日本侵略的时候，能卖的就卖掉了，我与两个姐姐都失散了。我小时候父母都在糖厂打工。当时妈妈带着我生活，有次遇到了意外，妈妈在水锅上煮热水，不小心烫到自己，被发现的时候，全身都熟了，来不及抢救，在糖厂就死了。父母都去世的时候，我才几岁大，家里就只有我一个人，我无依无靠的在糖厂靠晒蔗渣来维持生活。后来儿教院招人的时候我就去了儿教院。

（二）在儿教院一边读书，一边煮饭、值班干杂活

（去儿教院之前你有没有读过书？）

没有啊，没有书读。当时都没有人，父母都去世了，家里就剩我一个人。

（那你记不记得在儿教院都学什么？）

在读书的时候都会值班，就是做门卫站岗这些事情。在学校，就是有人来访问的时候我就带他去校务处这样。

（那在儿教院你做过些什么？）

煮饭那些。我就在里面负责煮饭、分饭这些事情，有时间的时候就去读书。煮饭之前，有时候大家会去江谷拉米回来，当时我们就干这些事情。

（三）毕业后做工直到退休

日本投降之后，儿教院迁回顺德陈村肯构堂。迁到那之后上学就开始收钱了，收钱之后我就没有书读了，然后就去打工的地方帮人家看一下牛。后来有人介绍就出广州做工去了，做寿板。以前叫"寿板"现在叫作"棺材"。在南华路111号，周仁福寿方店。之后就一直在老板那里做工，做到解放。后来被老板解雇后，我就出来做工人了，参加公会这些。那时候做担泥那些事一天赚八毛钱而已。后来就参加建设局下属的工程队，在广州建设烈士陵园，那里的石头我也有做过，不过没做墓碑那些。

回来之后我就到了木箱厂做杂工制作木箱，后来木箱厂被叫做"第四木箱社"，然后又左拼右拼变成了包装公司。转型了好几回，我退休的时候是叫"东方纸箱公司"。这家公司是公家的，当时是由合作社拼起来的。最后全部都又拼成一个合作社，叫作"生产合作社"。我就在东方纸箱公司退休直到现在。

八、杨国彦

出身年份：1930 年

祖 籍 地：顺 德

访谈时间：2018 年 3 月 3 日

访谈地点：顺德陈村青云中学

（一）周之贞抢救难童，我们是过海神仙

　　我是顺德青云儿童教养院在佛仔堂的高年级学生，我叫杨国彦，1930 年出生在澳门。日本侵华的时候，国仇家恨，我父母和我 5 个兄弟，最后不是饿死就是病死或者卖给别人，家里就剩下我自己一个。亲戚把我送回乡下，从澳门转回去投靠顺德的外婆，当时外婆生活得也很困难。那时刚好顺德周之贞招收难童，日本人侵占顺德的时候有 80 万人口，被侵占的时候就剩下 40 万，有一半人流离失所或者跑去别的地方。而我们的处境就很符合难童招收的要求，周之贞分了几批招收难童进顺德青云儿教院，这也叫作"抢救难童"。

　　当时进儿教院也不是那么容易，日本人封锁甘竹滩那条河道，而儿教院设在四会和广宁之间的佛仔堂，我们为了跨越封锁线，最后就选择偷渡过去,我们首先在顺德北滘坐艇到勒流然后再转去甘竹滩,当时甘竹滩的渔民想办法了解到日本人巡逻河道的时间,在日本人不巡逻的时候,我们就快点坐船穿过去上岸,当时一个船有二三十个 10 到 14 岁的孩子,我们就摇着艇穿过沙坪上岸。这当中也有不幸的事情,以前有一两批孩子在偷渡的时候被日本人发现,最后全部都扫射死了,那几次有多少孩子遇难也就没有统计了。所以我们一直说,能过海的就是神仙。

我们成功偷渡到了沙坪后又连续走三天的路才到佛仔堂,到佛仔堂后,那里还没有起好,就住在农村,当时来了很多批,一共有六七百人。然后校舍还没有起好,周之贞没办法安置这些学生,就送了一批人去桂林幼年空军学校,具体送了多少人我也不清楚。还送了一批到韶关的广东省儿童教养院,这一间是国民党广东省主席李汉魂的夫人吴菊芳女士办的。还剩下三四百人,等宿舍、礼堂、厨房陆续起好了后,这些人就进入儿教院开始生活。

(二)儿教院的生活很艰苦,但是很锻炼人

在儿教院的生活很艰苦,但是很锻炼人。当时怎么艰苦呢? 我们年纪比较大的,每个星期要挑 2 箩谷,大约 40 多斤,走 5 千米到江谷墟再挑谷回去,谷挑回去了后又没有米机,我们就要自己轮流来磨米,磨完就舂米,这是很艰苦的事情。那时候挑谷,现在肩膀上还有茧。当时的生活基本上可以说是过得去,但是我们是非常缺乏营养的,三年不知肉味,连鸡蛋都没有。那时儿教院的难童是自己做饭,用 3 个大锅烧谷壳,我们 12 岁就可以煮大锅饭了。那时没有饼干那些吃的, 但是我们很豪气地把煮了的焦饭当作饼干来吃,我们当时是用"青云鸡仔饼""青云什么酥"这些来形容。那时也没有水果吃,我们冬天种的菜是很好的,因为我们担水,每天浇了水才去上课,所以就长得很好。我们平时摘菜芯把皮撕掉就可以吃,非常甜。我们洗澡又没有肥

皂，然后我们用种老了的水瓜来擦身体，这就是"青云肥皂"。当时我们什么都带"青云"，非常的自豪，我们不怕困难，不畏艰苦。

儿教院当时又缺医又缺药，只有一个叫梁本华的西医，他也有子女在儿教院。每次一去看病都说我们营养不良，那当时就是有夜盲症的症状，夜盲症就是天黑蒙蒙的时候，就什么都看不见了，而天亮的时候，又和正常人一样，什么都能看见。这就是缺乏维生素 A 的症状，主要是因为那时候没有东西补充。然后周院长也想尽很多办法，在当地找一些牛骨来煲汤，但是很多人都有夜盲症，哪来那么多牛骨呢？想到一个办法，用锅底那些黑的东西来煲汤，这样牛骨汤就会很黑，吃了的话整个嘴巴都是黑的，被别人看到就会说他是有夜盲症的。所以如果没有夜盲症的同学，一般都不吃，但是真的有夜盲症的话就要喝黑锅底煲出来的牛骨汤。当时就用了这种办法。

我们在儿教院一起上学的同学有三四百个人，前前后后死了几十个人，当时是有一个名单的，跟我同床的叫梁锦民，还有个林头的，他俩都在那个时候死了。当时不知道是呕吐还是怎么样，医生也没有办法，就移到旁边去隔离，也没有说什么，而我们又不懂。隔离之后他们就用硫黄还是什么去熏床，最后我就知道死了。最后一个死的是跟我同床的梁锦民，他跟我比较友好。当时被隔离了之后可能口渴，我们校门口有一条小涌，三四天之后就发现他在涌边喝水，没有人照顾，他是最后一个死的孩子。当时日子比较艰苦，不是学校不注意这些孩子，主要是没有条件、没有药，没办法救治只能隔离，也没有人照顾他们。

当时的生活，我认为维持生命还是可以的，饭可以吃，但不是很够吃，一桌 8 个人，一钵头白豆，白豆就每人一勺，还有汤，有点油盐，12 颗白豆就是一顿，实际一勺不止 12 颗的。饭就一桌一小箩，另外有两箩设为公用，不够吃的话就出去拿。我们是不够吃的嘛，就想了个办法，叫"一满二下三锥"。

"一满"就是第一碗要装满,快点吃完;"二下"就是第二碗装少一点快点吃完;第三碗就装很高,像锥子一样。"一满二下三锥"的秘诀被大家都知道了后,在第三步的时候我们自己的小箩已经没有饭了,我们就去公用的箩筐里盛饭,当时能装多高就装多高。聪明的同学,就吃的很快也能吃饱,吃不快的话就不是很够吃,所以就带来很多病。什么病呢?首先蛔虫是最多的,第二就是生癞,第三就是虱子。木虱是最多的,星期六大家都要清洁,就把床板拿出来清洁,当时我们就是用这些办法来维持生活。

还有就是我们没有鞋子穿,虽然冬天没有下雪但是有霜冻,我们就自己织草鞋,大家都会织草鞋,但是草鞋不能保暖,就用烂衣服来做鞋,这种质料比草鞋好,又耐穿,而且还舒服。

晚上用松香枝,就是一支蜡烛带有松香来自修。我们儿教院的文化层次也算比较高的。周末也会出去演戏。当时学校教育得很好,会教我们语文、数学、音乐等,老师也相当好,不过老师通常都是年轻的,还有一些入了青年队,比如说国民党抗日那些,他们也有教我们一些抗日的歌曲类似于"我们都是神枪手"这类的。

周之贞院长在儿教院筹不到钱的时候,就把自己的家产卖掉来补贴儿教院。以前顺德有一间青云文社是国民党时期建的,当时是有很多沙田的,收到的钱专门供有功名的人去读书。但是抗日的时候就没有了,所以周之贞就想办法,找到关系将收到的租金全部捐了过来,但也不是完全能收到,所以这件事情就比较困难,不过也是捐了一大笔钱的。

他教育的理念就是"守望相助、同甘共苦",大家在那里虽然是艰苦,但是很团结,不会吵架、打架之类,因为根本就没有时间,每天都是读书、活动、种菜。

(三)儿教院迁回陈村,继续读书

直到 1945 年日本投降后,我们就分了很多批搬回顺德,搬到四会就上了大船,经过潭州几天后就到顺德,到了顺德就搬去肯构堂,后来又叫二中,其后改了很多次名字。到了二中没有钱的,青云文社都收不到钱,就有一些自费生,当时家庭好一点的一个月就要交很多斤米,即使是佛仔堂回来的孩子,只要是家庭条件好的都必须要交。但因为我是孤儿,所以我就不需要交。我们家那时候父母带着我和一个哥哥一个妹妹一起回来,进了国民党的救济院,抗日战争回来什么都没有了,两个弟弟在澳门就卖了,所以家里就剩下我一个,我就进了儿教院,是正宗的孤儿,所以周之贞没有收我的钱。1949 年毕业,和周之贞拍的合影中就有一个是我。

我毕业的时候,儿教院(陈村)把蚊帐、被子都收回去了,于是我和我的同乡梁习培(音),他是比我低一级的同学,我俩的关系比较好,我们去问总务,总务说不行,叫我们去找周之贞,我们两个就从陈村走路到他北滘的家里,他在客厅里扇扇子。我就说:"周院长,如果我们的蚊帐、被子收回去的话,我们回去就没有蚊帐和被子了。问过总务处,他说不行,要交回去的,他让我来问你。"周院长说:"你直接拿回去。"然后我们拿到"圣旨"回去后就说:"周院长说不要收我们的,要给我们拿回去。"总务处就说:"那就不收吧。"最后因为周院长答应了我们,蚊帐、被子我们就全拿回去了。你说他这是不是关心我们?

我记得 1949 年周之贞还在他北滘的家里。周鸿钧结婚的时候请我们 10个人去做服务员,那时候我们都十七八岁了,很高大了,当时结婚排场也挺大的,我们说大排场实际上是没有见过世面,菜品很丰富,我们从来没吃过这么好的东西,当时什么都吃,就是杏仁露、鲍参翅这些,我们连续吃了 3 天,那几天我们吃的非常饱。

(四)做记者兢兢业业

1949 年毕业就出来了。毕业之后就找工作,我就找以前儿教院的教导主任赵百则,儿教院搬回陈村之后,他是碧江中心小学的校长。我回去之后他又开学了,然后我就回到乡下找到他的同姓兄弟,是校长也是兄长,他在那里代课 2 个月,就找到赵百则,赵百则就介绍我去三桂中心小学当教师,几个月之后就解放了。当时有一些解放军先头部队进驻了小学,只有我一个人在那里睡觉,因为我没有家庭,就聊了一会儿,我说我想参加工作,他们说:"行,冬至之前你去大良"。我说我还有 2 个同学,梁以明、何远兵这些都是我的同学,不过现在都死了。当年我们在 1949 年 12 月一起参加了顺德军管会的工作,我们那时候都用左轮枪,接收国民党党部、伪工会,组织工会。

那我为什么能做记者呢? 在学校的时候我语文比较好,英文也比较好,我英文考试一定是第一的,数学和美术不行。但是我只读完初三,没有读高中。然后在工会每次的总结之类都是我写,我就做了工会的秘书。

大约在 1958 年我去中南总工会干部学校培训了 4 个月。那时候在武汉,回来之后工会就出了一份报纸,叫《顺德工人报》。当时就我一个人编辑、写文章、校对,一个星期出一期,这都是单张的。我一个人出了报纸之后,《顺德县报》的领导就说《顺德工人报》有这样一个人可以出一份报纸的,就去了解,让工会主席放我去《顺德县报》。当时工会主席本来是不放我过去,但是县报的领导就动用了组织部的关系,说"调一个干部过来都不行?"工会主席就放我过去了。我就去了《顺德县报》做记者。当时那些是我学习的内容,我第一次用毛泽东的诗词来做标题,主编看到认为非常好,就升我为副主编。《南方日报》看到《顺德县报》办得不错,又下来找人,1960 年又把我调过去了。《南方日报》做了 10 年又说搞"四清",然后就到"文化大革命",我去干校

青云志

干了 2 年,在那里我也是做指导员、教导员。我带头上山担木,总编辑在"文化大革命"的时候被打倒了,但是我对这些就没有太在意,我很照顾他。所以他后来写文章也提到指导员杨国彦如何如何。

干校将近结束需要分散了,我就要求回去顺德干校,顺德肯定不让我再去干校,知道我是从《南方日报》回来的,就让我在报道组继续搞顺德的通讯工作,面对各个报纸的来访,比如说新华社来访都是我接待,还有一起去采访之类的。在顺德做了 10 年又要办《羊城晚报》了,那个总编辑又调我过去。1980 年《羊城晚报》复刊的时候,我做了记者,采访了很多精彩的事情。

我当记者是不遗余力的,每个月我的稿件出的最多,头条也是我最多,但是因为我很倔强,专门顶撞别人,不喜欢拍马屁,并且拍马屁的人我都不喜欢,然而有些领导就是喜欢这类人,所以我就升不到,但是我心里面很舒服,所以我就写了很多好的稿子。我从来都没有休假,越是放假我的工作就越多,火车站爆炸我也去采访过,空难我也去采访过家属,除了经济这条线之外,其它各条线我都很熟,我都参与过。别人就说你每条线都可以的?我说学学就会了,没有人我就顶上。这个别人发现不了的,并且我也全做出来了。所以那些人又害怕我,又佩服我。你不去做也不行,做记者要实事求是,见不得不正之风,所以说我是专门批评人的记者。

我认为这些思想一定要实事求是,这些都是周之贞院长教我们的,不要弄虚作假。我们从儿教院出来的同学里很少有贪污的,同学中当了领导的也没有发现贪污犯。我的同学中有做了县长的赵汝安,他最欣赏我了,还有院长、书记、领导,在香港发展得很好的有李伟强,但有些到了外国过得就不是很好。

(当时为什么会想到写一篇关于李伟强的文章?)

因为我参加校庆,李伟强得了县上的"名誉市民"称号,还是县上的什么什么称号,他每年都捐很多钱,要有成绩嘛,没有人知道他到底怎么样,我就问:"李伟强,每年几十万、几十万的捐,你能支持多久?"他说:"我接过周之贞的棒,我一定要做下去,我有一个基金,捐了出来一定可以做很久的。"他既然都说到这份上,我就说帮他写,争得他的同意后我就开始给他写。我接着问清楚他,为什么会这样?一共捐了多少钱?办了多少学校?对顺德有什么贡献?然后写了一篇采访李伟强的文章,当时文章很大,占了报纸很大的版面还配有照片。

(五)周之贞培养我们"守望相助、同甘共苦"

(儿教院培养)出来的这些人中,很多待在顺德县,有些在香港,有些在广州,还有几个出国了。但是无论干什么,无论是在哪个时代都有发挥作用,周之贞培养的艰苦、奋斗、团结互助、守望相助的精神深深影响着我们。所以你也能看出来,我们这班同学跟一般的校友不一样,我们的感情很好,我们很团结。(为什么这么团结呢?)同甘共苦嘛,我们吃住都在一起,有病又互相帮助,有一些家庭条件好的家庭寄一些东西过来,但是也不多,可能李伟强的家庭会好一些,会寄东西过来,他就分享给大家。有一个消费合作社,虽然没有什么卖的, 但是里面还是有一些饼干, 家里寄钱的就会去买了分享着吃。有一些家里有亲属来探望的,也会给一些钱或者带一些东西来吃,大家都一起分享。虽然生活很困难,但是大家都很团结。"守望相助、同甘共苦"。大家也都希望把家乡建设好。

他们那时候就说现在养育我们就是讲究"养教结合",在儿童教养院,既要教又要养,现在养你也要教你做人,最起码回去后要为家乡服务,因为当时青云文社把钱全部拿来养我们。周之贞的教育模式被叫作"三位一体",就是读完书后,我们要积极做乡长、校长、队长,他要培养我们做这三种人,将

青 云 志

来要爱国,抗日救国,而这一点是不错的。

那时候我已经种下种子了。首先是在儿教院内部实现自我管理,就做乡长,欧阳学翘也做过乡长,第一任叫何汉禾,第二任好像是欧阳学翘。乡长在吃饭之前一定要集队、喊口号,"每饭不忘,打倒日本",这些教育就是爱国主义教育,反对帝国主义侵略。培养这班人反对侵略者是根深蒂固的,不是一朝一夕的,我们每天吃饭的这两餐都需要喊口号。当时是没有早餐吃的,午餐、晚餐都要喊口号"每饭不忘,打倒日本",久而久之大家都知道要保家卫国。这些人的思想不是凭空掉下来的,是有根基的,是慢慢发芽培育出来的。这些教育的东西很深入脑筋,已经形成了一种思维,不是突发奇想的,而是我们常常在思考我去儿教院这么艰难是为了什么? 这么艰难是怎么过来的才有今天? 如果没有儿教院我就没有办法生存,他把我教育得这么好。学校的主任是儿教院的赵百则,他还介绍我去教书,这在当时初中毕业就出来当教师是一件很艰难的事情,我在这方面真的很感激周之贞院长。

我觉得是周院长培养我们这些人出来的, 不然的话我们哪有这些思想根基? 青云的精神很难用精辟的语言来概括,包括很多方面,它的精神实际上就是周之贞院长把我们培养成为建设家乡的人才, 让我们不要做犯法的事情。但是我们的青云精神是什么呢? 就是做有益于社会的事情,与不利于社会发展的不良的东西做斗争, 为社会做贡献。周之贞本来就是同盟会的人,他为人很正直。所以用精辟语言来概括很难概括得清楚,"青云精神"很深奥,也包含了像诚实、爱国、努力、正直、互相关心、团结……对人要诚恳,我们都是很诚实、很朴素的……我认为这个不是一两句话能说清楚,谁都说不清楚。我们以前的感情很深的,所以叫守望相助,包括李伟强也是这样,他每次都肯出钱,无论去哪里,他都是给我们包吃包住,说明周之贞院长这部分做的很棒。青云精神的内涵很丰富,还包括做人的哲学。我是说不出来的，但是我这么做了。我今天早上跟李伟强说，佛仔堂的老青云是种子队，要爱惜好他们，要关心他们，并且助学、教学这些也都是为了给家乡、为顺德培养人才。而他也是很努力的，赚了钱，开了鞋厂，做了很多事情。但是他还有几间学校是在大良办的，而不是为了自己的利益，我真的很尊敬他。

（六）对儿教院的思考与体悟

通过儿教院的历史，我体会到一流教育的重要性。没有好的教育就没有好的后代、没有好的继承、没有好的传统。所以我说当前在新形势、新特点的社会主义下还是要发展教育，现在教育的具体情况是什么我不太清楚，到底这些名校长、名老师有多少？老师是如何教育学生的？只是分数还是德智体美劳整体来教育？现在我们都是说多少分有多少人，好人好事有没有跟学生讲，学生为社会做了多少好事？学校是不是只培养这些人就可以了？有好多问题我也不清楚，并且我又不能反驳他们。现在的年轻人只会享受世界、只会玩手机。你看我现在玩手机会失了魂吗？显然是不会的。因为我要想办法多做一些事情。而现在的年轻人不是这样想的，他们现在不会做饭、不会洗衣服，饭来张口、衣来伸手，那现在的社会培养这样的大学生、培养这样的人才，可以吗？这些问题都要解决，当然这也不是一朝一夕就能解决的，是需要很深入的，需要经过艰苦的磨炼。你看我们在儿教院那几年多艰苦，连饭都吃不饱。

周之贞从来没有在我们面前说过他的经历，后来我们也是通过档案、历史和他们身边的人，才了解到他曾经的经历。反正他有没有跟别人讲我不知道，但是他没有跟我们讲过，我是没有听他说过。

(七)我对现在的生活感到很满足

我的大儿子,是《羊城晚报》人事部处长助理。他参加过对越自卫反击战,当时他是在坦克前面坐着,右边的已经全部扫死了,而他那边扫不掉,他的指导员在山上面叫他拿水喝,两个人带着一个,越南那边有三个人过来要俘虏他们两个,他就想办法打死了一个,山上的人发现后打伤了跟他一起下去的那个人。他也立了功,复员之后就跟我进了《羊城晚报》,从底层做起。2019年他就退休了,现在是正处级,我也安心了,他也有孙子了,我也有曾孙子了。我家族只有我一个人出来,现在我有2个儿子1个女儿,还有9套房子,我结婚的时候连床板都没有,所以我没有什么可求,很满足。还有就是做好事,能帮别人就帮。他们没有办法影响我的,并且不妥当的事情我就是要说清楚,我不管你什么级别。

你说青云的精神我也讲不出来,但是我都做了。我建议要不弄一个青云精神研讨会吧,探讨青云精神。总之青云精神内涵很丰富,我做了几十年记者,都没有办法用一两句话概括出来。

九、杨巧云

青云儿教院学员周均权之妻

访谈时间:2018 年 1 月 14 日

访谈地点:顺德北滘周之贞纪念馆

(一)周均权常带我参加同学聚会,所以我知道一些他的事情

我记得第一次去大良,是莘村的李伟强那些同学邀请我去参加。那时候大家都带着家属去,那也是我第一次跟着周培文爸爸一起去聚会。后来每一年都跟他们去拜山,参加同学聚会,他们校庆我才去得比较多。在他死了之后,我就没有参加过了。

以前他们每年都会去(佛仔堂)拜山,我每一年都会跟着他们去江谷那边。他们去同学聚会多数都是去大良,去陈村。陈村校庆,有奖教奖学之类的活动,我都去参加,不然我怎么会认识这么多同学? 但是有些人老了,老了就每一年都会聚到大良喝茶,有一些同学都已经坐轮椅了。我记得有位张超,有位麦志辉,和我先生比较聊得来,他们几个很多时候走在一起聊天。有时候大家在大良找一些同学,大家聚在一起吃饭、喝茶。但是那时候大家都有些老了,有些人腿脚也不方便了。

我只听他们讲那时候这里沦陷了,小孩子没书读,没饭吃,多亏了周之贞办的这间儿童教养院,他们很高兴,因为最起码有饭吃。但是去了后的生活就是很艰难,那些小孩子那么小,既要担谷、运谷,还要舂谷。每次用脚舂谷的时候,只能将谷物外面这层糠舂出来,里面那层膜舂不出来。所以这样吃就会使孩子们消化不好,吃了饭拉出来的都是一颗一颗的米皮没有脱的红色的米,那最后大多数都变成了肠胃病。但那时候学校又没有药。其实那时候都搞得挺完善的了,有校医,但是没有药有再好的医生也没有用,所以有部分小朋友就在上面(江谷)病死了。

本来周培文的爸爸在上面也因肠胃炎快要死了。不过幸运的是,有一个好心的乡亲上去看这些小朋友,当时见他奄奄一息的样子,就把他背回来救了他一命。所以他们那些同学感情都很好,比兄弟还要好。可能知道那时候大家都一起艰难地挨回来那段难熬的日子,等到今时今日还有命,就觉得很高兴,很亲切。详细的事情我也不清楚,因为我不是当事人。我只是听他们一群同学说,大家那时候都做了什么,谁和谁两个人担了多少块砖头去建这个学校。他们初时去的时候是没有学校的。他们那群同学就对周培文讲,你们那时候吃饭,没有菜,但还有饭吃。而我们那时候吃的那些饭,更惨。他说没有菜就用盐作为菜。我听说他们就是用一个竹筒,把盐放进去。我估计他们是在饭堂厨房偷的盐,不然他们哪里有盐能藏进那个竹筒,不知道多少颗盐就吃一顿饭。所以他就跟他们几个兄弟讲,我们读书的时候如何艰难,你们现在有饭吃,那就算好了。记得以前一家人吃饭的时候,他就会对小朋友说以前是怎样挨过来的,他们就能知道爸爸当时过得是怎样艰苦。所以他们几兄弟的感情是真的很好,他们的爸爸也是很重感情的那种人。

他在清明"行清"的时候就带我上去江谷,带我上去后,我就知道在上边

(江谷)有一间同学们捐钱盖的纪念馆,还有一间小学。我第一次去的时候,就是找回那些人的时候。他们都很老了,找到了一个当时在儿教院做理发的,好像叫做杨林。找到他的时候他都已经很老了。我就见过他一次而已,以后就没有见过了,时间过得长,可能也死了。

(那他们有没有带你去那棵大榕树啊?)

当然有了,听他们说担谷去舂谷,他说我们天天都经过那棵榕树底。那时候还是那么小的孩子,能担多重?担了之后还得用脚去舂,就是一个对脚那样舂。那时没有办法,国难当头,在这里也没有书读,去儿教院后,周之贞也已经倾家荡产了,因为什么都吃清光了。那时候听他们说几百个学生最后分开一部分,留下一部分,结果就没有那么多。还有几十个小朋友死在那里。那时候他们第一次捐钱建了一座坟墓,有个碧江的老师,他老婆也是上去了就死在那里了。

他们那时候有个基金,就是同学凑钱建的,没有规定每人出多少钱,就是你钱多就多出点,没有钱就少出点。当时凑钱建那家纪念馆就是为了报答当地的农民。因为日本鬼子侵略的时候可能进村,要是知道有这样一间学堂在这儿,可能就会去剿灭那些小孩子。当地的那些农民就把小孩子都分到各家各户避免被日本鬼子杀害。所以大家出钱出力共建纪念馆、坟墓,纪念那些乡亲能这样爱护他们,危急时刻把他们当成自己儿女那样"收藏"他们,报答当地农民的恩情,感恩回顾幼时读书的艰苦历程,让后辈了解父辈的读书经历。那时候我就跟着他们上去看到,有一些家具都是大家凑钱买的。

早期聚会的时候,不用找儿女(接送),那时候周培文爸爸还能走。很多时候住在广州的人都会开车过来,开车经过我家的时候就会接上我们。去的时候就不是很多人,当时就是一起上,一起接。等到我们到佛仔堂的时候就已经几桌子(人)了。

113

(二)北滘第一盏灯就是周培文爸爸带回来的

周培文爸爸读书是挺厉害的。他们那一代人那时候能读的书很少,直到新中国成立后才有书读,最后他就去补习班补习,所以能考到电力局去工作。他们这一群同学,其实也不是同学,就是乡里面都那么大的男孩子一起出去考试的。有些是考到体育,有些是考到丝绸,所以他们聚会时,我跟着周培文爸爸,也只知道一部分事情。

图13　青云校友们在佛仔堂捐建青云文化纪念馆

新中国成立之后读书,差不多都是十来二十岁的时候去考,一考就考到了广州供电,在那里读了3年电力专业。那时候每个月就真的只有8块钱,这样挨了3年。我听他们说伙食,早上就吃1.5分钱的松糕,2分钱的一碗白粥。他们早上要吃烟嘛,要么就去捡烟头,要么就是兄弟去凑钱,大家凑钱买烟,每个人吸一口。我觉得那时候读书都挺辛苦的。在广州读了3年之后,周培文爸爸就被抽上去在茂名待了大概有2年多。那他就调回佛山,回来佛山有1年多,因为这里没有这样的人才嘛,还知道他们这一群学生是从哪里回来的。那时候，时间一长，我不记得顺德县的县长叫什么名字，偶然有一天去佛山开会。了解到周培文爸爸是我们顺德人，县长就把他从佛山硬生生地调回了顺德。那时候日子过得很凄凉，当时有的户口就要自带粮食，他就跟县长讲，他回哪里工作都无所谓，县长一定要给他搞定户口和粮食。县长就答应他了，只要他回来，就搞定户口和粮食。最后他从佛山调回来的时候，还在茂名带了2位师兄回来。当时在顺德没有这样的技术人才。回来后就在顺德搞电力，所以他们在这儿是有一定功劳的。北滘第一盏灯就是周培文爸爸带回来的。当时知道他是北滘人，就把他硬调回来了，回来之后就一直住在北滘。

那时候他就负责做电力，因为他会做电力，当时他们就认为他是万能的了。记得有一晚他告诉我，"我不知道我明天能不能回来"。我说"干嘛呀"？他说北滘有家工厂请他，让他晚上去试机械之类的，他说"如果失手了就没有命了，明天就没命回来了"。我那时候都不知道是哪一间工厂，反正有很多工厂都找他。所以现在很多人都知道，不过那些老一辈知道的差不多都死了。那时候各乡下就都培训一队人去做供电维修这些事。当时就是他爸爸下去讲课，培训人员。不过现在就不是了，满大街都是电工了。

(三)周培文爸爸很重视教育并且言传身教

周培文爸爸很重视教育并且言传身教，儿孙都受其影响努力读书，全家都是高学历。我本来养了4个儿子，第一个出生没有多久就夭折了，就养活着3个儿子，周培文是我的二儿子。当时第三个孩子是个意外，没在计划之内就怀孕了，怀小儿子的时候，我本来打算不生了，但他爸爸就想要女儿。他说："把他生下来吧，万一这个是女儿呢。"结果生了还是个儿子。那个时候一个女人是很辛苦的，一边要干活，一边要养儿子。当时我很不愿意生小孩，是因为我们那个时代生十个八个随时就能生出来,没有人管。就是因为他爸爸重视教育,生到第二个的时候,他爸爸就说如果是女儿呢,那我们家就一个儿子一个女儿,培养他们长大就够了。他认为你如果不能培养他们,你生了多少出来都没用,所以他就很重视小孩子的教育。现在我有3个孙子,3个儿子一人一个(孩子),每个人都是高学历。我想如果他今天还没死,那真的很欢喜,但是他没有看见。我3个孙子都很优秀。周培文的女儿是硕士。他那时候跟孙子说,你考得了中学,我就奖励多少钱。你读得了大学,我就奖励1万块,那时候1万块可不是容易的。所以他死了之后每一个孙子都能收到1万块。3个孙子都读到大学,现在3个孙子都出国了。我说要是他还活着能看见孙子都这样,就真的很高兴。他真的很重视教育,所以我这几个儿子都受到爸爸的影响。几个儿子中特别是周培文,他能寻回爸爸以前经历的事情,今天能带我来到这里看到这些东西。现在很多年轻人都不理他们父辈经历的事情了。而他很懂事,也懂得传承他爸爸的东西。

(四)建北滘周之贞纪念馆,周培文爸爸下了很大的功夫

他们对周之贞都很感恩。聊起来都说如果不是他,我们就没有今天了,所以这群同学都很感恩。建北滘这一间纪念馆呢,他爸爸真的下了很大的功夫。因为那时候都是他去找当地的书记,找人去建造,安顿哪个人抓哪条线,找人去聊建纪念馆。因为他们知道,当时环境这么艰难,人家培养这群人。他们不可以忘记这些事,所以就真的下了很大的功夫,到处找人建造纪念馆。现在建成这样子就很好,也可以让后一代了解父辈这段经历。

因为周培文爸爸建成这一间纪念馆之后就病了,在纪念馆开幕的时候,他的身体就已经不好了。我经常说,你建好纪念馆就开幕了,你要带我去看看。不过他那时候都已经没有能力了,后来始终都是周培文带我过来。现在

这样就很好,后人都能知道有这样的历史,记得有这样的一个人,为着后一代付出了这么多。

十、周扬海

出生年份：1935 年

祖 籍 地：顺德北滘

访谈时间：2017 年 12 月 17 日

访谈地点：广州市海珠区周扬海家中

(一)青云儿教院的艰辛生活

我家乡是顺德北滘,北滘的隔壁就是陈村,陈村隔壁就是林头,以前陈村、北滘、林头和三洪奇隔壁那里都被叫作"乡下"。我们出来时间也很长了,我现在都 80 多岁了,以前在同学中间,我差不多算是年龄最小的。

因为小时候在家里我不是最小的,我还有个妹妹,现在还在,她现在去了番禺。因为当时我小嘛,所以叫"苏虾"。而且名字从小时候一直用到差不多到上学了,我才正式叫回"周扬海",之前都是叫"周苏虾"。

我去(儿教院)的时候,是我母亲带我去的。她还在那住了几个月才离开。那个时候是住在山区,那里都是(用)竹支搭建的棚、宿舍、住宅,很漂亮。还有竹木搭成的一些大礼堂、教室、学生宿舍,所有的房间都搭在一个大院里面,大家都在一起住。当时在儿教院(伙食)很差,我们没有什么吃的,小孩子都小,就都捡生的东西吃,生的菜、生的豆,还有的吃生的虫,当时都是这样。小孩子都住到一起,在那里生活是最辛苦的,吃也没得吃,大家就磨米、筛谷、煮饭吃,一直到顺德才有好吃的。其实,说到那里的生活,现在一下子也说不上来了。当时我应该是里面年龄最小的,现在和我一起在顺德的就是蔡尔洪,其他的同学都是比我低班的同学,而我就是最低班的。

(二)周之贞和我同宗同祖

讲起来周之贞是我父亲的同乡,而且是我们同宗。周之贞当时就住在巷里,就是在巷子的路中间,而我就住在隔壁的巷子。周之贞的房子就被村里(用作)办公。因为我在他隔壁,当时家里就没什么家业的东西,全部都交给公家充公,被当作公共的东西来用,就是相当于"缴械"。讲起以前的事情,我们和周之贞是同宗族并且我们还(住在)隔壁。但是周之贞在北滘的时候不是很多,他和他的第五个老婆"五娘"一起住在香港。有一次我去香港就去拜访他,还见过他的儿子周鸿钧。我们相处的时间也不是很长。周鸿钧和我是兄弟,我和他比较熟悉。因为之前我就住在隔壁,他经常去我家坐。当时周鸿钧也常到儿教院里面训话,跟我们讲他在读中山大学农学院。到新中国成立的时候,周之贞和儿子就不住在这里,去了香港。周鸿钧也就没有(消息)了,他还有2个妹妹,其中有个妹妹回了顺德。而我们这帮人剩的也很少,有联系的差不多就十个八个,其他的我都很少联系。

我爸爸(周少岩)差不多跟周之贞一样大,周之贞做县官的时候,我爸爸在做乡长。后来我爸爸跌倒瘫痪了,就住在家里没有出去了。不过我爸爸本身就是个中医还可以给人看病。当时他住在大屋,我就住在他隔壁的大屋,因为周之贞的大屋是三进的,两房一厅的,带厨房厕所。而我跟他在隔壁连在一起,连着一堵墙壁这样,所以(和周之贞)就很熟。并且在新中国成立以前,(周之贞)就跟我爸爸在上海、北京有来往。

周之贞和我爸爸是同一辈,但是周之贞比我爸爸官衔大。然后一直到新中国成立前,我去儿教院的时候,周之贞就管理县上的事,而且管理着整个北滘乡田产的收入,并且当时他都有收入,就拿这些钱供我们这些小孩子读书。因为我们当时是在顺德青云儿童教养院,大约有五六百的小孩子在那里生活,我大哥(周澄海)在最高年级,我就在最低年级,我们就聚在一起。后来我妈妈就陪我去儿教院,在儿教院待了一段时间后,就去广州打工了,我就在儿教院一直长大,直到解放。

(三)离开儿教院,翻开新生活篇章

新中国成立后到 1950 年的时候我去广州的逢源路,读一些书,上一些课。我当时还开了米铺,就是一家小档口,在街上专门卖米给穷人,一斤两斤地卖米,白天就去打工送货,我当时就在那里这样生活。蔡尔洪来广州比较早,我来广州比较晚。他一出来就在华贵路附近打工。我也是打工,但我比他迟点,送米、托米,托到街里面,以前那些小孩子、老人家买米不像现在这样,而是拿个布袋装着米托着,我记得 50 斤重我也这样托着,就这样打工生活。

(四)自己动手养活自己的穷苦生活

在儿教院的时候,周之贞只能在每个月一次的训话大会上跟我们讲两句。因为他在儿教院的时候,我们住在山脚下,他住在山顶那些铁皮屋、木屋,并且当时有个人给他看房子,是他的第六个老婆,我们就叫六娘。

我们小时候哪知道讲话?只知道在里面,就像我有一次被老师批评,我还一直不出声,还被周鸿钧表扬说我好样的!被批评都不出声!因为周鸿钧在我们那里讲话的时间是很短的,就进来训一下话。因为他当时在读大学,进我们那里就训一下话。比我年纪大的,最好的就是读到六年级,像我有个大哥就是读到六年级,和周之贞的儿子周鸿钧就好像两兄弟那样。而周之贞他也不是很经常跟我们讲话,他就住在山区里面,在那里就差不多在睡觉那样,好像在"叹世界"。其他我们就不一样了,我们就和同学们住在儿教院,吃饭就吃大锅饭,因为当时穷得不得了,但是我们还自己磨米,自己舂米,自己筛米,自己养自己。当时整间儿教院都是这样的一个状态,国民党还在的时候,把我们称作"幼稚园的小孩",然后拿顺德的每一亩田的收入来养我们供我们读书。

香港·旧金山篇

一、蔡武鸣

出生年份：1932 年

祖 籍 地：顺德

采访时间：2018 年 3 月 3 日

采访地点：顺德陈村

　　蔡武鸣，祖籍顺德，香港出生，10 岁的时候日本占领香港，他母亲带他回家乡顺德躲避战乱，进入儿童教养院学习，15 岁日本战败，儿教院搬回顺德，他跟随母亲回香港。20 世纪 60 年代，周恩来号召回来建设中国，他再次回到大陆工作了 3 年。随后返回香港工作，开小巴、出租车直至退休。蔡武鸣有 2 个儿子 1 个女儿，大儿子和女儿在中国香港，小儿子在加拿大。

　　2018 年 3 月 3 日青云中学春茗会，我们在陈村的公交饭堂见到了蔡武鸣，访问过程由他的太太陪同。他患有帕金森症，许多事情记不清楚了,但记忆里总有一些抹不去的影像和声音。

我是在香港出生的。我们上一代的人很早已经下了香港,我们的叔伯兄弟都是在香港,从梧州运东西下香港为生。

(回来顺德怎么知道有这么一所学校可以去的?)

我妈妈的兄弟带我去的(青云儿教院)。那个时代都是带小孩去广宁怀集读书,本地有势力的人,在万顷沙有收租,以前收了租金就让孩子去考状元,现在收了租就让我们去广宁怀集那里读书、上学。日本人占领中国的时候那些有势力的收租人就让我们去广宁怀集读书,说有饭吃。以前吃饭要喊口号的:"每饭不忘,打倒日本。"日本投降之后就喊:"每饭不忘,建设中国。"

(你还记得周之贞吗?)

周之贞,记得。

(他是谁啊?他做过什么?)

他那个时候在万顷沙收到租金,带我们去四会读书,在那里既有书读又有饭吃。

他当时带领了很多顺德的孩子上去。他在四会拿了别人一片山,建了学校,我们在那里有饭吃、有书读。

(他给你书读,给你们饭吃,对你们有什么要求?)

没有什么要求,对于我们来说抗日战争时期有饭吃就已经很幸运了。他希望我们顺德的小朋友有书读、有饭吃,这样以后会过得比较好。

日本投降之后因为有传闻说顺德县那些田地不只是一个人收,没有人收租供我们上学,我们就回去了。

二、陈福锐

出身年份：1928 年

祖 籍 地：顺德均安

访谈时间：2018 年 3 月 3 日

访谈地点：顺德陈村

　　我叫陈福锐，1928 年出生，我很小就去了佛仔堂，当时我们校长是周之贞。沦陷的时候，好多儿童都没有书读，每个乡就招 2 个人去免费吃和住、读书。当时都没有人相信，因为不需要钱，抗战时期很艰难的嘛。上去之后半工半读，自己种菜、自己建宿舍，在那里寄宿读书。读了几年，在抗战胜利之后就回到顺德继续读书。

（一）回忆儿教院的那段日子

　　当时乡下的生活挺艰苦的，因为当时被日本人占领了，连吃都成问题。我当时想，既然有书读又不花钱，就想上去碰碰运气。刚开始没有人相信，上去之后确实有书读、有饭吃，一直读了几年，都不需要钱。读书的话，跟普通人读书一样，都是从一、二年级一直到六年级一路读上去。抗日胜利之后就全部回到陈村读中学。然后在大良读了两三年后，我就回香港了。因为已经和平了,当时我姐姐也在香港,所以我就回香港补习英语,准备找工作。一直到现在 50 多年了。

(二)在香港的艰辛求职经历

日本投降之后我在顺德读了 2 年,第 3 年就去香港了。到了香港刚开始去补习英文,然后出来找工作。在巴士公司做站长,主要是管理公共交通,登记汽车的就叫作站长,每一条线的巴士都有一个站,每个站都停留很多巴士在那里,我是管理和调度巴士的。当时我是招考进去的,一做就 38 年了,一直做到退休。

我们当时来香港,很多人都有工作,但就是领不到工资。当时香港很困难,也很难找工作,但是在巴士公司做就很稳定。我们出来工作要花一个月的工资去找关系,有关系才有机会给你去考试,所以第一个月的工资基本上都没有的了,全都给别人送礼物做人情了。

(三)关于周之贞

周之贞很关照自己的乡亲,在顺德这么多个乡,他一个人负责找一些孩子去读书,希望以后能成才。他希望在教育方面能尽心尽力,但是我现在从事的行业跟教育方面没有什么关系。

他出殡我们也去了,很多同学一起去送他一程。都是在香港的同学,一个通知一个,有空的就去,大概十几个吧。他葬在新界粉岭,不过我忘记具体的位置了,我们是亲自送上去的。

(四)关于子女

3 个孩子,3 个都是女儿。大女儿退休了;在教育司,另外 1 个在大学工作,还有1个在医院工作。我有5个孙子,4个大学毕业,还有1个正在读大学。期望孩子们自己生活好,孙子听话,能一代传一代。

三、方启璇

生卒年份:1935—2018

祖　籍　地:顺德碧江墩头

采访时间:2018 年 1 月 29 日

采访地点:香港英皇道 1063 号

　　当我们在李伟强先生提供的拍摄空间里见到方启璇老人的时候,已是当天下午 3 点左右。他看上去虚弱极了,脸色蜡黄,说话的声音不大但很清晰。组织者欧星权把他引荐给我,他拼命地解释,感到非常抱歉,来得比较晚。

　　其实欧星权早已把他的情况告诉我:姓方的校友,他现在生病了,是淋巴癌,一个疗程要打很多针,他现在在吃药和打针的过程中。淋巴瘤是越来越严重了,不是说一般的良性,是恶性的。幸好他现在能吃能走,身体不痛苦,这一点是最好的,不然真的没有办法坚持。但是他今天很辛苦,2 点钟打完针,问我迟一点行不行?要 3 点多才能搞定。我说行,留一个位置给你,你跟我联系就行了。我很尊敬他,也很欣赏他这种深情,他的目的就是可以发扬青云的精神,他什么都做。就像刚才我说的我们每个人都有一颗热血丹心,就是这种情况。

青云志

当他得知我们此行访问的目的之后,他特意提早进行准备。虽然身患重疾,但他很重视这一次访问,生怕自己头脑不清楚,忘记了重要的事情,于是把自己想说的要点在纸上逐条写下来。坐在摄像机前面的时候,老人开始根据事先已经写在纸上的线索,努力地在脑海里搜寻那些70多年前关于儿教院的点滴记忆,回顾自己从儿教院开始的人生轨迹。

我是1935年出生,是碧江墩头姓方的,有一条叫方家巷,我妈妈姓苏,也是碧江的。我大概七八岁的时候,妈妈就给了我一些行李,叫我跟着队伍上去,当天经过甘竹滩偷渡去沙坪,我们就沿路一直走上去。睡禾秆,走路,搭船一路去江谷。还记得我去沙坪大金钟那个位置需要偷渡,听闻渔夫捕到一条鱼,我好奇站起来,就被老师一巴掌打过来,打得我晕头转向。如果我动的话,整船人都有危险的,这是难忘的经历。

上去之后我是读一年级,虽然课本不是很够,所以要抄,这里很缺乏课本,但是我们都可以克服。我们有很多活动,比如文娱活动,有一个舞台,另外也有运动会。隔几天就去江谷那里挑谷回来磨,2个人也有、1个人也有,斗快,在江谷那里分几段回到学校,经常是这样,途中看到有山稔就摘点来吃。我又种过菜,种萝卜、掘菜、施肥、浇水、磨豆腐等,另外还有一些惩奖的规矩。

我记得有一次,学校有个人卖了一张棉被还是棉衣之类的,牵涉到我,我就不肯卖,后来学校查这件事,我就指出当时谁谁谁,就记了我一个优点。早期学校很重视这些不好的行为,当时哪里有棉衣穿的,每个人都冷得不行,你还叫别人卖这些东西,所以学校就对这些不好的事情进行惩罚。

我自己运动的时候,身体擦伤了,又不懂卫生,就找拜神那些灰贴住,贴了之后就发炎,结果去卫生室,卫生室帮我消毒就好了。那个疤痕留了很久,我前段时间看一下没有了，可能经过几十年没有了。虽然是小事，但是我们不懂，不会去卫生室看。

我们在那里的时候冬天很冷，有太阳的时候，在宿舍的通道蹲在那里掰木虱，就是那些木虱啪啪声的，要掰出来，不然全身都是，要清理。那里天气又冷，通常都是零下，不是零下也好，我们洗澡就会"爆拆"，又没有肥皂，就找一些石头，磨一下它。学校有一个很特别的，就是一定要整齐、清洁、简单、朴素。这几个词我不知道是不是在学校的墙壁见过，我概括起来就是有一种这样的印象。学校规定你睡觉要直的，拖鞋要摆正、盆要摆好，被褥要叠得像豆腐块一样。以前都是这样的，一直都是这样，坐要正、立要直、睡觉也要直，拖鞋都要摆好、手巾牙刷都要摆整齐。直到现在本人依然保持着这种作风，现在我的袜子也是补完又补，内衣、外衣都一样，当年这种作风让我印象很深刻。

前几天睡觉又是这样直直地睡，我老婆就说，你不要这样睡，你缩起你的脚来嘛，好像家属谢礼那样。整齐、清洁这种形象让我印象很深刻。

我也参与过磨豆腐。有一次疏散，我在村民的家里暂住，就跟他们上山摘山稔，等到日本人离开了我们再回来，我也经历过这些。我日常工作都保持整齐、清洁、简单、朴素的作风。

当时我也当过童军守门口，拿着一支竹，带顶竹帽，在那里当值。如果有外人来，我就带他去校务处还是哪里，都做过这些工作。我认为早期的环境都是很

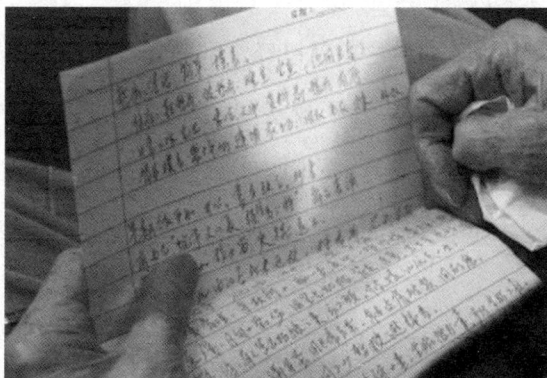

图14　方启璇提前为当天的访谈做好笔记

开心、很平和,大家互相帮助、互相爱护、互相关心,很好的,同学之间也是很好的。我自己觉得在学校培养一种团结、互助、友爱的精神。这个真的很好。

也非常谢谢各位尊敬的老师辛勤忘我的劳动,协助我们成长。苏国良是我的舅舅,他是师范学校(毕业)的,陈大展、张景益、赵继祖,他们是大学同学,一起去教书,这些都是非常难得的。

(一)离开儿教院之后的人生轨迹

我1953年末来到香港。我本来是在广州的,我爸爸做元宝生意,那时候受到限制,慢慢就没得做了。我姐姐和姐夫在香港,他们就让我去帮忙,到他们的店铺工作。我又不是很喜欢做生意,就去了纱厂。1955年在纱厂工作,后来因为纱厂收缩就被开除了。从1956年开始在港九纺织院职工工会一直做到1997年,做了几十年。最初是做职员,最后是做书记,做了几十年书记。我在工会虽然待了几十年,但是生活很清贫、也很艰苦。青云精神或多或少带给我一种习惯,我已经习以为常了,就算是清贫、就算是困难也没关系,不一定要大吃大喝,我都可以很从容地度过几十年。我当时在一家爱国工会,工会联合会下属的工会。经历过1956年九龙大暴动事件,也经历过1967年的反英抗暴。

我到香港之前就已经常常跟青云的校友有一些联系。到了香港之后,得空就会到他们(青云校友)家里聊天。刚才那个叫欧阳广源,他是照相馆的,我进厂是要照片的,就叫他帮我拍照,他不一定收我们的钱,这些都是互助。刚才那个麦启德,是他介绍我去纱厂工作的,这些就是互助。我来到香港,是他带我去工厂排队找工作。

1997年退休后,有些年长的长辈都要有一些文康活动,所以我们就成立了一个长者的社团,我任社长,开展了一些文康活动,到外面宿营、学拍摄、学电脑、去旅行或者参加一些有利于长者的活动，比如教别人怎么做运动，怎么保护关节、保护脚。

我有1个儿子、1个女儿。儿子在医院工作、女儿在学校当老师。女儿现在是教联会的理事，或多或少也受我的影响，小时候也是跟我一起去旅行、唱歌、一起玩。

（二）对青云精神的体悟

团结、互助、友爱这种精神也存在，因为你看到我们这么多同学几十年来都能聚在一起，我们在香港也都互相关心的，同学生病我们也会去探望，死亡我们都会去出殡。

抗日战争时我们共同努力，这是最主要的。周之贞也好，所有的老师都好，我们全部的精力就是打倒日本人，抗日的精神围绕着我们所有人，民族能够团结起来战胜日本，我觉得这个抗日精神就是有这方面，所以我为什么很赞赏那些老师，真的很难得。比如说我舅舅参加黄埔军校，他也是抗日的，为抗日出力，所有年轻人都是为抗日出力，为国家、为民族、为打倒日本人，如果没有这种精神，一盘散沙，怎么能打倒？

我的变化都有一个阶段。比如新中国成立前后，因为我在广州住，新中国成立前我经常在大街小巷看到"共产党真正坏、把国家变坏"类似这些标语。住在我旁边有一个班，其中有一个班长又是很清贫，带着一班人在那里住，磨豆腐卖，除了自己吃之外，都拿出来卖给街坊，对我们左邻右里很好的。另外有一个在邮局工作的，他的弟弟读中学，又没有钱，哥哥就去工作供他上学。我有时候会去图书馆看书，那里的工作也是很好的，会推荐一些书给我。慢慢地我也会受影响，心想共产党也并不坏，慢慢就有了一些变化，在往后的三几年就多了一些运动，慢慢地就影响自己了。但是我没有工作,要生活就要工作,所以我就去了香港,我本来也想去纱厂工作,后来在工会一做做了几十年。

我觉得儿教院这间学校非常好,早期大同学很和蔼、师生很尽力,真的很难得。能够推动小朋友日后的成长,我觉得很重要,我固然感受到,其他人也是受这些影响,各有各的事业或者成就。青云的精神要继续发扬,多宣扬正气的东西。

四、欧星权

出生年份:1935 年

祖 籍 地:顺德陈村新墟

访谈时间:2018 年 1 月 29 日

访谈地点:香港英皇道 1063 号

　　欧星权是香港青云同学会的联络人。在香港拍摄的前一天,我们到他家中拜访。他是我们香港拍摄青云儿教院同学专访的重要联络人和组织者, 是他提前联络和召集了能够出门的青云老人, 接受我们的采访。他和太太住在香港政府的公屋里,得知我来访,早早准备了许多资料,尤其是他为儿教院所创作的粤曲,兴之所至,还即兴演唱了一段。听他演唱曲目中的南音片段,神思恍若回到了 70 年前的顺德水乡。他收藏着一张 1953 年香港的青云校友聚会的照片, 是他从火灾现场逃生时抢救出来的。后来他把照片放大,并且每个人下面都写上名字。

(一)我没有家了

　　本来我有一个大好家庭在陈村。我父亲在我 8 岁之前就去世了,我还有 1 个姐姐。我父亲就是在乡间为了一些小问题,被乡间有势力的人打死的。妈妈出去(广州)工作,那时候没有回来陈村。(我家)在陈村新墟有一间房屋,回来之后被恶霸拆了,连房子都没有了,我就没有家了。我的童年过程就是这样的,那时候也没有什么政策说可以投诉,谁在乡间的势力强就谁说了算,像我们这些乡民哪敢去投诉,当时的社会就是这样。

但由于父亲去世早,为了在乡间能继续生活下去,妈妈就去广州工作,所以就只剩下我一个人在陈村。当时我的伯父很有钱的,在乡间很有名气,有三四个老婆,有田有地,但是他从不照顾我们这些侄子,三四个伯娘都不愿意照顾我们。怎么办呢?我妈妈又去广州工作了,所以就让我去了一家小学之前类似于幼儿园之类的,但已经荒废了,有几个官员在那里住,而我就在那里做小工,我们乡间把这叫"后生",主要是扫地、倒痰罐、看门口,没有薪水但是有饭吃,所以当时已经很高兴了。乡间有一个饭堂,一般在乡间服务的人就在饭堂吃饭,而我就在饭堂里吃,因为那里离我做工的地方很近。但有时候我头发长了需要剪,而我又没有钱,又没有父母没有家庭来管我,认识我父亲的人都了解我这样的环境,看到我这样就给我钱让我去剪头发。

所以话说回来,知道周院长办青云儿教院,我能不开心吗?因此,我就报了名去儿教院读书。

(二)辗转奔赴儿教院

因为那时候是抗战期间,首先我们到顺德勒流,当地有头有脸的人招呼我们,他们跟周之贞院长是很好的朋友。我们从勒流出发,要晚上偷渡,在鹤山县的沙坪,因为沙坪那里没有日本人,而当时勒流已经沦陷了,是有日本人的,所以叫作偷渡,到晚上天黑了,叫我们不能说话,不然被日本人用机关枪打死。到了沙坪有几个站,沙坪出发先到西斗、斗口、金利、永安、四会、广宁就到达了,当时是没有学校的。按照我的估计,1941年到1942年有二三十批人去。当时那么多批人加起来大概有 1000 人,有一些要分去桂林、有一些分去韶关,可能有两三百人分过去了的,是什么人才能分出去呢? 我就不清楚了,可能是年纪大的或者其他。

到了四会, 我们是在祠堂住, 我记得我们第一批学生住的是姓杨的祠堂,但是杨村的祠堂住不下那么多人,然后姓冼的祠堂。冼村、杨村这两个地方都安排了我们这些难童在里面住。因为当时我们走了很多路,到了冼村、杨村之后,行李就不能随身带了,行李是第二天用艇送过来的。记得到达的第一天是 12 月份,天气又寒冷,我们到了之后睡觉都没有被子,乡亲知道我们这种情况,就给一些禾秆让我们在祠堂打地铺,也就是拿一些禾秆来盖。第二天艇到了之后,行李就到了,第二晚就可以有被子盖了。第一天晚上真的很艰苦,那时候的天气等于现在的几度,比现在还冷,对于一个十岁、八岁的孩子,很艰苦,但是都挺过来了。我也永久怀念这个过程。

(二)在冼村和杨村的记忆

说回冼村、杨村。来了很多批之后怎么办呢? 冼村、杨村的距离大概是 10 个足球场这么大。早上(大家)都唱歌,那时候也没有学很多歌,学会了就整天唱。唱什么歌呢? 当时我们整天想着打日本人,就唱《打回广州去》,冼村那边就唱《石榴花》。冼村看我们唱,他们就跟着又唱,或者有时候冼村那边先唱,我们这边又跟着唱。70 多年过去了,《打回广州》这些歌曲,开头那几句我还记得:

打回广州去

打回广州去……

广州是我们的故乡,

广州是我们的革命地。

青云志

（刚才那首歌是用普通话唱的。）老师教我们的时候是用普通话，我们现在也只记得普通话，当时没怎么学过普通话。那时候在学校我是最低年级的，当时年龄小也没有受过教育。老师教我们这样唱我们就这样唱，也不明白字眼的意思，但是现在学了一些知识，知道唱的是什么，已经明白了里面字眼的意思了。

我们没有去佛仔堂儿教院的时候，在冼村、杨村就已经开始上课了。那时候很可怜的，什么资源都没有，没有桌子、凳子，大家就坐在地下或者有石头就坐在石头上上课。上课有一张纸，能够看到或者老师能够写给你就已经很幸运了。我们没有纸没有笔，那学写字怎么办呢？当时四会是在山区的，乡亲教我们砍竹子削尖，没有墨没有笔怎么写呢？乡民就教我们挖竹子把那些汁弄出来，我忘记都加什么进去了，然后煮一下就有一些颜色，我们就是这样写字的。

我们头一批老师很少的，我只记得两个人，一个是欧柳轩（音）、另一个是欧军艺（音），他们两个都是陈村来的，给我们上课的主要是欧柳轩。什么都教，以我们的程度想知道什么就教什么。比如说你不会123456，就教你123456，他不知道什么叫作太阳、什么叫作社会、什么叫作世界，就教他知道这些。当时大家一起学习，不分年级不分班，也不像现在一样分科目学习，当时学习是没有什么系统性的。说起来我们有读书机会真的是很少有的，周之贞能够做这样的创举是很轰动的。当时中国落后成这样，我们又没有资源读书，但是像周院长这样的人就很厉害，他尽自己的能力，办了儿教院。

在冼村、杨村估计住了 1 年左右，就说在佛仔堂建学校。是由乡间的一些技术人员做的，我们学生也要帮忙。当时我们要去拿一些物资回来，是用竹子来搭建的，没有水泥这些，我们就去江谷搬物资回来。江谷是一个墟镇，我们走路去，大概从这里去到深水埗的距离。那时候搬物资年纪大的就拿多一点、拿重一点,年纪小的也要帮助,就拿少一点,但是要走很远,我们也不觉得辛苦。

(四)因病提早一年离开儿教院

因为生病我1944年离开青云。当时很多人生病发冷,首先是因为没营养。我叫高年级的写信回去,就说我生病了,当时我妈妈不知道我去读书了。她看到(收到信)就哭得很惨。

周之贞院长做顺德县长的时候,跟我伯父已经是朋友了。我妈妈不知道在哪里听来的这个消息,就求我的伯娘告诉我的伯父,叫他写信把我带回去。我记得很辛苦才拿到我伯父的一封信,上面写:我是什么名字,听说他病得很严重,他有一个亲人想见他,你见到这封信,希望你让他回来。我妈妈一个寡妇能够走路到四会找到我,很艰苦。周院长看到这封信之后,知道这种情况就让我马上离开,很顺利的。因为那时候不能自己说走就走的,学校管得很严格。但是又有很多人偷偷走,或者是因为不习惯,起码有几十个人偷偷走的。

1944年我回去把病治好之后,我妈妈还是不能在乡村生活,继续去广州工作。我去读书的时候,我伯父还没有娶第四个老婆,我回来的时候就有了,她心地好,我妈妈就求她收留我,我的四伯娘就收留了我。当时我伯父有农场的,我就去农场工作,我自己觉得很好,有饭吃又有地方住,不用跟着妈妈,妈妈可以去赚钱。最后,我妈妈在广州饿死了。她知道我跟着她肯定会一起饿死的。

我(从儿教院)回来之后就去农场待了1年左右,我的四伯娘就叫我出来读点书,说在儿教院学不到什么的,就在乡间一间叫作中简学校,是由姓李的在祠堂办的,叫李中简祠堂。1945年青云(儿教院)搬回陈村,就回来我

图15 欧星权青年时期的照片

们姓区的那间叫作"肯构堂"的祠堂，在那里教学。有两类学生，有些是需要交费的，有些是佛仔堂跟着回来的，这些就继续免费学习。抗战胜利后回来就是这样的。当时不是"青云"，和平之后叫作岩野中学，我1944年从儿教院回来的时候没有中学这个名称，1945年搬回来已经转了岩野中学，不是青云小学了。以前我们也不叫小学，叫青云儿童教养院。

岩野中学也有一些历史，我不太清楚，就像为什么叫岩野中学我也不清楚，其他校友可能知道，但是"岩野"这两个字很有纪念性。

离开儿教院就到新中国成立了，新中国成立前还有一个小阶段。我在中简学校大约读了三年，我的伯娘就让我去工作了，出去工作的时候应该是十七八岁了。

（五）在香港坎坷求生存

1949年新中国成立了，新中国成立之后因为共产党来了，我伯父他害怕，就什么都不管了，带着他的妻子儿女也不管我了就跑路到香港。我工作的地方都不能继续了，因为本身那个老板都是我伯父的人，也是要关门了，这都是乡间恶霸做的，我当时生活不了了就自己走了。

我还有一个大姐，她在中山三乡，自从我妈妈去广州工作我们就没有联系了，在我十八九岁的时候，很多事情都懂了。我就去三乡找我姐姐，她在那里的生活也不是很好，我在姐姐那里住了一年半载，1950年我就来香港了。当时来香港是不需要证件的，可以自由出入，我就从澳门坐船来香港，来到香港的生活就像在儿教院那么辛苦。

这个阶段非常辛苦，我记得以前在农场的时候有一个堂哥在中环街市工作，我就去找到他。他就说："你突然下来，我什么都没有准备。"他在那里也只是租一张床位住，容纳不下我，吃饭就相对容易，给钱就行，但是就是没有睡的地方。当时在中环街市8点钟就关门，他就教我关门之后准备好纸皮铺在地上睡，起码有遮挡。我晚上就这样睡觉，白天就给3毛钱去吃饭。

这样过了两三个月，我堂哥介绍我去深水埗工作，说有饭吃、有地方住，但是没有床位，都是在深水埗街市晚上拿几块板围起来在里面睡的，并且没有工资，我说都可以，最主要是有饭吃、有地方住就行。在这几年就认识了社会里的一些人。

我还做过泥工，3.5元每天、5元每天，也算不错了，但也是没有地方睡觉，夏天还好冬天就很难。不过到后期就开始有工资了，有一段时间是在中环一个乡亲开的豆腐铺里做，那时候是正式请我们去做事，会发工资大概30元一个月，我大约做了一年。我是在20世纪50年代正式进入饮食业、酒楼的，经历了30多年，一直做到80年代初。

（六）香港青云校友会

香港的青云同学会，1954年第一次聚会是在香港九龙的蓝天酒家。我也不明白为什么能聚会，因为我们是没有组织的。我一直保留着当时同学聚会的照片，经历了一次火灾，这张照片也还是保留下来了。我看一下也有30多个人，我现在放大（照片）来看那些校友，有很多也不认识，谁认识就把名字写上，所以那张照片很珍贵。

图 16 1954 年 9 月 30 日香港青云校友会聚会留影

　　1954 年(第一次聚会)后又过了几年就开始有组织了,正式选举会长,那时候就开始收年费。当时只是说收年费,也没有管学校校庆之类的,再过了十年八年就开始说 10 月 30 日就是我们校庆的日子。内地归内地,香港的就是 10 月 30 日是校庆。70 年代、80 年代、90 年代的时候是只有我们香港的同学聚会,当时还没有说回去和内地的同学一起。主要是约在酒家吃饭,吃完饭大家聊一下就算一次聚会,主要是这样的,什么都没有了。

　　(那你们有没有组织回四会看一下?)

　　1988 年是最珍贵、最有组织的一年。1988 年我们回陈村,那时候不是在大良,包括顺德、广州、香港的校友都在陈村的汇芳园酒店,上边是酒店、下面是酒家,之后就去佛仔堂拜祭先人。1988 年有公路可以乘汽车去了,我记得当时的路很烂的。拜祭完之后就回汇芳园聚餐。

　　我记得有一个事情。当时汇芳园的客房大概有二三十间,我们都要了,陈村的官员告诉我们,有几个房间本来是有人住的,知道你们青云要用,我让他们去别的酒店住。所以就是说我们把整个酒店包了下来。那次规模是最大的,有几十个人,吃饭都有十围台左右。

直到我接手了香港的联络人之后,我说佛仔堂是我们的发源地,我们有机会还是要去看一下,不是说回去聚餐就算了。本来是 29 日回去的,30 日那天是校庆,我们就多住一晚先去拜祭先人。我们在江谷有一个佛仔堂的纪念堂,有些校友没有去过纪念堂,说当时只是捐钱回来建纪念堂,刻有名字,我们就顺便去看一下纪念堂。当时是有两个过程,一个是去佛仔堂,另一个就是在陈村聚会,我觉得这是最有组织的。

话说回来,距离现在最近的一次是四五年前,我们也去了一次,不过只有我们香港的十几个校友去,这已经是四五年前的事情了。据我所知广州的校友偶尔也会去一下佛仔堂,听说是这样,具体情况我们不清楚。广州和香港的校友历来都没有正式联络的,几十年都没有。

几十年过去了,很多(同学)都去世了,现在香港能联系的就二十来个人,但是其中起码有十个八个有些走路不方便、有些经常去医院、有些听觉已经有问题。

图 17　欧星权保存的青云校友通讯录

(七)感　怀

我承认自己是难童。去读书的人当中中产的家庭和难童这两类的儿童比较多，我们中只有很少部分的家庭是很富裕的。当时在乡间有钱都没书读的，因为没有学校。我认为有这样的机会去读书，又有饭吃、又有房子住，也不需要钱，你想想该有多开心。

（你对周之贞院长大概有什么印象？）

我自己是这么认为的，他是我们的救命恩人，德高望重。他对于顺德和我们这些儿童来说有说不尽的恩情。有时候在自己家里面想到他的情况，我都会流眼泪的，有时候说得多我也会流眼泪的。我自己很佩服他对我们顺德难童这么好，我自己又感怀自己的身世，能得到这样的机会去上学，很感恩。

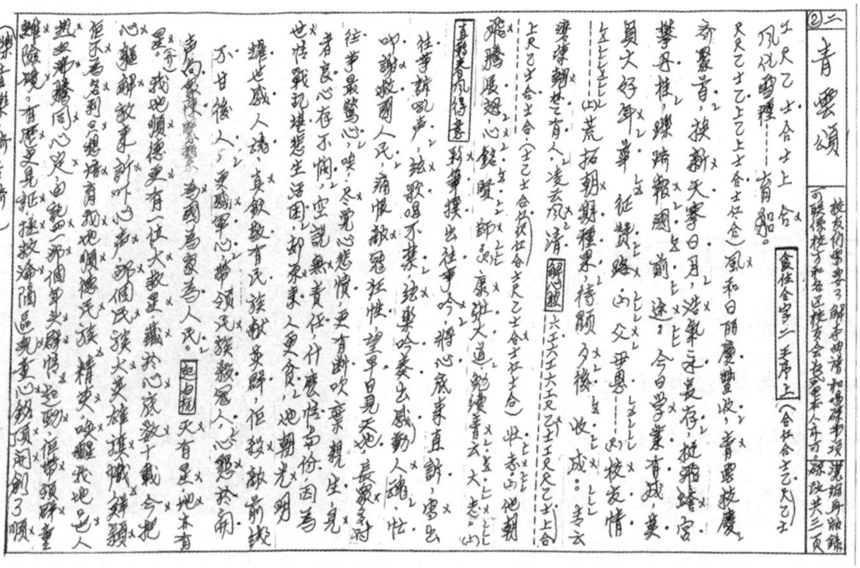

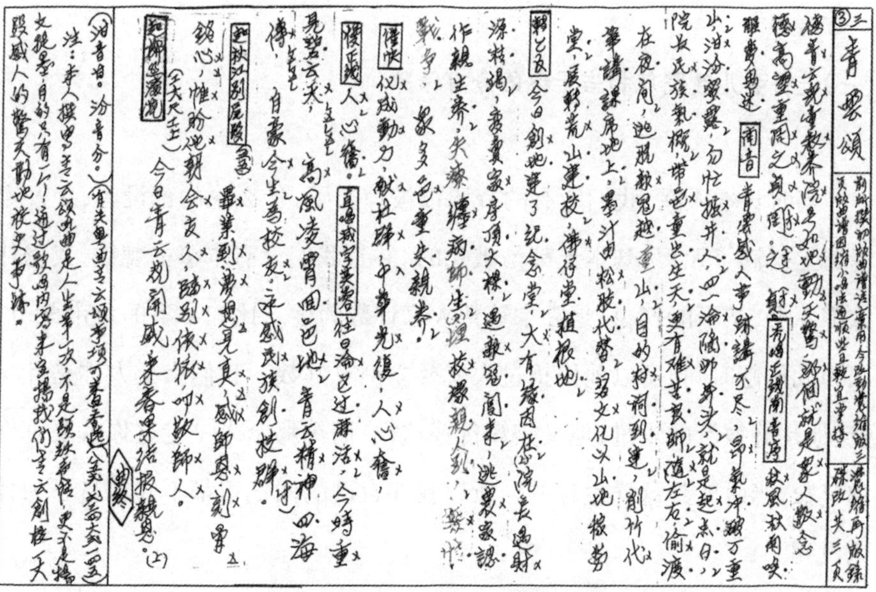

图18　欧星权创作的粤曲《青云颂》

五、欧阳广源

出生年份：1935 年

祖 籍 地：顺德均安

访谈时间：2018 年 1 月 29 日

访谈地点：香港英皇道 1063 号

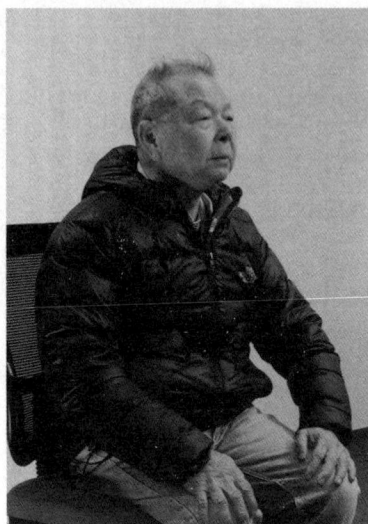

（一）进得去儿教院就相当于你的命有保障

　　当时日本人在，我们所有的资源都被掠夺了，什么吃的都没有，一开家门街上躺满了死尸，基本上都是饿死的。并且我们没有本事去赚钱，我爸什么都不会，又不能打，只是靠拿笔帮人家计数为生。比如乡下的鱼市桑市，因为人们赶时间，所以他们担过去就要立刻算好数。我们十个人你是计重量、他是算箩筐的重量、他又是算价钱这样，而等那个人一走过你就要算好那笔数，当时就是这样生存的。所以我在自己的回忆里都不知道自己为什么没死。

　　儿教院在均安招募难童的负责人是我的阿伯，他很有势力，是"大天二"，也就是很凶的人。（他认为进入儿教院）这是可以生存的唯一的空间，你能进得去儿教院就相当于你的命有保障，至少你可以不用饿死。但是当时一起上去的4个人就死了3个,而我是唯一一个没死的。

我们就是前几年重回我们读书的那里,有人也说了,叫作佛仔堂。几十年前我们就在那里创造的奇迹。当时很穷,我们校长只是把这些小孩子养大,养大了之后就让上帝保佑,只能看他们自己怎么生存了。而我们的最终目标就是打日本鬼子,为国家民族报仇。那我们当时真正的情况就是这样的。当时我们年纪可能很小,就10岁左右,再加上我们是贫病交迫,整天都生病。我记得很清楚的,就是发冷,夜盲症,夜晚看不到东西,不过现在这个病就不常出现了。

当时在儿教院,我们每一个人都没钱。在那里唯一的财富就是种菜,有能力去控制蔬菜和植物,除此之外其他什么都不是自己的。还有一样,当时在粤北是零度,学校给我们发了一件棉背心给我们穿,我们叫“龟壳”。但我就很笨,衣服被人割了个洞,棉花全被拔出来,不过那件衣服依旧在,但就只有衫了。那时零度,我都不知道我有多厉害,当时多病而且这么冷还没被冻死。我记得我们弄了一个运动场,我就靠跑步来生存,当时我每个早上都跑50个圈。另外有个大哥哥跑70个,那个大哥哥现在还在顺德,叫吴均伯。他是甲组的够高够大,我就丙组。现在想起那些事情就像做梦一样。

(儿教院迁回顺德陈村之后)学校没钱继续办,于是就收学费。一年收50斤谷,但我们没钱给就走了。走出来找工作,因为当时我们都十五六、十七八岁了,我一定要生存的嘛。

我就回乡下,乡下有一些可以说是“政棍”(音),就是他既不是国民党也不是共产党,所谓的“第三势力”。他们的根据地就在海南岛、雷州半岛那里,他们就准备弄一个写字楼作为出入口,办理水晶和木油(音)来作经费。因为我们是从乡下出来,我的姑姐是那里办事人的太太,所以有些力量能让我们进去。认为我们靠得住就找我们。那时候就在那里做“后生”,就做扫地倒垃圾那些。那时候在香港，做了没多久，很失礼的就是，他的上司来了香港，当时就只请一个扫地工，所以就辞退了我。因此我在那里就没得做，我就自己出来再找工作了。

后来在马场做摄影，现在拍照是用数码相机存储在卡上，那时是用菲林（胶卷），经常会出现毛病。我在马场拍照就主要是拍跑马到终点，赢了马之后再拉马头。（就这样一直）在公司给人打工。

欧阳广源对早年儿教院的事情有许多都不记得了。但由于职业的敏感，在我们采访拍摄的时候，他很留心我们的灯光和镜头的使用，不时地提出一些意见。访谈到尾声的时候，他开始主动地向研究者提出他的疑问。

我现在才知道吴均伯不在了。那你对我们的同学，你还认识谁？（欧阳学翘）

欧阳学翘就是跟我打过架的，有时团结一致的时候都会一起打其他人。不过他一般都会先讲一下道理，欧阳学翘是乡长来的嘛。而我就不同了，我就比较蛮一点。以前我们放暑假，放西水假，就是说那时候的西水浸，陈村就整天都被水浸。因为穷每个人都担心得要死，自己的田浇了肥就怕会流到隔壁，那就便宜了别人，所以西水还没来的时候就加高基围。但是一到时候，水一大就会到处流了。放西水假的时候我们就回乡下，当时也没钱，就拿着一把小刀，我们当时唯一的资产就是一把小刀。我们就游到高点的地方，用砖头卡在蔗那里，去踩甘蔗，一踩会断了的。还用那把小刀挖番薯，那一日的生活费就是这样赚回来的。

（那你和欧阳学翘都是同乡噢。）

不仅仅是同村,还是很友好的同学。

(这位你知道是谁吗?)

不知道。

(麦志辉。)

他爸爸也是我说的"大天二",就是恶霸。但是他虽然是恶霸,大陆那些"五反三反",也不会搞到他,因为他对自己的兄弟很好,也不会说欺负别人那些。不过他的体能很差。

(苏振坤。)

苏振坤,又是我们同学来的,我认得他。

那上去佛仔堂的时候,有 33 个人死了,但是我想第 34 个应该是我,但是我跑得快,跑步跑得多,到现在还是享受着跑步带来的好处。就是我们住的这些公屋,我就在最高层 8 楼住着,那比如我每一天下去买一张报纸,我下去一趟下 8 层楼,买报纸上来再爬 8 层楼,所以就是 16 楼,就是说买一张报纸也要走 16 层楼,久而久之身体就是比他们好一点。

六、黄祖泽

出生年份：1931 年

祖 籍 地：顺德北滘碧江

访谈时间：2018 年 1 月 29 日

访谈地点：香港英皇道 1063 号

（一）医生与我无缘

（你身体好吗？）

多谢多谢，还算托赖，很少有病痛，医生与我无缘。小时候，我们爷爷对我们的饮食是很有研究的，平时我们小孩子连木瓜都不给吃的，他说寒凉，更别说是吃西瓜了。那时候我们姑姐给我们的西瓜都要拿去别的厅吃。

日本人来的时候我的父亲就过世了，我母亲在我父亲死了之后，她就去给别人洗衣服赚钱养我。那时候爷爷在乡下是有一点田产的，田产就是收租。因为我爸爸很早就过世了，所以一切都是爷爷安排。

那时候我们因为年纪小，就没有读书，又没有饭吃，就满大街的走。有一群像周之贞一类的有想法的朋友看到了我们这样的情况，想改变我们的现状，所以他们就招募一些小朋友去儿童教养院读书。我们当时的儿童教养院叫"青云儿童教养院",其中"青云"就是指顺德县的青云文社,因为当时他们提供了一笔钱来筹建儿童教养院,所以就叫"青云儿童教养院"。

我的乡下在碧江,顺德碧江。那时候认识赵百则,赵百则是我三婶的叔叔。他说想办一间这样的儿童教养院,然后我婶就立刻给我报名了。

(那你们在儿教院都做了些什么,还记不记得?就是在四会那边,佛仔堂。)

佛仔堂啊,去到那边做"开荒牛"咯。当初也没什么事情做,那时候住的房子都是叫"竹织批荡",就是把竹皮弄成一片片的,然后再铺上泥,就这样建一间房子来住。当初都没有上课的,日子过得浑浑噩噩。

(那你在那边都住了几年啊?)

很多年啊,我在佛仔堂住了很多年。

(二)被"巡城马"带去香港

回到顺德,当初我爷爷还在世的时候,他找"巡城马"(水客)带我一个人来香港。爷爷没有来香港,后来他过世了我才回去给他送丧。母亲也没有来香港,留在乡下做工。

我有个伯伯在筲箕湾,不是,在西湾河。他的儿子在西湾河开了家店,我就在那里做伙计。那时候大约18岁吧,在店里做小伙计。后来去了荃湾进了纺织厂工作,然后就一直做纺织了。我在纺织厂上班,当时是有宿舍住的。我有空就在宿舍呆着,没地方去。因为那里离市区比较远。因为远离市区所以去一次市区就很困难。

(什么时候退休的啊?)

都不记得什么时候退休了。

(你来香港的时候知不知道有其他同学也来香港了?)

有时候这个同学联系那个同学，那个同学联系这个同学的时候我们就会知道的。

（他们告诉我，你做过会长噢。）

他们叫我"肯吃亏"，就是没有人做的时候我就去做，其实我觉得年纪大点，然后做点肯吃亏的事情也没什么的。

（那周之贞过世的时候你在吗？）

在，我都不记得有没有去了，印象都很模糊了。周之贞的儿子我认识，他叫周鸿钧，高高大大挺帅的。

七、李伟强

出生年份:1933 年

祖 籍 地:顺德北滘莘村

访谈时间:2018 年 1 月 30 日

访谈地点:香港英皇道 1063 号

我的家乡在顺德北滘莘村,9 岁大时才开始在四会佛仔堂读书。在此之前我一直生活在乡下,那个时候没书读,就读一点"卜卜斋"(私塾),"人之初,性本善"之类。我 9 岁的时候顺德沦陷,经济不好,市场不景气,顺德人无法靠养蚕卖丝来赚钱。我爸爸听闻周之贞先生和陈树恩教育主任,还有另外一个叫赵百则的训导主任说,有人出钱资助 1000 个顺德的学生去读书,主要的都不用钱的。我为什么要上去呢? 第一个原因就是,正好我在这里没书读,去了就有书读了。再加上我爸爸那时候是乡长,跟游击队有联系,日本人一来就抓他。小时候为了躲日本人,经常在三更半夜被叫醒,会有人带着我月黑风高地跑到郊野种蔗种桑的地方。我爸爸就觉得我待在这里不太安全,所以听闻周之贞邀请学生去读书的消息,就让我报名参加了。在报名招收的 1000 名学生中我估摸着有 700 个是很穷苦的, 就是家庭条件很差的。剩余 300 个呢,就像我这样,家庭环境很好的。事实上我们莘村常常都是富裕人家的子弟都有份去,穷苦人家的却没有,就像当时副乡长的儿子,那些"大天二"的儿女都上去了。

(一)参与校园建设,在儿教院接受到很好的教育

我是1942年到青云儿童教养院的学生,从一年班开始读起。我很感谢周院长。没有周院长,我当时是没有(机会受)教育的。他(儿教院)的教学教得好好,也很完整。

建校那段时间特别辛苦。我有一次到山下去搬杉木(建学校需要的材料)回来,刚好山洪暴发,把我连杉木一起冲到山沟里去了。我就抱住那根杉木,结果卡住了,就没有被冲到下游去。如果不是这样,可能我当时就没命了,你现在都不能访问我了。

大概在1944年大家花了一年半的时间建成了学校,建校过程起码一年半。建校过程我记得的是,下面第一排基本都是教师宿舍,每个宿舍每一边6个,中间有1个大桌子,然后有一个七七运动场,我们每天在那里跑步。再上一层就有6个课室,一到六年级。再上面就是礼堂,因为是广州中山纪念堂的设计者帮我们设计的,所以礼堂就按照中山纪念堂的样子给我们设计了一个小的。这些全都是我们同学自己动手建造的,所以就记得比较深。但是现在上面都已经变成荒山了,只能通过欧阳学翘画的那些画来看以前学校的样貌了。

后期日本人打到四会江谷,怕日本人来到学校,这么多学生,他会全部扫射都不出奇的。我们就是怕他,不知道他会走哪条路,又怕他们走这条路看到学校有这样的规模。虽然当时的学校都是用泥用竹来建成的,但是在外观来看,还是挺有气势的。当时就疏散了小孩子去村民的家里,让他们当成村民的儿女,整间学校都没有人了。但是我那时候是做小鬼队(通讯兵)

的,走上山头,看到日本鬼子一路向我们学校江谷镇那里进发,然后我就看到他们火烧江谷镇,就是整个江谷镇都被烧了。然后我们里面有懂打旗语的就在这个山头给那个山头打旗语通知大家我们发现日本人了,他往哪个方向走了。

周之贞每年都去学校讲一次话,他就搬张凳子,好和蔼可亲的样子,跟同学讲。他讲话的时候我们都鸦雀无声,各个都听他讲。我最深刻的印象就是记得他有一句话,对我的影响很大。他说:"你们读书,要读识得使人的书,不要读书被人使。"意思就是不要让人指挥你,自己要学着做小领袖。又讲了一个简单的比喻:什么叫使人的书呢? 比如说,要你去抬一张凳子,你一个人抬不起,你要识得去拍拍别人的膊头,"喂,帮帮手啊"。就是说最起码要知道去找人帮忙,这就是领导力,要"醒目"。

他还有一个要求,将来我们这些学员如果有机会回到顺德,一定要做到"三位一体":"起码要做个保长,跟住要做乡长,最好还能做县长,那么我们顺德就有希望了。"当时抗战那么多年,顺德真的是人才破产了。我觉得他当时提出这个理念其实就是一个期待,因为那个时候其他人都还没有书读,而当时我们那些同学中最高也是读到初中,还可以再读高一点读到高中,但是读到初中完的时候还没有解放。那他的要求就是说,整个顺德的领导都是儿教院的人,(儿教院)根本就是为顺德造人才。

日本人投降之后的第二年,儿教院搬回了顺德。搬了回去之后就去了顺德最大的祠堂肯构堂。我们在那里读书上课,还住在那里。当时在四会的同学都回来了, 有些就不再读了, 有些就邀请了一些新的顺德人加入进来读书,罗沛辉和我姐姐就是在那个时候加入进去的。上广宁的时候(儿教院)是不招女生的,但是回来后招女生了,那时候就已经改叫青云中学了。

当时我是从小学一年班开始读,读到小学毕业就离开儿教院。小学毕业

青云志

之后我没有在青云中学继续读书,而是去广州考试,考培正中学。我不知道我们学校的资历怎样。我报名的时候就报相当程度,录取率是20%,正式小学毕业的录取率是80%。培正放榜了,我就从后面看上去,都不知道会不会有自己的名字。一直没看到自己的名字,心里好失望。没想到我的排名都很靠前,居然在前十名之内。我自己都不知道自己功力这么高,数学考了100分,语文的作文又很高分。我记得有个题目是要求写"六年来的我"。太好了,我有大把资料。以前我在青云成绩就麻麻地(顺德方言,马马虎虎),没想到我考培正中学的时候才知道自己的功力这么高。

(二)儿教院的生活非常艰苦,但也很开心

儿教院的生活非常艰苦,缺衣少食缺药品。因为没有吃的,我们的衣服都拿去山下的村里跟村民换粮食了,冬天没有棉衣穿。我妈妈来探我,见我穿得很少,就问我冷不冷,我说不冷。其实当时四会的山里是很冷的,晚上放杯水到外面,早上起来会结冰的。我妈就问我:"衣服都去哪了?"我说:"在储物室。""储物室?我和你去,一定要拿回衣服穿。"其实这又是另外一个故事,储物室里面是什么都没有了的。我当时没东西吃,就把衣服卖了全换成番薯干充饥。那时我妈听了眼泪就哗哗地流下来,她说如果她不来根本就不知道儿子现在没有御寒的衣服穿,以前家里环境多好,现在儿子冷得这么厉害连衣服都没得穿。

吃得更是缺,每年在校庆的时候才能吃一次猪肉。平时都是吃白萝卜,我们叫它"青云猪肉",这样我们就天天有肉吃了。还有白豆汤,用白豆煮汤,每人的一碗汤里能分到12颗白豆。因为周院长的原因,儿教院会有一些由军方提供的发冷药,其他的药就没有了。所以千万不能生病,一旦生病就很可能没命了。我那时不知道怎么回事,环境变了人都会跟着改变。我在家的

时候,家里是娇生惯养,就是衣来伸手饭来张口,有佣人伺候的。但是呢,我那时候身体不是很好,一个月都要病上 10 天的。上去(到四会江谷的儿教院)之后,病都不敢病。因为一病没有药治就会死的。在那期间我完全没有病过。

在那里有一个我觉得很温馨的事情,就是我脚底生过冻疮,走起路来一拐一拐得很痛还不能碰地。然后那些村民就问我:"小朋友,你怎么了?"我就告诉他们缘由。他们就用一根针对准脚底的泡,在这里刺进去,然后在那边出来。就这样扯来扯去那些脓就出来,一直这样,最后没有敷药就好了。我很感谢他们。

当时我们学生中说要"铁脚,马眼,神仙肚":"铁脚"就是能走;"马眼"就要有马一样的眼睛,能看见夜晚的路;"神仙肚"不用吃饭,就是能挨饿。我们每个同学都要用"铁脚,马眼,神仙肚"的精神来激励自己。在四会的那段时间虽然很艰苦,但是也都很开心,很怀念。大家好像亲如兄弟一样,那段时间就是很难忘记。我们不像这个年代的学生早上上学晚上放学回家,我们是有很多同学从早到晚都一同相处、一起运动、一起洗澡、一起生活,大家亲如兄弟一样,我们那时候很开心地生活在一起。尽管我们的同学通常在广州会聚在一起,顺德聚到一起,香港聚在一起,但是我们之间都是守望相助的。

四会的那段日子是最艰难的,我在陈村的时候顺德就已经很富庶了,要是有钱就可以买东西吃了。但是在四会就没有,根本就没有钱,倘若有钱也买不了东西吃,要是想买东西吃必须花一个多小时走到江谷镇去买。

那个时候是打仗的时间,培养了我爱国的心。我就觉得外族这样欺凌我们中国,很不公道。我很爱我的国家,我就想复仇,那时候爱国的理念就是这样产生的。就是说共产党来,我也是这样爱我自己的国家。那时候日本鬼子打到昆明的时候,很多人去投军,"十万青年十万军"。我们年纪大一点的同学都去当兵了，很多青年去从军，我当时想如果我年纪再大一点我就一定会去从军。

（三）在香港谋生存、谋发展

我在儿教院受教育的那段经历，对我之后在广州继续读书以及后来在香港创业有一定的影响。我很感恩周之贞，如果不是他，我就不会去内地受教育。我在青云儿童教养院，读到小学毕业，但如果我当时留在顺德的话，一定是土豪劣绅，因为我爸爸是乡长，说真的一来就要"打靶"。那我侥幸小学毕业后去广州读了一年中学，就跟着四伯娘来香港。

我到香港的时候，我爸爸在乡下很有钱，后来因为跟人合伙做生意，结果钱全都被人骗了，所以我在香港算是白手兴家的。到香港的时候，我才15岁就出来做事，就不需要住在街边木屋了。

我记得有一个人你们有没有见过，叫陈福锐。我认识他，他高我一年级。他刚开始是在巴士公司做事，以前的巴士就是有一个锯这样推拉的，我们叫它拉锯。但是找到这样一份工作是要给钱的，后来他又卖票做站长，最高是在巴士公司做干事。他曾经叫我也去做，但我是不肯做这份工作的，第一是做这份工作是要花钱的，第二是我算一算就能知道做这份工作一生能赚多少钱，赚的太少了所以我不愿意。所以我宁愿从做"后生"开始，也不愿意做这份工作。我一开始就做汽车推销员，汽车推销员就是自雇的，也就是自己请自己的。你可以很懒，也可以很勤奋，就是看你自己的业绩。而我以前就没有做过汽车推销员，我只做过批发商的卖手。所以就只认识一些杂货铺或者厂家，但我认为我做汽车销售员，最起码背景和境遇会好一点。当时公司代理的牌子是很有名气的，我就靠销售业绩来赚佣金。当时我就很努力去赚第一桶金，我是比任何一个同事都勤奋。我开始是一个见习的推销员，不能 on duty（当值），就利用中午 12 点同事吃饭的时间，12 点半在展场坐到两点，在此期间我就多招待顾客。2 点钟之后客人来了就不是我的了，就是那些当值的人的了。到晚上 5 点钟他们就去打麻将了，我就坐在那里"泊艋"，那些客人叫"艋"，就这样找多点客人。星期六他们就去跑马，那我就买一本《武侠世界》一个人在陈列室那里看。星期天我跟儿女喝完早茶后，我就边看《武侠世界》边守着，有客人来我就招呼，就有生意了。

经过一段时间之后，我可能比较好彩，挣到了一些钱。内地的同学大部分都是公务员，没有什么钱。香港的同学，有环境的也没有几个。我就想，我运气好一些，没有靠爸爸，白手兴家。我结婚的时候，我爸爸说："对唔住，我冇乜俾你。"我说，唔紧要啦，我自己可以揾翻来。我就自己赚钱，供养父母，供两个弟弟读大学。我比较幸运的一点是，香港的环境一直在变好，我的财富也一路增加。

（四）想要帮助中国强盛，我觉得最有效的办法是办教育

一直到改革开放，我的同学陆续开始回内地探亲。其实改革开放之前我也回去过，去北京、广州，但不敢回顺德。我是改革开放之后才第一次回乡下（北滘莘村），因为我父亲以前是乡长、地主，成分不好，牵连着有血案。我那时（1976、1977 年底的时候）就借参加旅行团的机会经过顺德在那里吃了顿饭。当时有一个领导就是跟我们聊了一下天，叫赵汝安，他是我们在儿教院的同学，那个时候他已经是顺德县的副县长了。但是我不敢认他，最后我就问导游这个领导是不是叫赵汝安，他问了一下，说："是啊。"我就知道他是比我高 3 个年级的同学。因为那时候大家一起共同生活过，他也没有架子，相认之后我就说我不敢回莘村，他说："不用怕，我带你回去吧，没有事的。"

我回佛仔堂感谢村民都是改革开放之后的事，开始也没有捐很多钱，也

就捐了几万块钱建了一个青云文化纪念馆,他们已经很开心了,纪念馆现在还在。

我们青云中学现在是顺德很出名的学府。那时啊,只有一层高,颓墙败瓦,我们同学一起凑钱,重建了教学楼。后来政府出钱,建了新的校舍,原来旧的校舍就是现在的陈村青云小学。青云中学的校舍是政府出钱的,奖教奖学金是我出钱。

我是顺德莘村人,当时我回到莘村乡下,1979年的时候,好穷啊。我在乡下有五个目标:开一间鞋厂、建幼儿园、建小学、建中学、成立李家家族祠堂的理事会。丰润生市长说我,梦想成真了。我开了一间工厂,引进意大利的技术和管理,是全中国第一家。工人返工,孩子怎么办?于是先建了一间爱心幼儿园,让工人安心返工。当时都要400万人民币。孩子大了怎么办?我就把旧的莘村小学重建。可是读中学怎么办?又建了莘村中学,莘村中学和鞋厂一起剪彩。

图19　莘村中学开学典礼(图片由李伟强先生提供)

莘村中学是我按当年在上面(儿教院)受到的教育放在这里来办。青云中学是政府的,莘村中学是我的。莘村中学开始只有初中6个班,现在可能

100个班都不止，是顺德最大（学生最多）的全日制中学。刚开始开班的时候，我们姓李的都不肯去那里读。我在宗族理事会开会，我哥的孩子，都在外面读。"阿哥来回办学校，你的仔送到外面读，什么意思？"他说，"升不到高中。"莘村中学开始的时候只有6个班，是没有高中的。我请了我当年的同学欧阳学翘返回来，那位去了大连教书的周锦云，退休之后我也把他请回来，买了屋给他住，让他帮我把儿教院那套在莘村中学好好搞。后来欧阳学翘和周锦云同学就回来帮忙，那就令莘村中学初中部在顺德5年都是第一名。

因为初中念完了后，成绩好，就考去了顺德一中和其他学校。为了留住学生，"只要你有机会去一中而不留在莘村读高中，就奖励10000元，如果是姓李的，奖励20000元"。要留住尖子。我设立的教育基金，用钱最多的就是莘村中学。办了5年，年年第一。结果我跟陈用志（当时顺德的县长）讲，我想要个完全中学。他说："不行，李先生，一个镇就只能有一所高中。北滘就已经有一所高中了，不可以有两间。"我说，那我不同你"推车"了。我就觉得不是很开心，政策不允许我办高中，我不能把那些尖子生留在身边上高中，我只能培养那些孩子去一中，去那些名校。既然不准办，我就给书记说："我也给你办了那么多年了，那我现在就交还给你，你去搞，我就不想再去搞了。"然后他经过一个来月之后就找我，同意了我的提议，允许我办高中，他说："全顺德每个镇都只有1所，但现在北滘有2所，那他将来这个先例一开，就有很多人都申请第2所高中的，比如碧江中学。但是我有一个方法，就是哪个初中能像莘村中学初中部在顺德蝉联了5年的第一就可以办高中。"终于莘村中学可以办高中了。

莘村中学现在的名气比青云中学还大。因为它有两个学生去了北大，一个学生去了清华。然而顺德没有多少个是可以去到这些学校的。当时莘村中学有一段时间处于低谷期，为什么呢？因为每个镇都只有1间高中学校，只

青云志

有北滘有 2 间中学，莘村中学是另类的。因为通常多数学生从小学毕业开始就会选择去北滘中学上初中。所以莘村中学的生源就少，但后来政府就颁布了一个只有莘村中学才可以全国招生的政策，生源就解决了，可以招一些优秀的学生。那个时候就有好多学生考进了名校，当时莘村中学就名声大震。而那个时候青云中学的升学率很高，差不多报考 400 有 390 个人能进大学、大专。但是能进重点大学的很少，所以我就想到了一个奖励的办法，从前年开始，我设立了一个教育基金，这个教育基金每年会拨款 50 万奖励考进重点大学的学生。有奖励就有了动力，很多人都能进了。所以大概每年都需要75 万来奖励学生。现阶段还是有很多人想去莘村中学，因为它是一个寄宿学校并且管制比较严格，还沿用我们青云儿教院那个方法，自修，鸦雀无声的，还有很多都是这样的。

我觉得世界上那些知识水准越高的国家，教育水平就相对较高。我认为想要帮助中国强盛富足一定是要从教育开始。当然有些人就认为应该捐医院，捐养老院，但我就觉得最有效的办法是办教育。所以我从莘村中学开始，只投资在教育方面，莘村中学现在都已经 32 年了。莘村幼儿所是我捐出来的，小学整间学校一直到中学我也全部都重新修建过。换句话来说，如果当时的小孩子五六岁，那他现在都三十七八岁，他们从小学开始，有九年的义务教育最多可以读到初中，但其实我们的莘村已经有很多人大学毕业。就比如我们爱心幼儿第一届的一位小女孩读完大学回来就做了幼儿园的园长，也就是说因为我办教育办的早，现在我们整条村所有村民的教育水平都提高了。

我经济一路变好，捐得就多一些。有个同学问我，你现在还在，可以每年捐钱出来，那等你过世之后，怎么办？我觉得他问的很对。当时刚好我的公司在香港上市 25 周年，我就把本人名下的 3 亿股份捐出 5000 万股，每年收到的利息和分红就作为给母校的捐赠基金。从今年开始，每一年都有 400 万人民币作为奖教奖学金。现在我的李强慈善基金在顺德已经有 10 年了。一届 3 年，今年第四届了。基金我自己没空管，有 1 个总裁，2 个副总裁。多数都是退休的顺德领导，教育局起码一个局长，做总裁或副总监。这一届我又捐 1000 万出来给 5 所学校做奖教奖学基金。5 所是——陈村青云中学、青云小学、莘村中学、李伟强职业中学、四会青云小学。这个慈善基金不只是说说而已，而是把钱拿出来，政府监管。香港政府有意见，你把钱都拿去顺德了，我们香港都没有捐。今年重修莘村的幼儿园，用了 1400 万。捐赠变成长期的、永久的，只要利迅达公司在一天，基金就会在一天。这样就解决了永续的问题，应该是这样的。钱是从这赚回来的，就要用回到社会。

图 20　2017 年 6 月 29 日第一次访问李伟强先生
（从左至右依次为景燕春、朱健刚、李伟强、周培文）

我每年风雨不改，都亲自回去。因为我要给校长老师一些鼓励，因为他们春风化雨没有人知。我就回去，带着地方上的领导。每年 10 月 30 日回青云，29、31 日回莘村和李伟强职业中学。

(五)对青云精神的理解和践行

　　周之贞是我很尊敬的人。他也是一个有正又有反的人,他曾跟孙中山干过革命,办过学堂。他有刺杀两广总督凤山的事迹,还做过顺德县的县长,那个时候顺德县也有很多土匪,但他杀人是不手软的,总之只要你做奸犯科,他就直接抓去抢毙,我听回来的"杀人一百万,不够周之贞一餐饭"。他也在上海开过赌场。当初新中国成立的时候,很多人不敢提周之贞,他是一个国民党的人。后来平反了之后又可以提周之贞了。但现在在这个社会,政府也承认,他是一个革命党人,是一个好人,不然青云中学怎么可以摆周之贞的像在那里? 在我看来周之贞先生是一个很完美的人,很有学问。他写的诗、古文都是相当好。周之贞有好多诗词遗留下来,我们都是后来才看到,讲的都是他爱国的情怀和精神,并且我觉得他还是个有志气的人。

　　我觉得这句话对我影响最大,他的精神和行为一直深深地影响着我。我常常以做他的接班人为目标来激励自己,传承精神。但最重要的是,我希望能用我的实际行动影响到下一代人。我在这里抛砖引玉,希望那些人也跟着这样做。这就是所谓的"青云精神",希望能有接班人将这种青云精神传承下去。

八、黎树禧

出生年份:1935 年

祖　籍　地:顺德槎涌

访谈时间:2018 年 1 月 29 日

访谈地点:香港英皇道 1063

(一)在陈村青云学校读小学

我叫黎树禧,顺德槎涌人,今年 83 岁,1935 年出生。广宁的儿教院我没有去过,我是从陈村去青云中学的。大概是 1945 年左右,当时我在那里读了小学。我是自费生,但是学费很便宜,学校包吃住。每个月可以回家两次,星期六放学之后我要回家,有学校批准才能回,星期天晚上一定要回学校,把销假纸交回学校,学校就知道有学生回到学校了,这些工作学校是严格把关的。早上听到升旗礼一定要立正,升降旗也是一样,这些是学校教导的,是很严谨的,你想走歪路都挺难。做饭都要轮流进厨房煮,小孩子也是这样的。之后条件比较好了,就不需要学生去煮了。我们读书的时候就是过这样的生活。

青 云 志

(二)在青云受教育,得到"做人一定要有腰骨"的信条

青云对我的影响就很大,学校教育我们一定是自食其力、用心工作,不能有不良嗜好,自己要奋斗,不要总想着依靠别人,路是自己走出来的,走歪还是走正自己选,没有人开路给你走,你自己认为该怎么走就怎么走,做人就应该这样,不能懒惰、不能有不良嗜好。周之贞经常说,我们的老师也经常说,做人一定要有腰骨,要做开边大鱼。什么叫作开边大鱼,一条大鱼开边,有鱼肉那边就是软边,没有鱼肉那边就是硬边,你不要软边要硬边,为什么呢? 因为软边是有头无尾的,硬边就有头有尾有腰骨。这些就是以前我们老师教的。老师对我们是不错的,如果我们有病痛,学校也有医院,不用求别人。自己能种的菜就多吃一点,我们读书就是这样。团结、勤奋,最主要的就是勤奋,自己种的菜自己吃,我们平时的课外活动就是去种菜、浇水。周末就去挑谷、挑米,自给自足。年纪大点的就挑大袋的,年纪小点的就挑小袋的。

(三)"巡城马"带我到香港

在青云学校读了 3 年多,我是 1949 年到香港的,那时广州还没有解放。我本来是在广州上九路的一家公司工作,但是生意不好,我就回了乡下。因为我从小就没有父母,寄人篱下。在香港有一些认识的朋友,写信回叫我过去。那个朋友就说:"不如你直接过来香港吧,过来就有人招呼你的了。"是巡城马带我来的,乡下的亲戚帮我给的钱,因为当时工作赚钱很困难,他们就担负这些费用让我来香港。

一到香港,就有人给我介绍了工作。我做过很多,比如送货员、销售、跑业务,纺织工,自己也做过生意,开过五金厂,也做过小贩。1970 年左右开始做公共小巴,我做的工作就是这么多,不过这么多行业当中(公共小巴)改

变了我的生活。自从香港的公共小巴合法化之后,我的生活就被这个行业
扭转了。

我很小就没有父母,当时自己一个人还是个孩子,日本人打中国的时候
我们处境很凄凉,四处躲。那时候也认识一些字,来到香港后,晚上补习英
文,那时我们连"A、B、C"都不认识,来到香港才去学这些。现在年纪大了,生
活条件都还可以。

(四)来到香港,和青云同学一个传一个的联系、聚会

(你来香港的时候知不知道其他的青云同学也在香港?)

知道有同学在这。我在香港工作之后,联络了一些一直都在香港工作的
同学、同乡,都是一个传一个来联系的。以前有很多同学,现在因为年纪大
了,很多都去世了。

(以前最多的时候有多少个同学在这边?)

最多的时候是春节联欢有三围台。1970 年左右,每一年有一次春节联
欢,都有三围台的。

(五)周之贞去世,我们送他出殡

(你们来到香港之后,有一段时间周之贞也在香港的,那时候你们有跟
他联系吗?)

有,周之贞在湾仔住,我们也有去过他家。以前的房子都不是很高,大都
是平房,最高的楼才 4 层,他家那边属于近山的地方,楼层不是很高,我只去
过一两次,现在没有什么记忆了。

他去世的时候,他儿子通知我们送殡,如果我没有记错的话,他儿子也
在香港的。我们去拜祭他,去送殡主要就是我们这些同学,因为周之贞去世

的时候,在香港的这班同学也都很年轻,都要赚钱养家,去的人很多我们都不认识。好像是葬在新界沙岭。

(六)教育儿女,自己以身作则

现在好了,儿女都很大了,有自己的事业,2 个儿子、1 个女儿。别人说教育儿女很难,我自己觉得教育儿女,父母一定要以身作则。特别是在孩子小的时候,因为那个时候每个孩子都有弱点,你抓住他的弱点来教他,这就很容易教。我很侥幸我教的孩子也不错,现在孙女、孙子都在比较好的机构工作。下班回到家他还要打开电脑工作,因为他在公司还有好多工作完成不,所以他平时压力挺大的。

九、麦启德

出生年份:1930 年

祖 籍 地:顺德勒流

访谈时间:2018 年 1 月 29 日

访谈地点:香港英皇道 1063 号

(一)举步维艰的读书经历

我 1930 年出生的,那时候还很小,我读的小学是第八小学,当时日本人来了,读书读到二年级时广州就沦陷了。然后我就没书读了,整天在街上玩,我父母就觉得我这样不行,年纪这么小,又不能工作。而之前的学校结束的时候,学校的教职员就自己办了一所叫"树能小学"(音)的学校,它是个私人学校。分 2 班,我弟弟先读书读了 1 班,我妈就说让我也去读书吧,我比我弟弟大了 2 年,就自己搬桌子搬椅子去祠堂里读了 1 年书。

顺德沦陷了,满大街都是饿死的人,也没书读。流亡政府有一些顺德县的乡贤,他们有一个信念,就是抗战必胜。但是抗战什么时候才胜利就没有人知道了。那时候顺德家破人亡,我们只能在抗战胜利后建设家乡,于是在韶关成立了顺德县的流亡政府,并且成立了一个顺德同乡会。为了管理地方就成立一个抢救顺德难童委员会，并推举了周之贞做院长来管理统筹，并且成立了青云儿童教养院，把它设在广宁江谷山岭里。他刚开始成立了这个委员会计划招生 1000 人，当时报名的就超过 800 人。但是一开始顺德有 10 个区，每一个区就挑选 100 多人都是被分配的。在山里头没有这么多的地方，就比如有个地方比较大，人比较多，就派去柳州的青年干训团。另外有一些去了桂林儿童教养院，一些去了曲江。剩下的我们 180 人左右就待在了江谷，也就是现在的顺德儿童教养院。当时我读到二年级因为没有学校了就没有读书，问我们自己应该有什么前途，我说我读完二年级就上三年级，这里最多就六年级，没有中学的。

我是顺德勒流的，在抢救难童委员会里有个委员是我的亲戚，是他带我来的。我的亲戚叫麦敬枝，他是抢救难童委员会的主任。那年 10 月 30 号，真的是风高月黑，在勒流送我们乘船，我们 90 来人乘的是谷船偷渡去西江，因为西江那边就是国民政府把守的，另一边就是沦陷区，是日本人把守的。我们就偷渡甘竹滩，那时没有灯，也没有马达，就靠摇摆前进。当时有很多关口都是由游击队来把守。他们就问我们是什么人。我说："我们是难童。"但他们说："难童也要过来看一下，烂铁也要看。"在顺德有一个"大天二"，还有个恶霸叫"大金钟"。他们就问我们认不认识"大金钟"，我说我们认识。他当时有枪支势力大。最后终于用了一晚上偷渡去沙坪。走了 5 日 5 夜，晚上一个个就在烂祠堂烂庙宇叫人拿一些禾秆草铺在地上睡觉。我们每次天一亮就去走路，一入黑就去睡觉，走了 5 天才到广宁四会。那时候广宁还只是一个山头，学校没有建成。我们也是寄住在祠堂，当时也还没有床，就把禾秆草铺在地上睡觉，一直睡了有半年才起好学校，当时我们都是在山头锄地建学校。墙是用竹子来搭建，然后用竹板来搭竹棚，叫竹织批荡。外面用泥浆来批荡，叫意大利批荡，都很好的。最后起了几十间房子，有 6 间课室，6 间宿舍，4

间饭堂,当时都挺有规模的。

(二)我们是吃"草"长大的

那时候真的很辛苦。我们是吃"草"长大的。开学的时候会预算出今年的开支是多少,就留一部分钱能够买东西。但是过了一两个月钱就贬值了。所有的开支都只能买1斤油1斤盐,最多就买1斤白豆供100多人吃,其余的就靠我们自己种菜,种苋菜、种萝卜这些。所以真的是吃草长大的。那时候米是由政府配给的谷米糙米。所以基本上每个人都有病,我也得过夜盲症,每次一到晚上五六点就看不见东西。医生说营养不良,缺乏维生素A,那没有办法的。然后校医就说提供特殊餐,给学生"滋润"一下,就用锅底黑黑"锅烙"蒸来吃,真的很灵验,吃了两顿就好。还有脚软的病,也是缺乏维生素,学校就买点眉豆花生来煲,做个特别餐来照顾一下。总之除了夜盲症、脚软,还有皮肤生癞,那怎样治疗呢? 在饭堂那里,每个人都脱光衣服,用硫黄洗澡,敷猛药这样来医治。那时候也死了很多人,有30来个在那里过世了,其中不止一些小孩子,还有一些老师和家眷。

(三)10月30号这个日子我真的觉得很出奇

10月30号这个日子我真的觉得很出奇,我们学校开幕也是新历的10月30号。因为是新历的10月30号建好了学校。我们的院长当时真的伟大,因为没得吃,就到处去找钱。当时推举他做院长的时候,大家都说所有人都应该出力去抢救难童。周院长就把以前所有的家当、楼房,能卖的就卖来维持(儿教院的)生活。他在江西有桐山树林的也都卖了。在同乡会的时候大家都说应该怎样一起出力,但是现在没人出力。因为他们根本自己都没有力,院长都是把自己的家当卖了养我们,所以我们很感激他。要不是他,我们在乡下肯定早饿死了,更没有书读。

一住就住到 1945 年了。听到日本投降的消息,每个人都想早点回家乡。记得那是 10 月份左右,真的很出奇,我 10 月 30 号离开家乡偷渡去西江,第一批回到顺德也是 10 月 30 号。老师说你们回家乡就只能待一晚,第二天就要回来的,也是 10 月 30 号。就是回去见见父母,就住一晚第二天就要回陈村。

回去之后我隔了 1 年,再读初一,读了 3 年就毕业了。那时候学校也没有经费,大家想办法,有一些基督教教会的就来学校提议做校董,但是要在学校讲耶稣。我们院长就不喜欢。有些人说迁去龙江(音),那里有人能支持学校,但是也有一些条件。最后学校没有经费了,就开始收学费招收了一些人。我们那时候衣食住行都是学校包的,当时他说不行了,因为没有钱,找基督教教会的人又有条件,最后说来说去到处找人也找不到人来支持。然后我就读到初三毕业了,多数人出去工作了,很多人没毕业就来香港了。而我家庭很困难,前一年父亲就去世了,然后母亲就去别人家里打工,我也无家可归。但是学校的院长对我很好,他说你来学校工作管理图书馆,也能继续学习。后来他在中山的中山纪念中学,他说:"我送你去那里读书,然后升学上高中。"但是后来广州就解放了,学校也结束了。

(四)赴港谋生

我 1950 年来香港,来香港 20 天,就遇上了冷战爆发,那是广州来香港的末班车。在那之后香港就和广州隔绝了,要领通行证才能通行。但当时就算是有通行证也没得领。

我有个堂哥是香港人,他说你没有书读的话就来香港做"后生"吧。我还有些同学,像黄祖泽,他先来香港,他是在纱厂里工作,就帮我报名了,叫作

"现代化的学徒"。我们当学徒是要考试的,还有100块保证金,还要有人事、店铺担保。我说100块保证金很容易,但是店铺担保就很难,哪里来的店铺担保。然后我们学校有一位职员叫黄仲典(音),我给他说我考到工厂那里,100块保证金我已经凑到了,但是没有店铺担保。他有个儿子开拜神的金箔纸马店,说可以给我进行人事担保。然后我在那里学了一整年,但那里工资少,所以有些同事就介绍我去丝绸店学习,织造丝绸。然后在丝绸厂一直做了很多年,直到丝绸厂没有生意做就结束了。

对我们来说,最惨的、最令人困惑的,就是在香港住的问题。我们当时一直都是过集体生活,因为一离开宿舍就没有地方住了。我正好在工厂那里是有宿舍的,以前都不敢随意调动,就是怕一离开工厂就没宿舍没地方住了,而现在才知道第二间工厂工资比较高。就比如说你本来在这家店里打工,然后你想辞职去隔壁的那一间,说隔壁的工资比较高,这种事情是很冒险的,因为你辞了工过去是没有宿舍的,但你当晚要睡觉。所以真的不敢偷走,加上家里又没有人就怕无家可归。所以在那里打工就一直干着,没有走了。

后来我没有工作,就开始自己创事业,因为我在学校读书的时候就会农务了。他说你开一间农场,大家一起养鸡。当时我有几个同学在新界养鸡的,这个也做了有10年。期间养鸡经历过大风、房塌,火烧都不怕,然后鸡舍烧了又自己再起。还有一个问题就是不能种植,因为在内地养鸡是有季节性的,春季、节庆日、五月节、冬至鸡的价钱才能涨。当时鸡能卖个好价钱的时候,他在深圳一味地收购鸡,他卖10块钱4只,但我们的成本也不止这个价,不然买了鸡雏回来也不够喂养它们长大,所以没有办法就没得做了。

现在这个社会对我们是真好,我们真的是晚年享福,老人都有生活津贴,现在的生活津贴比我当时领的工资还多。我们退休就不能出去干活了,但我们可以领到生活津贴,政府对我们很好。我们感到生活很幸福,我也很侥幸能抽到公屋住,我现在两个女儿也长大了都能赚钱,租房子、买房子我就可以给凑点钱,所以我们现在也有房子住,我女儿也买了房子给我住。而我也退休了,生活能过得去,现在生活很幸福。

(五)为周之贞送殡

我刚到香港十几天就参加了周院长的送殡。有个同学叫陈福锐,是他通知我们的,不知道他今天有没有来。他就比我们早点来香港。他也是年龄最大,最熟悉这些事情的。周之贞的家当时就在湾仔那里,我们是在湾仔修顿球场那里,看什么时候送院长上山。那时是抬着棺材进乡村,但是乡村不给棺材进去,最后几经商量就绕路进去了。我也去过他住的那里,我刚来香港十几天就来送他。

十、辛永雄

出身年份：1932 年

祖　籍　地：顺德北滘

访谈时间：2018 年 1 月 29 日

访谈地点：香港英皇道 1063 号

（文中楷体字为辛永雄妻子的采访内容）

（一）从"苏虾"到"辛苏"

我姓辛，辛勤劳动的"辛"，现在的名字叫辛永雄，永久的"永"，英雄的"雄"。大概在我八九岁的时候，广州就已经沦陷了。父母在世的时候，我记得以前广州的那间医院叫"方便医院"，也就是现在的人民医院。后来父母离世之后，家里就剩我一个人了，那个时候自己还是个小孩子，懂的东西也不多，后来就回到乡下——顺德北滘。回去之后就依靠我外婆。外婆是住在北滘隔壁的槎涌，三洪奇隔壁。我回去就帮外婆做些农活，例如耕田、看牛、割草、养鱼等这样的事情。大概做了一两年吧，但是生活环境越来越差了。我外婆就对我说，我长期跟着她，她也负担不起。曾经就跟我讲过有两个办法，第一是把我送给别人养，我虽然是个小孩子，但是送给别人之后也不知道会变成怎

173

样;第二是去读书。让我选的话,我当然不情愿被送给其他人家,而希望能够被安排去读书,并且我真的很喜欢读书。

那个时候好像刚好就是 1941 年,顺德北滘有个姓周的,周之贞,是我们顺德儿童教养院的院长,刚见到他的时候广东已经沦陷了,顺德人也跟着受罪,所以就有了很多难童,也就是孤儿。他在顺德招募和抢救这批难童准备离开顺德县,去另一个地方读书。初时我和外婆说我愿意报名去读书,你不要做其他的安排。我外婆看到这样,就说:"好啦,你去读书吧"。就帮我报名。那个时候我根本不知道自己的名字是什么,因为父母去世的早而我还只是个小孩子,所以我究竟叫什么名字我也不知道。从小大家就叫我苏虾,意思就是小孩子。我外婆说你报名总得有名字的吧,于是就用了"辛""苏"二字,辛就是我的姓,"苏"就是苏联的苏。所以我在儿童教养院的名字是辛苏,去查的话名字就是辛苏。

起初在佛仔堂的时候真的是很艰苦,荒山野岭的,当时开掘操场、建房子、搬砖,什么都做了。我还记得当初每周一的升旗礼是我负责吹号,就像现在升旗礼唱歌。我也有不少的同班同学,现在在广州有一个人叫冯绍雄(音),不知道你们听过没,他是我的同班同学,我和他最熟。他本来是在伦教,现在留在广州公安局工作。

我在佛仔堂读了这么多年的书,就认识了一些字,有点文化,不然就变成文盲了。旧社会没有机会读书,现在的小朋友可以读书应该要好好地珍惜。在佛仔堂、肯构堂里待了这么多年,我们的同学有很多成绩很好的,有些去了外地,有些就去澳港,有些在广州,各种各样的都有。

(二)奔赴佛仔堂

1941 年征集完那些难童之后,周之贞院长就安排他的助手把这些学生分成一批一批的，因为那个时候他说准备送我们去四会江谷那个地方，初时自己也不知道四会是什么地方，唯有跟着他。那个时候周之贞院长给我们安排的时间很紧张，再加上日本鬼子又用飞机来轰炸，所以领队带着我们30几个小童出发。

我们那一批孤儿，又可以说是"难童"，个个都是十岁八岁，最大的也就十一二岁，主要是男孩子多，只有一两个女孩子。带领我们就好像去旅行一样，他说去哪里就走哪里，我们跟着他24小时不分昼夜地走，就跟走难一样。我们一路跟着领队去四会。我现在有个记忆，到沙坪那个地方，有条河，水流很急。有个地方叫"甘竹滩"，我们是走水路过去，领队就叫我们上船，跟着那条船，用船运着我们过去。因为那个时候走陆路的话，那些小孩又哭又闹都不愿意走太久的路，因为不能按时吃饭，再加上白天空中时不时的就会有飞机来轰炸。在那样的情况下，我们只能利用夜晚从水路经过沙坪，渡过甘竹滩，然后去四会。我们那时候叫偷渡甘竹滩。为什么这么说呢？因为我们下船之后，甘竹滩的对面已经沦陷了，有日本兵守着，而我们这边还没有沦陷。水流比较急，逆流而上，我还记得那个时候船很难行进，大概四五个船夫在岸边，用大缆拉着我们上来。船夫很辛苦，而小孩子又因为肚子饿哭喊着。那个时候的环境真的是非常非常差，我记得在旅途过程中，有些小朋友顶不住，或者有病、或者肚子饿，就会哭，而这一哭就会引起甘竹滩对面日本人的注意，他们就会拿探射灯来照我们，一听到有声音就会用机关枪啵啵啵啵地扫射过来。幸好我们的船没有被他们打中，如果被打中就惨了，那条大缆被打中的话整船人都会跟着水流被冲走。

到了四会之后领队就带着我们去一个叫"江谷"地方。从四会去江谷，路过"佛仔堂"，实际上那里是周之贞为儿童教养院开发的地方。初时我到的时候，佛仔堂是一座山，长满了草，荒山野岭的，当时叫我们在那里临时落脚、扎营。让我们十个八个地分成一个一个小组，然后在那里安排好之后，我们就到了那里。听说那个时候有将近2000人，周之贞把顺德的难童分成第二批、第三批地送过来。到了佛仔堂之后，第一是要给我们这些学生、小朋友编班，把你编在第一班还是第二班这样子；第二是要劳动，要开山、割草，将那个山搞平，在那里搞了一个挺大的操场。

另外，到了一个礼拜，我们校长就派那些工作人员去江谷的一个市镇上采购，买米呀、买菜呀、买吃的东西呀，都是在那里买的。因为佛仔堂是个荒山没有东西给你吃，所以就要在镇上买回来。然后就派我们这些小朋友，两个人一伙从佛仔堂走路到江谷，我估计走那条路要一个多小时，让我们跟着他们，起初没什么事情干、没有安排，我们所有小孩子就跟着领队走到江谷，买完东西之后，大家分别两个人拿一些，将那些东西运回佛仔堂。日日如是，买菜也是这样，因为你也请不到人，衣食住行都是靠校长来安排。我们穿的衣服穿来穿去就只有那一两件，因为那个时候真的是非常艰苦。都是源于周之贞肯收留，安排我们这一班小孩子在那里既可以劳动，又可以读书。当时我觉得非常幸福，周之贞做了很大的贡献。根据介绍，后来资金不够他把自己的物件卖了，然后用这些钱来维持这所学校。这间学校提供了比较好的环境去读书，虽然比较艰苦，小朋友们连鞋子都没得穿。但是当时小朋友习惯了农村，就无所谓了。

1944年六七月左右，我们学校收到消息，说日本人要来我们学校放火烧了我们学校，那时候日本还没有最后宣布投降，大概还有半年。一说到要烧学校，学校就变得很难维持下去，让那些小朋友有些走上山顶、有些就去其他地方，这就变得更加流离失所。起初，我就没有走，大家也没有走，那时也不知道能走去哪里，只有一条心在学校，守着学校。最后，幸亏拖着守着学校，日本人没有过来放火烧。这么多年在那里读书，一直到1945年听到一个好消息,学校给我们说"第二次世界大战结束后,日本无条件投降了"。听到日本无条件投降的好消息后,我们这间学校就宣布搬回顺德。那个时候我们一个班有很多同学,有些同学现在还健在。

周校长的出发点,我现在估计是因为他以前是国民党,跟随过孙中山先生参加过同盟会闹过革命,有一定的职务。他抢救了我们这群儿童,为我们供书教学,希望这批人长大之后能够为国家做点事,没有私心让他们长大后为自己做事。不过他也顾不了其他县市的难童,因为毕竟这个资助的费用是很庞大的。他的儿子,周大军(周鸿钧)跟着我们在儿童教养院做体育教师,对我们要求得十分严格,就像是军训一样的,我们小孩子看到他都要立正。他抢救了这些小孩子,不让这些小孩子流离失所,给他们提供机会让他们能够读书,长大之后能够为国家做点事,他当时是把自己对于国家的观念也放在了办教育上面,而没有那种想要为了争取游击队什么的这类的想法。

(三)与亲人团聚,到广州／香港两地谋生

1945 年 8 月日本已经宣布投降了, 周之贞就给大家下命令让把学校搬回顺德陈村那里,区氏大宗祠,叫肯构堂,那间祠堂前面有条河。肯构堂在顺德槎涌,农民经常撑着一条小艇去陈村买东西。我们全部回到肯构堂之后,休息的时候就在那里游水,所以大家彼此之间都很熟悉。有次游水的时候,有只小艇在穿梭路过的时候,开船的人认得我,原来是谁呢? 是我的舅舅。外婆有两个儿子,他是外婆的大儿子,我小时候在外婆家种田的时候和他一起干过活。大舅舅认得我,他在槎涌运货划艇去陈村卖货。他就叫住了我,他其实也不知道我回来了。他就觉得已经送出去读书了,然后就不用管我了。他说:"回来啦。"回去之后,我舅舅他不知道我现在的名字,就还是一直"苏虾""苏虾"地叫我。他对我说:"既然你回来了,不如回来家里。"因为当时我还有

个亲的双胞胎哥哥，以前我和我胞兄失散了，后来他说你的哥哥现在在广州，就叫我回去。

那天回去之后，我从槎涌外婆家出发从顺德去广州认回我哥哥，因为我哥哥长期在广州做事，以前失散了就不见了，现在见到对方，都是彼此最亲的亲人了，后来我就一直留在广州帮哥哥做事。直到1949年中华人民共和国成立了，解放军入城的时候我们都还留在广州。

到了1950年的时候，我的哥哥先来到香港，然后我就来香港找我哥哥，要和哥哥出来找工作维持生活。来到香港后我就在深水埗石硖尾那里住。因为当时的情况是进入香港不需要通行证，国内没有通行证，香港也没有身份证，总之只要你是广东人就可以自由出入。出境入境也不会查。香港后来才有身份证，有回乡介绍书之类的东西，例如我的第一张香港身份证就是1951年办的。那个时候跟我哥出来，以前别人总是"苏虾""苏虾"这样叫我，总是觉得自己还很小，后来年纪逐渐也变大了，就觉得这个名字不好，但是父母到底给我起了个什么名字，他们当时没有跟我讲而我自己也不知道。然后我就自己改名为"辛永雄"。

哥哥来到香港，我也跟着出来了，香港当时也很困难，找工作也很困难，做学徒一个月9块，做个师傅一个月100块，所以当时没什么工作可以做，也没什么工业发展的。那个时候广州宣布搞进出口商品交易会，经常在中国大酒店搞一些展览会，内地的工业也逐步发展起来。曾经有人让我动员其他同胞，回内地参与社会主义建设，1954年的时候去香港动员，那个时候很多香港人无论是青年还是老年都找不到工作。那个时候有很多人，就连公务员都放弃自己的工作，自愿回到内地响应国家的号召，参加社会主义建设，我猜也有一百几十万人的。

1954年我也回去（广州）找工作，那个时候没什么技能，我就找我的堂哥问有没有工作介绍，然后就介绍我去一个工厂，是在西华路那里，叫五金电筒厂（音）。其实我那时已经有一段时间没有工作了，我堂哥把我介绍到他上班的工厂，我就和他一起工作，直到1960年。我曾经在工厂做过工会主席。回来之后就适应了社会的发展，在工厂大家就选我做工会主席，没有完全脱产。我一边在工作，一边在搞政治什么的，一直工作到后来。这个工厂属于轻工业，后来在车间选我出来做供销工作，担任供销科长，那个责任就大了，要负责整个工厂所需的原料、物料、材料的采购，还要出差，广州没有供应，就要去兄弟厂，或者去上海找。做到1960年之后，就没有工作了。因为那时候一直做下来的话也是这样的水平也没什么。后来我大哥就说有条件就回香港找工作。我们的父母已经不在了而我自己单身一个在广州，我哥已经在香港了，1960年我就自己从工厂出来，重新回到了香港。

（四）公家安排我出来香港工作

我是怎么回香港的，当然是公家想让我回来，不是随随便便就能够回来的，因为内地有内地的规定，有一套制度逐步完成，就让我回来工作。

我出来之后，国家希望我来到香港为国家做点事，我也向国家保证，来到香港，我要顶天立地，我本身永远是个中国人，要永远为我们的国家服务，忠于我们的国家，不管香港是什么资本主义社会我始终都有自己的立场。

我来香港后就去了一家贸易公司，这家贸易公司是私人的，但是这家公司是为国家服务的，因为国家派我出来，就是要为国家做事。这间公司是怎么做贸易的？它可以说是全世界最大的贸易公司。我国派驻全世界的大使馆、领事馆，所有的大使馆、领事馆的供应物资都是由我负责。他们的衣食住行都由我在香港解决，因为那个时候内地很困难，什么都没有，另外交通也不方便。所有的使馆过来只能经过香港。他们来香港的话，和某个国家建立外交关系,因此建立大使馆的(工作)也由我负责。他们派出先遣人员到那个地方要搞物资和建筑材料,都是从我这里走海路和空运送过去。来到这边之后,我可以说是 24 小时工作,什么事情都找我,当时我们国家大概与 146 个国家建立了外交关系,外派人员、部长、建使馆等很多事情要做。

所以所有的物资本来应该是外交部供应处总务司运出去,但是当时国家没有物资,柴米油盐、衣服、相机、收发电台、汽车都是由我买,我带着一批人,夜以继日地为他们工作,所以我和那些大使都很熟悉。他们整天叫我,找个时间你去那个国家我去接待你。我说不去不去,我从来没有去过一次,因为我这样出去,工作没有人做,很多工作走不开,所以我从来没有去过。不过我跟那些大使很熟,例如黄华他们就熟得不得了。他是老的外交部长来的,所以说中央各部负责这个公司,我作为主管、经理负责这个工作。这个工作一共做了二三十年了。所以说,广州市外事办我都熟得不得了,广东省省长叶选平他们出来一定要找我,国家规定他们出来一定要我去接他们,他们自己出来是不可以的。全国的体育代表团,国家运动员,比如乒乓球、篮球、足球、射击,这些通通都是归我这条线管理,所以我的责任是很大的,除了这些,有很多事情我们做了就算了,不用多讲了。

为了接待这些人,我和弥敦道那里的香港美丽华(音)酒店签订了合同,每天要 250 个房间,双人普通房。

国家信任了他之后,就通过香港的一个客家人,这个客家人,也是对国家忠心耿耿的,在日本侵略中国的时候做过游击队。这个客家人的家族就很有钱,因此带了一大笔钱出来开了这个亚洲贸易公司。那这一笔本钱就是这个客家人自己出的,挂了自己私人的名字,开一家旅行社,这间旅行社就是专门为什么人服务呢?就是那些一来都要改名字的那一些人,你懂吗? 就是不可以把自己的本名显露出来的那些人,为他们服务。因为以前香港有规定专门来香港的人,凡是跟政治有关的,挂帅的人都不可以带着本名来。中国能够把香港拿回来就是靠这些死心塌地为国家做事的人。那不仅仅是一个人的,是很大群人的,有些是台湾的……

钱其琛来来往往都是我来接他,以前叶选平省长出来的时候也是我去接他的。所以我24小时毫无怨言为国家服务,晚上有飞机就去送飞机,不会斤斤计较说加班加点之类的,我们一条心,朱镕基总理来都是我去接他们,安排住处、安排交通。

那我再简单介绍一下,没有回归之前英国人统治香港,英国不准香港挂着中国机关的名字,挂个名字都不行,因为香港当时归他们所管,所以只能叫新华社香港分社,作为一个通讯社可以挂你名字。梁威林就一直当社长,后来调回去当了广东省的副省长。1997年6月31日英国要把香港交回中国,到1997年7月1日零点我们新华社改招牌,改成"中央人民政府驻香港特别行政区办事处",简称"中联办"。中央很多事情都要靠中联办,以前是要靠新华社,香港政府知道新华社是代表国家的,但是香港政府不准你挂国家的名字,签证处也不行,经贸部也不行。所以很多他不给挂,那就我负责做。我就以亚洲贸易公司的名义,去处理一些事情。后来1997年主权回归到我们这里之后,国家立刻宣布,新华社是正式的通讯社,但是有一个中央政府驻香港联络办事处,广东省那有一个中央政府驻广东办事处。现在什么招牌都可以挂上了,唯一一个不能靠边的就是中国共产党,但是你不说别人也会知道,因为国家实行的是一国两制,并且你也知道现在一些年轻人的心态。

挂正招牌之后事情就好办多了, 广东省政府要求特区政府的人一起商量些什么，通通都要经过中联办才能进去。以前新华社只能挂个招牌搞通讯，现在超越了通讯就不给你做了。这个贸易公司大家都不做，就我来做，并且官员来来往往，香港政府也都知道我了，也知道我做什么事情。但是他也没办法，因为我是为国家做事，而且有时候他们也要靠我。举个例子，罗湖，每到春节的时候大家要回去过年，香港塞得人山人海，这也要靠我们的海关。如果英国把我们怎么样的话，我们可以用不合作的态度去对待他们，他们就拿我们没办法了。一般情况下他们就对我说，讲点义气，帮我传点消息，因为二三十万人回乡现在全挤在一起了，你们能不能帮我们问一下深圳海关能不能提前开闸，让他们提前回乡这样子。我说："我只能帮忙传递，行不行我也不知道，只希望大家可以互相合作吧。"深圳边防那边就说："辛经理，我们提前 2 个小时为香港同胞开闸疏散。不过告诉那些外国人，以后我有事要求他们，例如一个代表团有 100 多个人，给我个方便，不需要那些人一个一个进去护照排队盖章，由我一个人帮忙拿着全部护照盖章就行了。"运动员看到我都说，没有了我就很麻烦了，因为还要排队。所以这些事情都在我的职权范围内，希望两方能互相帮助。

　　他好像真的是一心一意为国家服务，都没怎么管 3 个子女。孩子全部被送到了农村，把女儿送去农村后，大儿子就准备召去参军。那我就不同意，我还在广州，如果把我大儿子叫去参军，那就让我一个人带着小儿子，而我的女儿又在农村，我的老公又在别的地方工作。就把他调去一间药厂工作。要填家庭成员，他填了之后不填爸爸。"你爸爸呢？""不知道噢。""你不知道你爸爸？"没办法，那间工厂派人来问我，我说："他爸爸去别的地方工作出差。"人家就问出差也得有个地址的嘛。我就说："他的户口迁去他宿舍那里了，要查就去公安局那里查。"人家就说：

"我们一间工厂哪能去公安局查呢，那没得查肯定是去坐牢了呗。"然后我就不出声了。最后药厂说："我不能收你。"那我说："你不收他赶他去哪里？去农村吗？"我说："你没有资格不要他。"他说："为什么没有资格，我叫他去卖菜。"我想卖菜就卖菜毕竟卖菜也是一份工作。但是他天天卖菜就天天亏本，最后都没有钱可以亏了，就跟国家政府反映，国家就给了我一些补助。

图21　访谈现场辛永雄的太太不时提醒他要讲真实的情况

十一、老国樑①

出生年份：1931 年

祖 籍 地：广东南海

访谈时间：2018 年 5 月 24 日

访谈地点：美国旧金山老国樑先生家

（一）童年的乡间生活

我的名字是老国樑，生于 1931 年 9 月 6 日，我的祖籍是中国广东省南海县九江区沙头乡细老村（现称世朗村）。我的祖父是老竞伯，祖母是冯玉梅。父亲是老志雄，母亲是苏泳仙。当时该地是个典型的农村，但没有稻田，不长稻米，有的是桑基鱼塘，农民用桑养蚕，蚕结茧后，卖给工厂缫丝，鱼长大后，捕鱼卖给市场。少数农妇在家中织布，砖瓦房屋，整齐有序，每个家庭都有自用的水井，是较为富裕的农村，我们的家族在我祖父以前世代都是自耕农。

因我祖父读书，成绩优异，成年后继续深造，没有务农，毕业以后外出做工，收入远较务农为好。我祖父是长子，他的上一代为他的读书付出较多，就

---

① 本文系老国樑先生应景燕春博士之邀，补充写作的自传文章，于 2019 年 9 月 29 日完成。全文为手写稿，由老国樑先生的女儿老敏拍照传回，由岳欣誊抄，景燕春校对并做细微修改而成。

把桑基鱼塘及较好的房屋都作为遗产给了他的两个弟弟，留给他的是破旧的祖屋。

祖父在外工作，努力把工作做到最好，以求升迁，所以没有带祖母外出一起生活，而是汇款回家交房租和生活费。我的父亲没有兄弟姐妹，是个独子，祖父很重视对他的教育。祖父有一位很有教学经验的同学在外县开了一间私塾，当时我父亲尚未成年，也找不到寄宿学校。我祖父恳请他留我父亲在他那里读书与生活，幸得他的应允。

该私塾在顺德县的碧江乡，正是我母亲苏泳仙的故乡，也属于珠江三角洲的鱼米之乡，经济比较发达。推翻帝制后女性入学的也多起来了，她也在该校就读。两人既是同学，从相识、相恋到在老师作为媒人的情况下结为夫妇，婚后自然住进夫家。由于专业学校对就职来说越来越重要，我父亲婚后转读广州市的体育音乐学校，毕业后任职体育科老师。

不久，日本侵华的狰狞面目越来越明显，父亲的爱国热情也日益高涨，终于辞职报考黄埔军校。虽为独子，祖父没有反对而且深表赞同。被录取后，努力学习，顺利毕业被分配到佛山市附近的一支地方部队当军官。但该部队没有安排他带兵，仅要他在军队的办公室内工作。不久，祖父转到广州市内一间大型的制衣厂当厂长，而老板是他读书时的同学。

大约是1938年初，我们作为家人被迁离老家搬到当时属于广州市郊区的花地居住，以便他们父子与亲人同叙。我也从乡间的私塾转学到该处的小学读书，一家三代能住在一起，的确十分快乐。很快日本侵略军南下攻占广州，制衣厂关门，祖父失业。父亲所在的地方武装组织已溃不成军，同样失业。于是整个家庭都被迫迁回原籍。

广州沦陷后，日本侵略军有时派出小型船艇驶入内河耀武扬威，整个社会乱作一团。当时的沙头乡长，自叹没有能力管好乡务，想向区政府申请辞职。但区政府迁到何处他当时都不知道,只得邀请该乡的父老乡亲到乡公所来开会,说明情况,恳请辞职。虽经出席者尽力挽留,但他辞意已决,拿出印鉴与有关文件,毅然当众离席而去。

正当大家六神无主时,突然有人提出老竞伯已回乡,他年轻时读书成绩优秀,在外地工作时也多番获奖,他有本领可当本乡的乡长。经讨论后一致同意,邀请他为沙头乡的乡长。

祖父多谢父老乡亲的信任。在这个非常时期社会很乱,乡长的职责危险性很高。但当时父子两人都失业而全无收入,而原有的储蓄也越来越少。在此情况下,他冒险接受了这个任务,当起了沙头乡的乡长。

因为是非常时期,乡长本身要武装自卫,乡公所供应给他一支快制驳壳手枪与一些子弹,但当时还没有警卫和其他的武装成员。父亲所有的仅是部队溃散时他所佩带的左轮手枪与子弹,都是仅能作自卫之用。村内为了自卫也买了一些各式枪械,若非有特殊情况发生,平时都锁在仓库内。

沦陷时间越长,生产链断裂就越明显。平时种桑、养蚕、缫丝、卖丝以后,就有钱买粮食与生活用品。后因战争原因无丝可卖或有丝也卖不出去,以致无钱可用。缺粮是首要问题,因我们家乡不生产粮食,粮食都是从产粮区运来的。从产粮区运米到沙头墟必须经过我们细老村的村口。由于无钱买粮而又要吃饭,所以从买粮变为抢粮。有贼首从仓库中取出枪械分发给有关成员,抢劫运粮船,把船上的白米全部抢走后才放船离开。

事发时,祖父在乡公所办公,父亲在沙头墟办事,都不在村里。当他们知道情况后,的确十分为难。因为乡公所没有武装的执法人员可将贼人逮捕归案,区政府同样不能做这件事。何况犯案者那么多人,而且犯案者全部都是同村同姓的人,许多人是因为没有饭吃而犯案的。而作为乡长他又不能不理这个案。他唯一可做的是劝说当事人明天把尽可能多的粮食搬到河岸边让物主取回,希望能做尽到可能息事宁人。当时得到的回答是想好了再办。

第二天上午,祖父与父亲两人都如常佩枪到河岸边察看退粮的情况。当时没有看到任何粮食,迎接他们的是一阵强烈而密集的枪声,他们被突袭而倒毙在地上。贼人知道他们父子的枪法都很准,只有出其不意的主动出击才可得手。跟着追杀务农而没有武装的祖父的大弟。当3人都死后,祖父还有一个二弟,但因他是个智障人士,(贼首)声言不会杀他,但他们却想杀我,虽然我当时只有7岁。他们是怕我长大后报杀父之仇,幸好他们没有找到我。当时我在学校的课堂里,而学校里有一位老师是我父亲的同学,是他派人护送我离开学校但不回家,到一个安全的地方。深夜派人护送我到大老村我祖母的一个妹妹的家中,我才逃过这一劫。

是祖父兄弟两家的3个寡妇筹款购买最简陋的棺木并请人把3具尸体送到南海县西樵山下葬于乱葬岗的,家人不知他们葬在何处,这一辈子都没有扫过墓。

在经历了国破家亡以后,我们家中没有经济来源,老家不能住下去了。母亲当时就带了5岁大的妹妹老绮文、1岁大的弟弟老国銮及婢女瑞香共4人上路,而祖母已迁居在另一位妹妹家。出村以后,因察觉到没有被人跟踪而转往我的避难处,让我们走在一起共赴她的娘家。她有4位兄长,全部都已结婚,其中3家都已儿女成群,只有1家未有儿女。他夫妻两人都同情我们的遭遇,欢迎我们住进他们的家。而其房子也较宽大,并从经济上给我们支持。第二年祖母也来了。她是个丝厂的熟练工人,很快就转到一间丝厂做工,也转到该厂居住。不幸的是,此时妹妹已经病故。

外祖父是个富豪,工商业地主,他先后共娶了4个夫人,生下共13名儿女。我母亲排行十三,照顾我们家的舅父排行十一,他们都是外祖父的第四位夫人所生。

青云志

原在顺德县陈村镇的银楼做工的十一舅父,在我们最困难的时候,伸出援手救助我们。后舅父因银楼倒闭而要外出做工,母亲在 1940 年携带瑞香到香港做工。我兄弟俩得到外婆与妗母的照顾尚可勉强过日子。但在 1941 年初因没有钱交学费不敢上学,从而失学,当时还未到 10 岁。母亲她请人带我到香港学师,以求成年时可以找到工作,谁料到香港不久,日本侵略军发动太平洋战争而占领了香港。

后来瑞香已外嫁,母亲也失业。1942 年母子二人又重新回到顺德县的碧江乡。她到当地制造迷信品元宝的工厂做工,工资很低,且开工不足,日子难过,我继续失学。

1943 年春天,天气大旱。作为丝厂工人的祖母,无工可做,饿死在顺德县的碧江乡。我去了广州市西华路附近的广州市孤儿院。几个月后,因严重贫血而要离开孤儿院,幸好当时饥荒的高潮已经过去,我才回到碧江养病。

1944 年春天,在顺德青云儿童教养院任教的苏国樑老师奉命回碧江乡办理招生工作。他有一个妹妹是我母亲的同学,得知我失学在家,就把此事告知我母亲,我母亲恳请她介绍认识了苏老师,并请苏老师为我办理入学手续。衷心感谢苏国樑老师的帮助,为我顺利办好入学手续。

当时的顺德青云儿童教养院院址并不在沦陷区的顺德县,而是在自由区的广宁县,日本侵略军在相关的地方设立封锁线,禁止人们自由来往,我们是在苏国樑老师的严密组织下深夜从顺德县的勒流坐船偷渡到鹤山县的沙坪镇的。过了封锁线也无车可搭,必须靠走路,走了几天才能到达目的地,其间我的个子不是最小,但是因为是久病初愈,且长期没有饱饭吃,变成走得最慢的学生,因而被负责督促的同学打了两鞭,迫得拼命赶上队伍,终于如期到达目的地。

在顺德青云儿童教养院当时令我最高兴的一件事就是每餐都有可以吃

饱的白米饭,虽然平常拌饭的只有咸菜和青菜而不会有鱼肉。

(二)在儿教院的生活和学习

安顿好以后,自报编班入学时,由于下学期已过了一半,且我已失学 3 年,很多东西都忘记了,再有上课时总是不专心,所以不敢报读三年级而只能读二年级。读了半个学期后,升上了三年级,才重新过着正常的生活。

在重新上学的第一天开始,我就察觉到自己最大的缺点是体质不如人,而学校对我们的要求是"三化"——组织军事化、生活集体化、行动战斗化。我对自己的要求首先是增强体质。当时学校规定:早上的起床与晚上睡觉均以吹号为准。所以每天上午在起床号吹响以前我便起床,在学校的七七运动场上开始跑步。跑了几圈,起床号吹响以后才去洗脸。几个月后,体质有明显地增强。三年级上学期开始,学习成绩有了明显地提高。三年级下学期我被选为副班长,按"三统一体制"——课室里的副班长在运动场上是副中队长,在宿舍内是副舍长。

当时学校很重视体罚。有一天有个叫叶添的同学犯了个错误,全校同学集合在七七运动场上对他进行体罚。一般是由值日的老师动手打他。但那天值日的赵继祖老师出了个新主意,由同学中的正副中队长动手,每人打他两鞭。动手前先由正副中队长出列组成一个两人的纵队。正中队长一队,副中队长是另一队。排队的前后不是以个子的高低而是以年级的高低为顺序。打人顺序最先的是六年级的正中队长,然后是副中队长,最后轮到的自然是一年级的正副中队长。当我打完叶同学两鞭后欲回到该临时队伍时,被赵老师制止,要我停留在原地,然后大声高喊,叫同学们注意体罚要认真,不能马虎。现在他要在全校同学面前做个榜样,要大家都集中精神看着他。于是我想看他怎样打叶同学,怎料他那用力的两鞭打在我的双腿上,说这样才称得上认真。此事让我终身不忘,此后做事都尽力做到认真。

由于学校情况特殊,没有寒暑两假,也没有星期天休息,而是天天都在上课,所以教学进度较快。故在1945年暑期全校进行了一次弹升考试,成绩特别好的同学不是升级而是跳级。我们三年级获准跳上五年级而无须读四年级的共有六位同学。第一名的是我们班的正班长陈福锐,第三名就是我。

1945年抗战胜利后,顺德县和全国沦陷区一样都得到了光复,大约在1946年初顺德青云儿教院就进行迁校活动,把校址从广宁县迁回顺德县陈村的肯构堂。青云中学曾一度改名"岩野学园",当时的教导主任何觉夫(笔名何蒙夫)曾著有《岩野学园志》。

与此同时,学校进行了重大改革。首先是收费方面,从原来全部都是公费生改为少部分保留在公费名额内,条件是学习成绩较好而家境又较清贫的学生,其余学生改为自费。按规定交费以后,可保留学籍继续学习。若改为自费后没有按规定缴费用的,将被取消学籍。以后入学的学生全部都是自费生。

我一直都是公费生,弹升后为了追赶功课,小学五年级和六年级我一直没有当学生干部,也没有干课外工作。初中一、二年级的时候,连续两年参加了青云话剧团,成为主角,并参加课外演出。在1949年升上初中三年级时,我被选为学校的学生会会长。当年的10月14日广州解放,11月上旬解放军进驻陈村。不出老师所料,有一位解放军找我谈话,他知道我不会说普通话,就把他的意见写在纸上给我看。我看后也把我的意见写在纸上进行交流,他的态度很好,让我十分敬佩。可惜我要按照母亲的原定计划,11月下旬我就要中途停学,12月上旬到香港做工。

日本投降后不久,母亲又到香港做工,收入除本身的生活开支外,还得汇款回顺德以支付我弟的生活费。虽然她无须为我花钱,但几年来她的2位亲哥哥和 2 位亲妹妹都先后离开顺德县,这就出现一个新问题:她的母亲和我的弟弟,这一老一少都需要有人照顾。经他们五兄弟姊妹商量,决定由她从香港回乡照顾 2 人,由我到香港做工以补充他们可能供应的不足。

(三)在香港做工

我在香港做工从 1949 年 12 月到 1953 年 3 月。这三年多我做的工作只有一种,就是中式旅店的侍应工作。地点是市中心的干诺道中 118 号人和旅店。该店共有 4 层,楼下第一层是办公室与招待处,其余 3 层是客房。每居各有大小客房共 10 个,每层各有侍应 2 人。侍应的工作除了开房退房手续外,就是招待及搞清洁工作。一年 365 天,每天都要工作,从来没有休息日。每天只睡觉 6 小时,睡觉地点都是职工床位,不能回家。所以 6 个侍应全是男性的未婚青年。每年春节,每人只放半天假,以利职工外出拜年。每天除了睡觉和吃饭的时间外,其余时间全是工作时间,外出理发也得请假。老板雇有厨工为职工煮饭,每人每日提供午晚两餐,每人两餐的菜金合计是港币 1 元。职工吃早餐要自掏腰包,每个全麦面包要 2 角港币。旅店本身不向职工提供工作服,连洗烫工作服要付的钱,都由职工自行支付。当时的正式工资是每月 14 元港币,连小费在内,每人每月的收入大约是港币 100 元,大概与普通工人相当。不同的是普通工人每周工作 6 天,每天工作 8 小时,而我们每周工作 7 天,每天工作 16 小时,即一般工人每周做工 48 小时,而我们每周做工 112 小时,当时我们是名副其实的"奴隶"。

由于那是新中国成立初期,很多人跑到香港求职,造成供过于求,真是一职难求。致使资方为所欲为,对看不顺眼的职工,随时可以解雇而不支付遣散费。在这几年内,我的收入中除每月汇少部分给母亲外,很少用钱,尽可能储备下来以防不时之需。

由于没有安全感,所以很想加入工会。后来经一位名叫罗衍基的青云同学介绍我加入"洋务工会"的组织。在参加活动中我被告知,在一般情况下老板解雇工人都必须发遣散费。过了一段时期我就先后介绍了2位同事加入该工会。当我的个性变得比较活跃时,没有留意到老板对我的注意,他知道我加入了进步工会且介绍了同事加入该工会后,引起了他的恐惧与愤怒。有一天突然召集3个职工,宣布实行解雇,借口是生意不好。这3个人中,一个是我,另一个是我首先介绍他加入工会的同事,还有一个是平日比较散漫的同事。迟一点加入的那一位同事可能因没有被发现而没有被解雇。

老板宣告解雇我们时,没有给我们该有的遣散费。我们约定第二天同一时间到政府有关部门去控告他。政府经办人接受我们的投诉后,定下一个日期与时间劳资双方一起在该办公室会面,并通知资方携带我们3人的遣散费,当面交给我们。当我们从老板处取得遣散费时,再也看不到他平日那种骄横的表情了,我们知道这是他有生以来第一次发放遣散费给被解雇的员工。

当时在香港失业后再找工作很困难,而我和青云同学的信件联系中知道广州的一些近况,广州的职业学校在招生,报考者要有初中毕业的证明,或者是同等学历的证明。于是4月份申请从香港回到广州,入了广州市的户籍,寄住在第九姨妈的家里,生活费用自付。

当我回到青云中学办理我的学历证明时,刚好是青云中学1949届毕业而留校在教导处工作的吴泰显学兄接待我。他最了解我的情况,如实证明我在1949年11月读到初中三年级上学期,因没有参加学期末的考试而没有成绩表,所以只附上初中二年级的成绩表。由于成绩较好,所以当时的广州市招生委员会接受了我的报名。

最重要的是能否考上。我读初三上学期只读了一半,只有全年课程的四分之一，而且已离开学校 3 年多，而这段时间我根本没有看过课本。快要参加统一考试了，于是我先参加了广州市的中山图书馆的读者会，认识了一些与我有类似情况的人。他们告诉我哪里有补习学校，哪些补习班比较好、费用多少。幸好我早有积蓄，经济不成问题。于是我拼命学习，考上了当时的广州师范学校。

在这段时间里，外婆转到排行第九的女儿处，在广州市居住。1952 年土改期间，母亲在顺德县虽被评为工人阶级，但因她做工的工厂是生产"元宝"的，在反对封建迷信的情况下却少有开工的机会，于是转回南海县沙头乡务农。

（四）在广州师范学校学习后的工作情况

要改变国内长期的战乱而导致的落后情况，发展教育事业是个关键。我这个未来的老师，应以周之贞院长为榜样，严格要求自己，成为一个合格的老师。在 3 个学年内，我一直努力学习，积极锻炼身体，所以健康状况和学习成绩都好。

1956 年我毕业于广州师范学校。按原计划我们都应该分配到市属小学任教师工作。但当年全国大发展，教育事业也一样。广州市新建的中学约有 10 所，需要新教师很多，而当年的大学毕业生数量不足，要从普通师范学校抽调一些成绩较好的毕业生前往任教，我就是这样被调到市属中学任教的。自我派去工作后，就把母亲和弟弟的户籍迁到广州市。

1960 年初，我与广州市教育学院的同班同学肖启芳结婚，分别在 1960 年与 1963 年生下 2 个女儿。

在 30 多年的教师经历中，从初中一年级到高中毕业班各个年级都教过。因坚持业余进修，故取得广州市教育学院的大专毕业证。因努力工作，受到过各种表扬与奖励。在历次调整工资时我都榜上有名,尽管每一次都在不同的学校。

(五)移民美国的原因与实况

20 世纪 70 年代与 80 年代,中国的经济状况很差。年轻人往往很难找工作,而是先去农村。美国的亲人回国探访我们时,大都建议我们为了下一代的未来,移民到美国。经过好几年的考虑,在 1980 年才提出移民申请,1987年我们夫妻两人才获得批准出行。由于 2 个女儿都已因超龄而不能与我一起移民来美,而要由我来美后,领到了绿卡,再由我们为她们办理移民申请,结果她们 2 年多以后才能来到美国。

我们夫妻俩迟来美国的唯一好处是, 先在国内办好了提前退体的手续然后起程来美。当然提前领取退休金比按时领取退休金,其数目略少,但至今退休金已领取 30 多年了。

肖启芳到美国后,一直在华人为资方的制衣厂做工,做到退休,领取的是最低工资。她当年是尽可能增加工时,拼命干活。

1987 年我在一间华人为资方的中餐馆里做厨工, 业余时间拼命学习英语。1988 年 1 月考入一所以英语授课的西餐厨工学校学习。半年后,由学校介绍我到一间高级西餐厅里做厨工。其中只有我一个华人,工资是最低工资的 2 倍,但工时不定,生意旺时会增加工时,生意不好时会提前下班。1994 年回到旧金山参加了本地的二号工会,在一间五星级酒店做长工,工资接近原来高级餐厅的 2 倍,但每天的工时只有 6 小时。我又参加了宴会侍应的学习班,经考试合格并获得证书。而我原来已有厨工的证书,我在工会的两个表格上都有名字,可以在所有的五星级酒店内做相关的临时职务。旺季时很多时候一个月做工 29 天。

1996 年 1 月，我就到政府的相关部门办理了退休手续，该在 65 岁准时退休。办了手续才发现大问题，因为我在美国做工时间太短，只有 10 年，每月的退休金只有 285 美元。而当时旧金山的贫困线是 600 美元。对此，当事人有两种选择：一是准时退休，尚差的 315 美元，向政府申请补助。在一般的情况下，都会获得批准，跟着还有很多福利，比如可以入住公屋，每月退休金的 1/3（即 200 美元）作为租金，另发给医疗卡（白卡），看病无须交诊金、吃药无须交药费……二是继续做工，做工的收入要缴税，退休金也要按规定缴税，医疗费用资方负责，夫妻双方如有一人是工会会员，则资方要负担两人的医疗费用。

后来据我所知，大部分人的选择是准时退休。但我的选择是继续做工，因为我身体健康可以继续做工，我当时的想法是做几年再看情况，没想到一直做到 85 岁才真正退休。

退休后并没有闲着，因年过 80 的老伴，身体每况愈下，日益需要人照顾。而家里的 3 个中年人（2 个女儿，1 个女婿）全都很忙，全都是本地二号工会五星级酒店的工人，主要照顾她的责任就落在我身上，她在今年的 6 月 24日安详去世。

我对两个女儿的教育集中于 5 点——健康、自立、勤俭、搞好人际关系、学好英文。英文学不好，在美国很难自立，而且上班全部要讲英文。

（六）与青云儿教院同学的联系

我来美国后，只与在美国的两位青云同学联系过，一位是张泽彭，他是青云中学第一届（1948 年）的毕业生，住在加州洛杉矶市，见过 2 次面，曾互请吃过饭，主要是电话联系。但最近 2 年电话联系不上了，可能已经过世。另一位是赵宝娥，他的父亲是赵百则，是青云儿教院早期的教导主任，后期青云中学的校长。在美国和她只通过电话，从未见过面，她曾来过旧金山，但那时我刚好回到了中国。

在加拿大的青云老同学有罗裕明、罗衍基、罗旋广、罗庆沃和何伦炯。除何伦炯曾来旧金山见过之外，其他的只通过电话。罗旋广已去世，罗裕明听觉有问题，罗庆沃多讲几句话都不行了，唯有罗衍基和何伦炯较好。

香港的同学主要是周瑞洪、陈福锐，现在只有电话联系了。

广州的同学我每次回去都请他们吃饭，2017、2018 年两次回去都如此。2017 年开了一席，2018 年两席，每次见面都能欢聚。

青云后辈篇

一、周欣欣

周之贞孙女

访谈时间：2019 年 6 月 29 日

访谈地点：顺德北滘

　　从爸爸那里得到的印象，爷爷很严格。我爸爸执教，学生对他的印象都是很严格。但是他有很多学生很尊敬他。我印象最深刻是，我爸爸过世很突然。他正在上课，星期五他还在上课，第二天就过世了。好多他的学生都参加了他的葬礼，并且在报纸上撰文表达对我爸爸尊敬的心。这是我们意料之外的。这令我好感动。我不知道是不是他从我爷爷那里继承了严厉的教育作风和性格呢？

　　儿教院的这些老同学做了大量的工作，包括做画册和杂志，都送给了我们。我们也会拿这些资料给那些了解我们家族背景的朋友、同学看，他们也都很欣赏。我们也是通过几次和他们（儿教院老同学）的接触才了解到原来我们的爷爷是这样的一个人,也了解到我爷爷在这方面的工作。我衷心地感谢他们,也很感动。

我对他们缅怀我爷爷做了那么多的事情感到很感动,我很欣赏他们对我爷爷感恩的情怀。

二、周佩欣

周之贞孙女

访谈时间:2019 年 6 月 29 日

访谈地点:顺德北滘

　　爸爸很小就在香港读书了。好像他们是广东、香港两边走的。爸爸是岭南小学、岭南中学、岭南大学一路读书上来的。我记得岭南小学的校址是在香港。爷爷有 3 个儿子,但唯一一个养大的就是我爸爸。我爸爸就只有我们两姊妹,我们两姊妹都没有结婚,所以我们也都没有儿女。

　　听姐姐说,父母是分开的。每次见到爸爸,都是为我补习功课。爸爸常常督促我读书,找他的同事来给我补习功课。我们对爸爸的了解很少,我们当时关系就建立在他督促我读书之上。我出生的时候爷爷已经过世了,我爸爸几乎很少提起我爷爷。小时候见到我爸爸的时间,大都关心的是我的学业,都是因为我的读书问题(笑),所以很少讲爷爷的。

　　爷爷葬在香港,我们每年都有祭拜,但不会很大规模。现在爷爷的后人只有我和姐姐 2 个人,我们都是基督徒,所以我们每年都很简单地祭拜,不会烧香和带烧猪这些。

　　以前我对我的爷爷周之贞先生是完全没有印象的。极少听到我爷爷的情况,我有一个姑姐,反而她常常提起小时候在乡下生活的事情,有时会提到我爷爷。

我们一直都没有机会回北滘乡下,直到1990—1991年,我爷爷妹妹的家人即将移民加拿大,她希望她的儿子——也就是我的表弟——能够回一回乡下。她们是北滘林头人,我们就跟着去了林头乡下看了一下,然后就来北滘这边。再隔几年,我们的表哥,他说乡下这边有人有兴趣要见我们,于是联络了我香港的表姐,我们就回来了。经过我表侄陈伟雄先生跟我们的联络,我们顺利回来。这才有机会和爷爷的一些老学生和乡亲见面,听他们讲了很多爷爷的故事,也有一些他们和青云中学出的书籍。有一次学校也很热情,请我们回去参观陈村那所青云中学。就这样才开始对爷爷的事情有所认识。

记忆中跟爷爷有关的,回来过两次。一次是去青云中学参观,一次就是这座纪念馆建好之后。每一次回来都有不同的感受。最初几次回来的时候,这座纪念馆还没有建好。这座纪念馆建好之后我们又回来过一次。

我觉得这个学校好有规模,印象中在香港好像没有这么大规模的中学。我觉得大开眼界,也好感动。其实现在老师校长教书跟我爷爷是没有关系的,这些已经成为历史,但他们都好热心,好热情。

对他(周之贞)个人的印象没有办法组合出来。只是知道有这一班学生这么热心,为纪念他花了这么多时间、这么多精力和金钱,四处奔跑,做了这么多事情,做到这样的纪念馆。学校又用回青云中学的名字,样样都是不容易。我想他有一定的魅力,可以这样影响到这一班学生。我觉得他们很感谢我爷爷才做了这么多的事情。他的学生感受到,觉得他在战争期间提供避难所给他们,锻炼他们的人格、体格,接受教育,并且这个教育对他们日后的发展都起到了很重要的作用,很有价值,对他们的人生很有影响。所以他们才会团结一心,大家一起来做这件事情。

我们当然也很希望去四会佛仔堂当年爷爷办学校的地方去看,但我知道我们如果要去的话会惊动很多人,比如这一次回来就要辛苦我们的表侄来接我们,要麻烦他,要他带出带入,我们很过意不去。所以我们就顺其自然了,不要太麻烦大家。

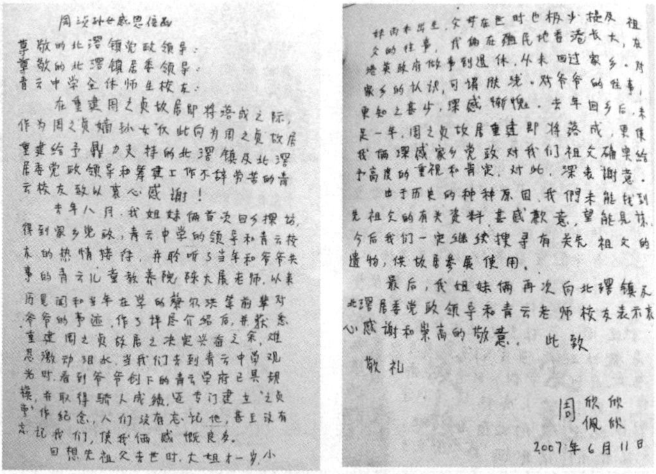

周氏孙女感恩信函

尊敬的北滘镇党政领导:
尊敬的北滘镇居委领导:
青云中学全体师生校友:

在重建周之贞故居即将落成之际,作为周之贞嫡孙女,仅此向为周之贞故居重建给予鼎力支持的北滘镇及北滘居委党政领导和筹建工作不辞劳苦的青云校友致以衷心感谢!

去年八月,我姐妹俩首次回乡探访,得到家乡党政,青云中学的领导和青云校友的热情接待,并聆听了当年和爷爷共事的青云儿童教养院陈大展老师,以亲历见闻和当年在学的蔡尔洪等前辈对爷爷的事迹,作了详尽介绍后,并获悉重建周之贞故居之决定兴奋之余,难忍激动泪水。当我们去到青云中学观光时,看到爷爷创下的青云学府已具规模,并取得骄人成绩,还专门建立"之贞亭"作纪念,人们没有忘记他,甚至没有忘记我们,使我俩感慨良多。

回想先祖父去世时,大姐才一岁,小妹尚未出生,父母在世时也极少提及祖父的往事,我俩在殖民地香港长大,在港英政府做事到退休,从未回过家乡。对家乡的认识,可谓肤浅。对爷爷的往事,更知之甚少,深感惭愧。去年回乡后,未足一年,周之贞故居重建即将落成,更使我俩深感家乡党政对我们祖父确实给予高度的重视和肯定,对此,深表谢意。

由于历史的种种原因,我们未能找到先祖父的有关资料,甚感歉意,望能见谅。今后我们一定继续搜寻有关先祖父的遗物,供故居参展使用。

最后,我姐妹俩再次向北滘镇及北滘居委党政领导和青云老师校友表示衷心感谢和崇高的敬意。　此致

敬礼

周 欣欣
　 佩欣
2007年6月11日

图22　周之贞两位孙女的感恩信函

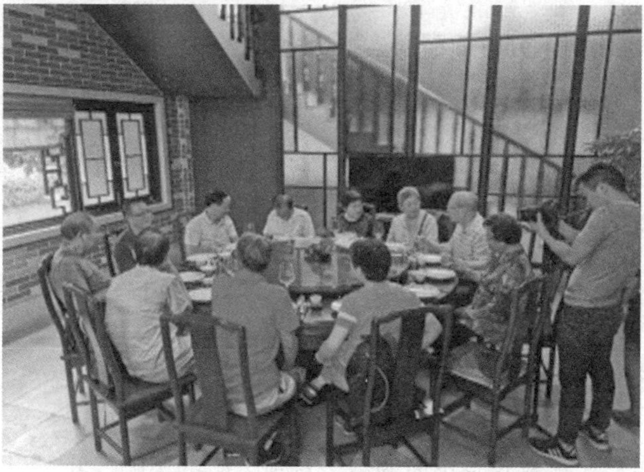

图23　2019年6月29日在周之贞的两位孙女应邀返乡接受访问并与儿教院学员及后人、乡亲等欢聚一堂

三、周培文

儿教院学员周均权之子

访谈时间：2018 年 1 月 14 日

访谈地点：顺德北滘周之贞纪念馆

　　我记得我看过青云校友会编的一些资料，里面对当时儿童教养院的办学宗旨有所阐述。印象比较深刻的是儿教院当时是要培养几类人才出来：一个是做老师和校长的人才；一个是做下面基层管理的，也是现在叫村居和乡下的一些村长；甚至也培养了一些军官和县长。后来听他们这群同学说，几十年过去了，也出现了方方面面的人才，在对社会做出应有的贡献。所以他们这个办学的理念目前来说还是非常值得推崇：一定要培养出有担当，有奉献和对社会真的做出积极贡献的人来，作为社会栋梁。我觉得办学宗旨是不错的。更难能可贵的是，当时国家正在受到战乱，在经济、环境甚至生命都不能得到保障的时候，有这样立志去创立当时的"青云儿童教养院"，实属不容易。

(一)儿教院的经历塑造了父亲的人生观

　　我父亲在儿童教养院里面的经历对他人生的影响，我可以大概总结归纳为三方面。

图24　周培文在周之贞纪念馆向顺德本土的公益青年
讲述周之贞的公益教育和儿教院的历史

第一个方面就是重视教育。因为有了周之贞的资助,他才能有自身发展以及后来的事业家庭一连串好的日子,所以他是非常感恩并且受到启发。后来对于我们三兄弟的教育一直都要求很高,很重视。最重要也很欣慰的是,我们3兄弟的3个儿女都出国留学回来了。我觉得这些都是周之贞在儿童教养院对他的教育所带来的一种必然的影响和结果。

第二个方面就是进入社会之后有担当。他们具备社会责任感,也有对家乡建设的奉献精神,还有就是奉公守法。我听我父亲和他身边的同学说,他们儿童教养院培养出来的几百个学生,后期都成了对社会发展有贡献的人,有做过普通的农民、工人、学者甚至有做过校长的,还有做到公务员、县长的。他们好像没有一个同学去做一些对社会不好的事情。我父亲在这一方面也做了很好的表率。我母亲也讲道,"我3个儿子都做好本分,奉公守法"。这就是第二个影响。

第三个方面就是通过那一段艰苦的历程,造就了这一群同学在感情上的依归,这些感情上的依归一直陪伴他们走完人生最后的日子。我记得我父

203

亲临过世的前几年很辛苦,但是那群同学会定时上门来鼓励他,约他出来喝茶,还有无时无刻都会打电话过来问候他。我觉得这一群同学的友情一直陪伴他终生。这三个方面对他日后的影响很大。

我感觉他经历的这一段历史,对一个人的人生来说是一个很好的榜样,或者是受到一种好的价值观的传承。我曾经在我同学会里面对我的同学讲过,其实人生有两段感情是可以陪伴终生的:一个是战友,一个是同学。同学的感情和情怀陪伴终生,这在父亲身上体现得最深。我觉得刚刚所说的有些经历,是因为他们互相关怀、互相扶持、互相帮助,也激励了人生走得更远,所以也是非常地受用。

我曾经总结过父亲的人生价值观。他一生给我们最大的价值观有四个方面。

第一个就是有担当、有责任心。那具体表现在哪里呢？就是你自己能够做到的事情,一定要尽量去做不要去麻烦别人。他就代表了担当。

第二个就是家乡情怀。就像我母亲刚刚所说的,在广州读完电力技术学校,毕了业后他应该去茂名,这个石油城市开始建成的时候,他是第一批过去的电力技术工人,本来是在一个城市里面工作的。后期遇到当时的县长知道他是顺德人,北滘的,所以叫他回来支持家乡建设。他就一路走过来,从茂名回到佛山,再回到顺德,最后回到了北滘自己的故乡,将他的一生奉献给北滘的供电事业。所以当时父亲回来之后,北滘才有第一盏电灯。在这个过程中,整个社会和社会建设,电力方面是非常落后的。从防洪排涝的排灌站到普通工厂里面电器的装置、供电的设备和电力系统,全部都是父亲带出一群徒弟慢慢做,做了几十年才有了北滘现在这样的电力和供电系统,支持家乡发展到现在。所以我觉得他们对家乡的情怀很深,只要家乡有需要、有召唤他们就回来了,这就是他的奉献精神。

第三就是很热心帮助别人，特别是在教育方面的帮助，很重视教育。只要教育上有什么需要的事情，他们都会去帮助别人。

第四就是他们在儿童教养院的经历我觉得很好。这一段经历，可以启示后人，应该加以传播和传承。他们为了周之贞的故居和纪念馆前前后后足足花了有 20 年的时间，今天才为世人所见。而这个过程也经历了许多的艰辛，为了筹备经费，他们到政府部门争取协助和支持。听说有同学甚至将自己的房子都卖了。他们这样的无私奉献和执着的情怀也是他们的优点。

（你说到你父亲对家乡的情怀，你觉得这一点对你有什么影响呢？）

任何一个想去奉献社会的有志之士，通常都会先把自己身边的事做好，参与到家乡的建设，去做公益的事。对于在这个社会上一切都是要从自己做起，他们的行为准则对我有影响。

（二）父辈历史的承传与记忆

据我所知，离周之贞和儿教院历史更近的是周贯煊。他的爷爷周少岩和周之贞是同宗兄弟，他们以前的祖屋和周之贞的祖屋在同一条巷子里，紧挨着。周少岩以前是学医的，曾经在上海行过医，在上海和周之贞有很多生意和事业上的合作，是周之贞革命事业的搭档。周贯煊的父亲周澄海也是儿教院的学员，周之贞过世的时候他参与过他的丧事和扶灵。到了后期（周澄海）就开始支持祖国建设，所以他从香港回来就一直做老师，做校长，在北滘做了很多任校长。周澄海跟我父亲的关系好得不得了，因为有在儿童教养院的共同经历，那更有就是从香港回来北滘之后的很多事情。我和周贯煊应该是同年，差不多都是这么大，我读书的时候，很多时候都在他家里，我们好的就像两兄弟，像一家人一样。

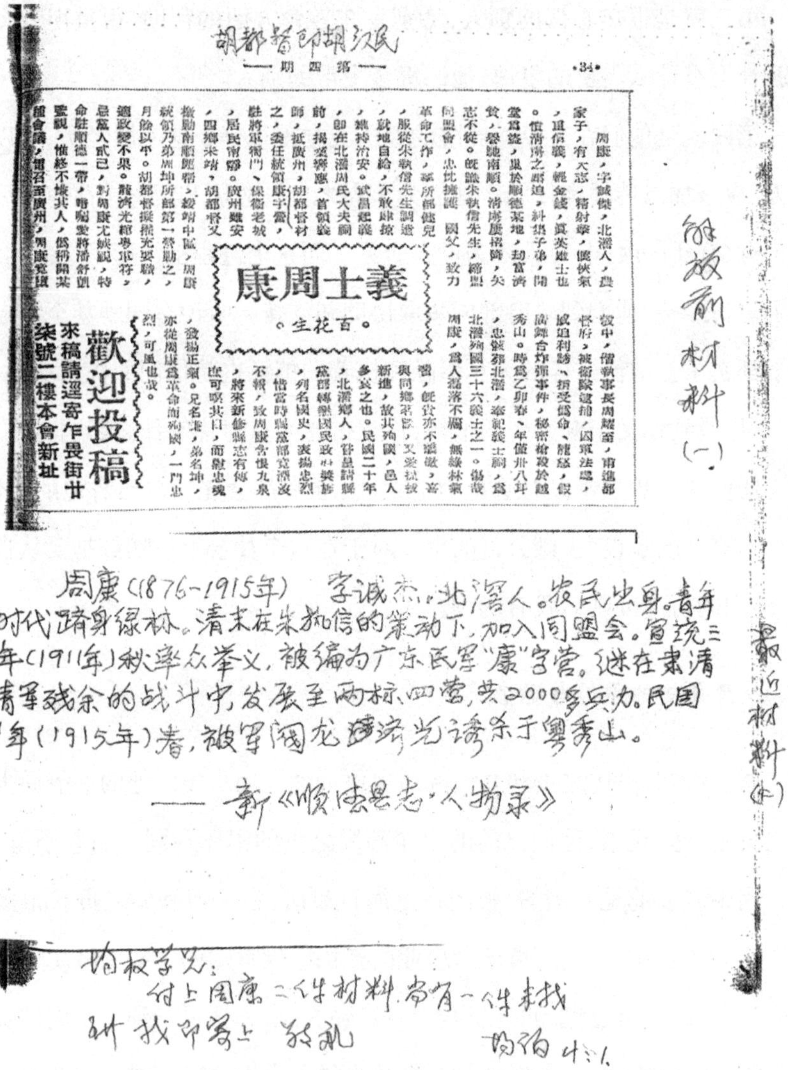

胡都督即胡汉民

——第四期—— ·34·

義士周康

百花生

周康，字誠傑，北滘人，農家子，有大志，精射擊，具俠氣，重信義，輕金錢，眞英雄士也。恨清席之壓迫，糾集子弟，聞黨爲盜，巢於順德某地，劫富濟貧，譽馳南順。清席屢招降，矢志不從。旣識朱執信先生，締盟同盟會，忠忱擁護 國父，致力革命工作，爲所部健兒，服從朱執信先生調遣，就地自給，不敢騷擾，維持治安。武昌起義，即在北滘周氏大夫祠前，揭竿響應，首領義師，抵廣州，胡都督材之，委任統領康字營，駐將軍衙門、保衛老城，居民賴之。廣州難安，四鄉未靖，胡都督又檄勵南順匪幫，綏靖中區，周康統領乃弟周坤所部第一營助之，月餘以平。胡都督擬擢充要職，適政變不果。龍濟光都專軍符，忌黨人貳己，對周康尤嫉視，特命駐順德一帶，暗囑裝將潘舒凱監視，惟終不懷其人，僞稱開某軍會議，誘召至廣州，周康竟因散中，僧執事長周耀西，南進都督府，被衛除逮捕，因軍法處，威迫利誘，拒受僞命，龍怒，假廣舞台炸彈事件，秘密槍殺於越秀山。時爲乙卯春，年僅卅八耳，忠骸葬北滘，奉祀義士祠，爲北滘殉國三十六義士之一。傷哉周康，爲人磊落不羈，無綠林氣習，旣貧亦不驕傲，喜與同鄉若欧，文愛拔新進，故其殉國，邑人多哀之也。民國二十年，北滘鄉人，普呈請縣黨部轉縣國民政府獎勵，列名國史，表揚忠烈，惜當時縣黨部竟漂沒不報，致周康含恨九泉，將來新修縣志有傳，庶可瞑其目，而慰忠魂，發揚正氣。兄名進，弟名坤，亦從周康爲革命而殉國，一門忠烈，可風也哉。

歡迎投稿

來稿請逕寄乍畏街廿柒號二樓本會新址

解放前材料(一)

最近材料(二)

周康(1876-1915年) 字诚杰。北滘人。农民出身。青年时代踏身绿林。清末在朱执信的策动下，加入同盟会。宣统三年(1911年)秋率众举义，被编为广东民军"康"字营。继在肃清清军残余的战斗中发展至两标、四营，共2000多兵力。民国4年(1915年)春，被军阀龙济光诱杀于粤秀山。

——新《顺德县志·人物录》

均权学兄：

付上周康二件材料，尚有一件未找到，找到即寄上。敬礼

均伯 4.1

图 25　周培文父亲周均权与同学吴均伯就周之贞纪念馆事宜的通信

四、吴少隆

儿教院学员吴均伯(吴范夫)之子

访谈时间:2018 年 1 月 14 日

访谈地点:番禺紫泥堂

　　吴均伯是当年儿教院学员中非常重要的成员。之所以这样说,是因为他在儿教院时已经颇为出众,在同学中有一定的威望。后来儿教院回迁之后,他进入青云中学读书,并担任当时校报的编辑。由于个人爱好,他保留了大量的青云儿教院和青云中学相关的史料,在青云同学办杂志、建周之贞纪念馆的过程中,大部分的资料都是来源于吴均伯的收藏与整理。由于他勤于钻研学问、收集历史资料,被儿教院的同学们戏称为青云"翰林院编修"。

　　我们在采访的过程中听许多老人提到他的名字,但没有人有他最近的消息。陈村青云中学的陶主任辗转找到几年前去接吴均伯到校参加校庆活动时留下的大概地址。我带着一种执迷,想要找到这位老人。于是在一个阴雨绵绵的寒冷冬日,在朋友的陪同之下,来到顺德勒流,试图在茫茫人海中找到他。

　　我们拿着吴均伯老人家的地址,找到了他家附近,但地址太模糊,

青云志

几乎找不到具体的门牌号。于是到街道和派出所询问，被告知我们去居委会找。于是找到了居委会，报上老人的名字："吴均伯"，没有人知道，居委会也查无其人。正当要放弃的时候，突然想起来看文献的时候见到老人还有另一个名字，"吴范夫"。这个名字一报出来，整个居委会的办公室都炸锅了：原来他是当地非常有名望的老师、校长，教过许多学生。

居委会的干部告诉我们，老人已经去世了，给了我老人长子的电话，他是勒流镇的干部。电话打过去，对方说因为长期不跟老人住在一起，许多细节不清楚，但他最小的弟弟常年和父亲住在一起，父亲的许多事情是弟弟打理的，让我们联系吴少隆。于是我们马上联系吴少隆，在一次登门拜访之后，便有了下面的交谈。

我父亲的祖籍其实是勒流的江义村（音）。他原来的名字就叫吴均伯，后来出来工作之后，身份证上写的是吴范夫。所有的学生、同事都只知道他叫吴范夫。现在只有上了年纪的人，起码七八十岁的人才知道他原来的名字。

我记得他是1927年（民国十六年）出生，好像是三月初八的生日。从我有印象开始，他就是做老师，一直做到退休。他刚开始出来工作是做老师，大概是在龙江小学、麦朗小学，然后到勒流的众涌小学，到最后又被调去勒流中学，在那里一直教书直到他退休。在他教书的过程之中，他做过我的高中班主任。他刚好教完我们这届就退休了，好像有41年的教龄。

（一）青云历史物件的收藏者

其实我父亲不仅仅是对青云资料的收集有一种特殊的兴趣……收集青云的资料是因为毕竟是他的学校，其次和他本身对学术研究的兴趣有关。他不只收集青云的东西，还很积极地收集有关本土文化一些历史的资料。包括

图 26　吴范夫收藏之周之贞为校园刊物题字(吴少隆提供,翻拍于 2018 年 1 月 14 日)

以前顺德县要编志的时候其实大部分的资料都是他提供的,还有龙江的乡志等。其实这是他的一种习惯,我觉得他对一些历史文献的收集是很用心地。正好收集这一类的文献也正好是他的学校。如果回想起来也是很理所当然的。他收集这些资料对于串联整个青云学校的一些历史,其实也有很大的帮助。所以他才会在建纪念馆的时候,能够提供一套相对完整的资料,这就和他平时一些小习惯有关系。

图 27　吴范夫收藏之儿教院时期的画作(吴少隆提供,摄于 2018 年 1 月 14 日)

青 云 志

因为本身他是偏好美术的,他自己也喜欢画画、写字,所以当时他说,就那些老师包括周院长搞一个校画报的时候,就叫他做美术方面的小编辑。那比如要做一个版头,周院长就提字。按照现在假如我在学校,校长提完的版报字用完也就算了。但是他就是很有心地收集起来,所以大家今天才能看得到。

(二)启蒙老师廖平子带父亲到儿教院

印象中听父亲讲过,当初去青云儿教院的时候,其实是由于当时的家境很艰难,如果他不去就养不活他了。但当时促成他去的最主要的人就是廖平子。因为他是廖平子的学生,廖平子是他的启蒙老师,他是跟廖平子学习的。

当时我奶奶还在世,但他的父亲就是我爷爷在我父亲很小的时候,在一次从缅甸回来的途中溺水而亡。所以他很小的时候就没了父亲。

(他有没有兄弟姐妹?)

有兄弟姐妹的,他最大。下面还有3个妹妹,有1个弟弟,等于就是5兄妹。一个妈妈带着5个就很困难的。所以到新中国成立后我们才知道原来还有那么多姑姐,因为当时就只留下来了2个儿子。那时候封建的思想就说留下儿子,女儿全部送出去。其实当时家里要派去青云学校第一个选择不是我父亲,是我父亲的弟弟,但是我父亲的弟弟呢,偷渡去了香港。所以家里只剩下他,就送他去青云学校。

首先他当时想去的第一个想法,思想就很纯粹,有的吃、有的住。但是去了之后,他们这群同学对于知识的渴求有一些改变。处于动乱的社会里,所以他们都很刻苦地学习,我认为这也都磨炼了他们这群学生共有的一种世界观。这是我们现在很难体会的到的。

（三）谨记老师教诲，"毋忘在宁之刻苦"

我爸爸在 2016 年去世，临终前也留下几件比较重要的物件。主要是比较用心保留一些图片。其中可能包括有个老师画的他们当时一边学一边农耕的情况，当然这些是忆写，但是都可以表现当时一些情景。另外就是他一个同学回忆整个青云学校在四会佛仔堂的环境（注：欧阳学翘的儿教院写生画），还有就是一些老师对学生勉励的语言。令我印象最深的是，他的老师写给他的"毋忘在宁之刻苦"这句话。因为父亲经常提，每当讲到青云学校的一些历史，都会提这几个字。而且几个字贯穿了他的一生。从我有记忆开始也贯穿了我对父亲的理解。因为到后期其实经济条件

图 28　陈器范赠予吴范夫之"**毋忘在宁之刻苦**"字画（吴少隆收藏）

一直在改变、在提升，但他朴素的特质是一直没有改变的。

里面还有一个小插曲，就是他当时在青云学校做学生时候用过的物品，有件他自己盖过的小毛毯，其实已经破烂不堪，但是很干净。这么多年直到他去世，他都没有扔，一直放在枕头旁边。我作为他的儿子，我的理解就是，这件毛毯就是一种情怀，是对青云的一种寄托，也是对青云的一种精神见证，配合到他自己说的那句话"毋忘在宁之刻苦"，其实他一直都在用这一件毛毯，提醒他自己以前在佛仔堂的艰苦。所以这也是他为什么一生能够保持

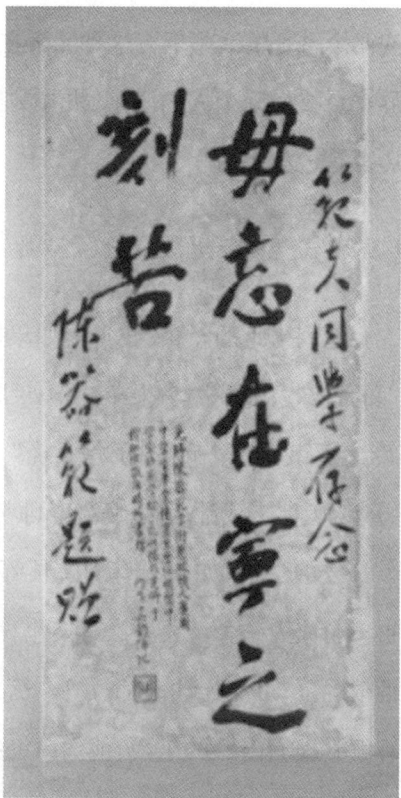

这种艰苦朴素的人生风格。我觉得这些物件对他的生活,有一个很大的警醒作用。而且会影响到我们这一代。我们虽然自己经济条件都好了,但是我和我两个哥哥生活中都有这种元素在,艰苦朴素的生活,不会乱来。我觉得,世界观会改变一个人的一生,贯穿父亲人生的这几个字,还有他在佛仔堂的经历都是很重要的。

(四)佛仔堂的经历,改变了父亲的一生,也影响了我

他们当时的教育,我觉得如果用我们现代人的眼光去看,是一个特殊时期的特殊教育。因为很多同学如果不是遇到了战争年代,可能都是在读私塾,就是我爸爸以前说的"卜卜斋"。其实包括我爸爸在江义的时候有一个私塾老师。但是战乱之后,私塾老师都走了,自己就没得读了。这一群能够进青云学校的学生,如果没有周院长筹办这个学校,这一群人很多会成为孤儿。很多会成为一个长大后没有文化、没有知识的人。而且在战争年代颠沛流离的情况下,可能连性命都没有。后来我们知道有这些历史的时候,我自己也理解到他们内心的东西,他们已经把学校不看作是一个学校,而是一个很大的家庭。这一群同学其实不是同学,而是一群兄弟手足。所以从筹办开始一直长途跋涉去四会躲避烽火,我觉得这段过程会使他们的知识面变得更广,其实我觉得他们的知识面在之前就已经很广了。这比现在进学校读书的人知识面都广。因为他们不仅仅只涉及书本的东西,可能还涉及到生活、农耕。所以,我觉得他们是比较全面的,他们的知识是很丰富的。儿教院对于他们来说真的是改变他们一生的一个地方。

到后期,我有参与他们去四会的一些同学聚会,就是拜祭以前的同学。那种氛围,对于我们这种年轻人,以前没有经历过战乱年代的后辈来说,教育是很深刻的。每一次他们同学聚会都会说起以前如何在佛仔堂学习和生

活,或者怎么艰苦等,我们没有经历过的人在听,而且像在现场,会有一种亲身经历的感觉。这种感觉会冲击我们现在商品社会的心态,对我们会有一些影响,会让我们留在那个年代去体会当时的生活。所以他们留下的一些回忆,其实对我们的影响很大。

我对父亲的评价,就是相处这么多年从我有记忆开始,我认为他是有机会成为一个名人的,或者成为一个在一方之地比较有影响的人物,但是他都没有。在这个过程中,包括我们的生活其实也可以变得更好。在以前学校很流行分宿舍,他都是一直让的,所以这也就是为什么我上次跟你说我12岁才有机会全家人住在一起。其实在宿舍分配的过程中他都是一直让的,他就是一个不争名利的人。因为他曾经跟我讲过,争名会令人对自己原来的一些初衷有很大的改变,会扭曲你自己的理想。因为"名"这种东西,要争的话,你要改变很多东西你才会争得到。很多朋友对他都有一个评价,说他是一个"现代的雅士"。他假如在古代,可能已经隐居了,就是这样的一种人。所以在很多公共场合,例如一些文化活动的场合,他都是躲在一边,在不起眼的地方,但是知道他的人是会在这里的。

曾经有过一段时间拿他27岁在麦朗(音)做小学校长时候的照片,跟我27岁时候的样子比较,真的很像。就是以前我读小学的时候,自己上课有时候会偷偷画一下图画,我其实不知道父亲对艺术或者历史学术方面有研究,但是我偏偏不知道为什么自己喜欢这个方面。到了后期,12岁之后,大家住在一起了才知道其实我父亲对历史、对文学艺术有一点造诣,而我那时候自己已经爱好很久了。所以我觉得这些可能是基因上的传递。到后期知道这些后,他对我的影响就是文化艺术方面和学术上的影响。既然是喜欢,就要去认真执着去研究,所以我现在也算是接他的棒吧。对本土历史,特别对岭南文化历史的研究、收集和一些整理,都是沿着他的路来走,这也算是他对我最大的影响。其次就是我刚刚提到的对人生观，内心坚持的一些东西，也就是那种世界观的改变，不要随商品时代的变化而变化。那这些对于我来说是影响很大的。

我中学毕业的时候，是勒流第一个考上美院的人，但不知道为什么当时父亲不让我去读美院，很奇怪，所以现在还是一个谜。所以我就像普通学生那样开始去企业工作，后期去了勒流财政局做一个很简单、年轻的公务员，不过当时不是叫公务员，是叫"合同干部"。后来感觉做公务员的工作比较烦闷，就开始转入商业方面，成了现在的自己，有一个大约 700 人左右的企业。但是我觉得做企业只是改善生活的一种手段，但不是我自己的追求。所以做了几年，公司进入轨道后，我就一直在筹办自己的文化公司，所以现在我有自己的文化公司，三圣堂传统文化传媒。而且业余时间会做一些历史建筑的保护工作，会和一些人去保护本地历史、本地老建筑的一些保护工作。这些纯粹就是因为自己喜欢，没什么报酬的，而且甚至有些时候我们要自己出钱，帮人保育。我父亲那一辈对于他们那个年代一些历史的保留，和我们现在要保留他们那个年代一些东西其实都是相通的。就是希望自己有一些商业基础支持可以做一些文化的贡献。

我现在自己搞企业，他对我的影响是什么呢？就是现在有很多人希望自己的企业做得有多大，怎么样去排第一等等。但其实我们都是不争这些的，对于我自己做企业来说，最重要的是我的员工过得好就可以。包括我做艺术这一方面，其实很多搞艺术的人都希望自己成为或者想方设法去得到一些国家级头衔。但我从来都没有想过这些东西，就是觉得追求你自己想要的，而不是要告诉别人听你是怎样的人。这就没有必要去争，就是这样。我觉得他对我的影响就在这里，做好自己就可以了，不用去怎么样。

(五)青云同学之间的友情深厚得不得了!

刚开始我们都没关注这段历史,都不知道这么有意义的事情。那什么时候开始呢?应该是 2001 年他第一次中风,行动不便的时候。因为他每年都要参加他们同学的拜祭。那一年要去四会佛仔堂拜祭老师和同学,然后我开车送他去,我才第一次接触到这个。就是从那次开始,之后就一直都是我陪着他去。

从他第二次中风开始,就基本上连扶着都走不了。那个时候相对来说我还比较年轻,可以背着他上山。后来试过一次是真的不行了,就没有上山去了,但是没去的那几年,有两年没有上山他都在山下等那些同学。直到他第三次中风,连扶都扶不起来了,才停止没有去了。但是他每年这个时候都会打电话给老同学说,帮我上多一炷香等的。所以我觉得他们以前在学校的那种同学之间的友情是深厚得不得了的。

作为他的儿子,我很感动,他们一群同学有这么深厚的情谊,不是可以随随便便做得到的。虽然他们没有说,但是作为我们后一代的人来想,以前在学校里面的友情都是刻骨铭心的,除了有共同学习的经历之外,还有一些甚至生与死之间的关系,才有这么深厚的感情。所以看到他们这些校友之间的深厚感情,我们都很感动。

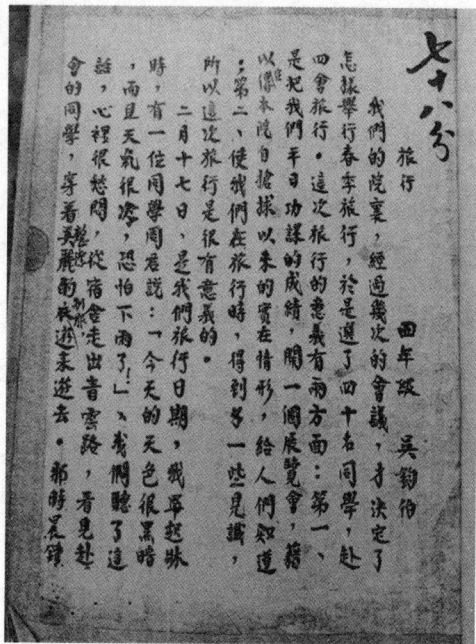

图29 吴均伯在儿教院时期的作文手稿

五、欧阳力

儿教院学员欧阳学翘之子

访谈时间：2017 年 11 月 12 日

访谈地点：广州

我父亲有 2 个儿子 1 个女儿，我排行第二。我小的时候就听父亲讲青云儿教院的事情。在他青云的同学里面，无论是顺德的还是香港、广州，他在青云最老的那一部分同学我都有接触。"文化大革命"的时候我还小，他就带着我到处去认识他的同学。尽管其中有些叔伯已经不在了，但我印象还是很深刻。至于他在佛仔堂的经历，他都会从小灌输给我们，所以我们几个兄弟姐妹都很了解当年的情况。而且他讲出来的东西很多都能在他的同学口中得到证实。很多时候他参加青云的活动都会带上我，或者每次校庆我都会陪他去。特别是近年来他年纪大了，我就会更多地陪他参加。差不多可以说每一次我都跟他参加青云的活动。

我觉得我爸爸为人一直都很正直，很多东西他都是从青云开始带到现在，保存着青云精神的勤劳、诚实，就像我们家训一样，他灌输了很多好的、正能量的思想给我们。我觉得正能量的东西应该被发扬光大，因此我很支持他做这些事。通过他以前跟现在的对比，他那种诚实和为人正直的思想是很好的习惯与精神,应该保存。

我们自小都受他的教育,可以说他的思想理念还是很单纯、正直的。他是优秀的共产党员,他的思想我认为还是保持着共产主义理想。但是他的思想理念作为家训一直灌输给我们,要我们这样去做人。他是省市的劳动模范,享受省劳模、市劳模的补贴,所以他跟我们说的家训,就是爱国爱家、尊老爱幼。我们几兄妹小时候,他就跟我们说"得人恩典千年记";就算如何"害人之心不可有,防人之心不可无"……我都是秉承这些思想做人做事。我成不成功是另外一回事,但是做人这样就心安理得。

出书这件事,例如《青云之路》做了很多集。第一集的时候,我父亲叫我帮他出书,那本书内容是陈大展老师画的画,那些画全部都是关于青云最早的时期,是 1940—1941 年时候的生活环境。画都是用日历纸画,一整沓,很散乱,陈大展老师交给我父亲,叫他复印给其他同学。我从事印刷行业,一看就说这么散乱没什么意义,不如我帮他们做本书。这本书是硬皮书,资金来源就是 3 个同学的捐款,一人 800 块。我拿着 2400 块钱,做书是不够的,我就萌发起自己帮父亲做书这个想法。后来做出 200 本,在同学中派发,影响力很大,就加印了第二批。第二批出来之后,每个人都争着要,《青云之路》的第一册,就是这么来的。资金不足的情况下,我就自己补贴进去。之后的第二、第三册往后是蔡叔(蔡尔洪)做的,我就不清楚了。香港有个同学拿了一个照片,是周之贞的相片,他们想把相片放大,我做印刷的懂得弄就做了。这两张放大的照片其中一张是用在周之贞纪念馆, 另外一张好像是在青云中学。

现在广州的青云校友会一般情况下每个月的 13 号聚会,在农林下路的顺德餐厅——厨大班。老一辈的青云校友很多都不在了或者是因为身体不适不能参加,正如李伟强先生说的,现在剩下的都是"国宝、活化石"。

六、谢文东

四会青云小学校长

访谈时间：2018 年 1 月 5 日

访谈地点：四会青云小学

　　我是四会市清塘人，我的家乡离这里大约有 30 千米。四会青云小学是在 2005 年 8 月向全肇庆市公开招聘正副校长，我就是在 2005 年的 8 月参加了四会市青云小学正副校长的招聘，然后被聘为四会市青云小学的副校长。我在这里做副校长做了 11 年，去年当上了正校长。

　　四会青云小学的前身是江谷镇的中心小学，在 2004 年由广东省慈善之星、香港利信达集团有限公司董事长、青云校友李伟强先生捐资了 1300 万兴建，在 2005 年 9 月建成开办。现在青云小学的占地面积是 80 亩，建筑面积是 14910 平方米。建有办公楼、教学楼、教师宿舍、食堂、风雨操场和田径运动场。现在青云小学经历了多年的磨砺，先后获得了广东省文明校园、肇庆市文明校园、肇庆市依法治校示范学校的称号。青云小学现在有 48 名教师，752 个学生，18 个教学班。

　　我觉得李伟强先生希望我们青云小学可以继承周之贞先生"不独子其子"的厚生精神，将当时青云儿童教养院的精神继续传承和发扬下去，也希望在四会市青云小学受过教育的学生，能读好书，将来成就自己的事业，更好地服务社会，服务人群。这也就证实了他自己所说的一句话——建立事业，帮助他人。青云儿教院的影响可以说是非常得广。当时在建四会青云小学的时候就获得了许多民众的支持。记得第一期工程落成的时候，李先生就过来参加我们这期工程的落成仪式，当时也有很多家长过来恭喜他。大部分的群众都还是记得当时江谷青云儿教院的历史，尤其是佛仔堂。我们在奖教奖学方案里面，对于佛仔堂学籍的学生也有现金奖励。凡是佛仔堂户口的人，我们都会奖励给他。奖励的目的就是让他记得当时儿教院的学生来到这里的时候，群众对儿教院的学生有一定的帮助。现在就是要培养后辈们的感恩之心，让他们能感恩反馈到他们。这个做法是我们学校的领导班子通过制定学校的奖教奖学方案的时候提出来的。提出来后也获得了群众的赞许和认可，当地的群众知道以前在佛仔堂的儿教院里曾经出了不少大人物。我们的奖教奖学方案都会呈送给总监，也给了李伟强先生过目，他也觉得这个方案很不错。

当时青云儿童教养院的周之贞先生"不独子其子"的厚生精神对我们影响很大，到现在我们近几年提炼出自己的办学特色，亦都是厚生教育，让生命更精彩。我们的厚生教育在小学阶段主要是基础教育，就是要善待生命。我们对学生的教育将当时儿教院的精神继续传承下来。这就形成了我们的办学特色——厚生教育。

我自己通过看青云儿童教养院的发展史和近十多年来李伟强先生对我们江谷、尤其是对青云小学的付出和期望，我也有一种"青云情结"在这里。我自己很愿意自觉地留在青云小学并服务青云小学。

四会市青云小学和顺德的青云小学、青云中学是一脉相承的关系。我们之前主要和青云中学共享资源比较多，譬如青云中学的师德培训会邀请我们全体教师和他们那边的老师一起。但由于青云中学主要是教高中的,而我们小学是以基础教育为主,所以在业务上的共享会比较少,师德方面的共享比较多一些。现在学校主要存在的困难就是师资方面,我们教师本身的专业水平不是特别高,再加上教师的年龄结构偏老。对于我们实行教育特色——"厚生教育",比较有难度。但是我们也有信心,因为我们的教师和学生的思想都是比较纯洁的,也有我们李伟强先生的慈善基金作为强大后盾作为支撑。所以,我们完全有信心把青云小学越办越好!

我认为我作为青云小学校长的办学理想,就是希望在这所学校培养出来的学生可以担起社会的责任。学校里老师的专业水平在当地能有一定的社会影响力。

图30 四会青云小学奠基仪式(李伟强先生提供)

我们对每一届的学生都会有一个学前教育。学前教育的第一课就是校史教育。我们会跟他们说这间学校是怎么来的,儿教院的学生是怎么艰苦求学的。这使得学生更加珍惜、爱护、喜欢学校。再加上我们每年的清明之后都会带每一届学生到青云先贤的墓地拜祭,主要目的是瞻仰青云先贤的艰苦求学和乐于助人的精神。这样的学前教育使得我们四会青云小学的每一届学生都有机会去接受到校史教育。

校园里还专门开辟出一块菜地，是学生的劳动实践基地。我们通过了解青云儿童教养院的历史，得知当时青云儿童教养院的学生是要在里面砍柴再拿去卖，这样才能让儿教院的人得以生存。所以我们也通过这个劳动教育使得学生更多地实行社会实践劳动。这也是我们五爱之中的一点——爱劳动。培养学生从小热爱劳动，也通过劳动去感知、了解、感悟之前儿童教养院的先辈们是怎样艰苦求学的，影响到他们，让他们珍惜现在这么好的环境，好好学习，更好地服务社会。

第三部分

附录:青云档案汇编

青 云 集 粹
一、青云文社大事件①

1449 年：正统十四年，八月，冲鹤堡农民黄萧养率众起义，围攻广州，不克，建立大东国，改元东阳，授官百余名。

1450 年：景泰元年四月，都督董兴调集精兵与黄萧养义军决战于广州大洲头，黄萧养中箭身亡。部将黄大牙率余部退回大良，不久失败。同年，乡绅罗忠、罗显庸、罗显部等 90 人上书巡抚，谓南海东涌、马宁、西淋三都离县治远而濒海，民彪悍而易为乱，宜另立一县以利管治。

1452 年：景泰三年四月二十七日，朝廷划出南海东涌、马宁、鼎安、西淋四都三十七堡及新会白藤堡置顺德县，以大良为县城。

1570 年：隆庆四年，进士胡友信出宰顺德，莅任三载，宪民轻法治严，百废渐举。他治县如家，弊修堕举，学校城池，成为更新。督课邑子弟，教化兴起。

1573 年：万历元年，县令胡友信卒于任上，县民立祠纪念。

1574 年：万历二年，县令沈鈇上书宝林寺和尚骄奢淫逸，于是夺取寺产三顷作为学田。

1598 年：万历二十六年，进士倪尚忠出宰顺德，在任六年，为顺德留下了

---

① 转引自顺德华侨城编著：《隐没的青云文社》，武汉大学出版社，2019 年 5 月。

青云志

两座塔：太平塔、神步塔。并铭文：太平卓尔，神步夹之，二水交汇，捍门在兹。金盘宝峰，光炫声驰，大魁天下，翼我皇福。有预示顺德出状元之语。

1604 年：万历三十二年，倪尚忠升迁为吉州同知，县民立祠纪念。

1607 年：万历三十五年，顺德县诞生第一位状元黄士俊，后官至台甫。同年，倪尚忠的小女儿倪仁吉诞生，一代才女出生于父亲任职的吉州，得名"仁吉"。

1613 年：万历四十一年，县令王尚贤由新宁调任顺德，抑制豪强，政简刑宽，同年调回新宁，卒于新宁任上。去职时，县民勒碑纪念，并立祠宇。

1617 年：万历四十五年，王尚贤之子王命璇巡按粤东，临县重新修建其父祠宇，捐资置祭田四十多亩专管祭祀。

1639 年：崇祯十二年，县令倪尚忠之子倪仁祯奉使两粤，专程到顺德凭吊先君故地。

1691 年：康熙三十年，湛上锡任职期满，迁海阳。县人为纪念他的教育功绩，为修湛公祠，又名湛公书院，举行春秋二祭。以上胡友信祠、倪尚忠祠、王尚贤祠、湛上锡桐四祠此后举行合祭，由青云文社主理，祭产划归到青云文社名下公厢归罗世德堂、罗本原堂、龙敦厚堂、李紫原堂各祖祠轮管。

1750 年：清乾隆十五年，乡梅本深死后遗命二子捐出田一百多亩作为学田，县令陈志仪嘉其行，撰文纪念，文曰《梅氏学田记》。

1770 年：乾隆三十五年，香山人陈纯修，捐出三顷七十余亩田，永远充作顺德士子的公车驮费。后青云文社在这笔恒产的基础上又增加一些田亩。

1804 年：嘉庆九年，进士胡鸣鸾建立容桂公约，地点在容奇墟头，以办理东海沙田事务，后来毁于咸丰三年战乱，再度重建时更名为东海护沙局。

1854 年：咸丰四年，三合会在广东起事，顺德受此影响，于当年大良县城失陷于陈吉等人之手，县令马映阶躲避到城内士绅家，后被抓，县政荒芜。

1855 年:咸丰五年,县城克复,新县令李润走马上任,大肆抓捕会党分子。同年,在家丁忧的朝廷大臣龙元僖奉旨督办顺德团练总局,一应行政军事事务都由总局(当地称为邑局)办理。邑局下设很多机构,海护沙局、青云文社、大良公局、大良南关公约、北关公约、东关公约、城内公约等。还包括县以下各级行政区域的公约公局等。自此,新青云文社形成,区别于旧有的仅负责祭祀和文会的作用,增添了许多功能。

1859 年:咸丰九年,在已被破坏的原容桂公约的基础上,建立东海护沙局以管理东海十六沙,收取捕费,派出船、勇巡护。同年,李润从顺德县卸任,捐出俸银六千金,作为文武新生试卷金。所谓试卷金,就是文武新生赴广州考试所应交纳的试卷费用。同年县令吴赞诚任职,断桂洲潘姓、鸡洲李姓控争沙田案,收回沙田后开垦出来,也作为文武新生印金费。

1865 年:同治四年,青云文社创办代送文武新生印卷金,将以前分散的资金都集中在一起。

1871—1873 年:同治十年,青云文社开始给在京的顺德籍官员送炭金、文武科甲花红金,递年书金弓箭金。同治十一年,顺德团练总局裁撤,其名下的关卡、田产、项目等尽归青云文社办理。自是,青云文社开始名正言顺拥有大量田产。同治十二年,青云文社增拨公车田亩。与原陈纯修捐出的田亩合并,划出专项资金供举子进京赶考之用。

1880—1890 年:光绪六年,于北京海北寺街用银八十五两买地基,新盖房舍一百间左右,充作顺德京城邑馆。光绪七年,于北京永光寺西街用银八百五十两买旧房,改造为三十三间房,为邑馆南馆。光绪十六年,于北京大井胡同路北用银四千七白两买来旧房改建房五十四间,为顺德京城邑馆新馆。

1901 年:光绪二十七年,青云文社赞助慈禧太后、光绪帝西狩两千两银,获赞赏。

青云志

1929 年：民国十八年，文社改为委员制，由有资格的代表选出委员，共同决策。

1931 年：民国二十年，由中山大学几位学子向青云文社争取为中大顺德籍学子发放补助金一千两，并获得通过。

1938 年：民国二十七年，顺德大良失守，青云文社随同县府一起迁徙到内地，文社事务均遭破坏。

1940 年：民国二十九年，在青云文社资金资助下，为拯救战乱之中流离失所的儿童，拟成立青云儿童教养院。

1943 年：民国三十二年，在广宁佛仔堂（今四会佛仔堂）建立青云儿童教养院。

1945 年：民国三十四年，青云儿教院迁回顺德陈村。青云文社资金除了支付全县教育经费，尚拨出一部分支撑青云儿教院，此后不久，青云儿教院更名为青云初级中学，这是青云中学的前身，也是青云之名唯一保留的地方。

1951 年：青云文社被接管，原来专项用于文教事业的田亩被接收，青云文社消失。同年，青云中学更名为顺德第二中学。自此，青云之名被埋没，长达三十年之久。

1968 年：顺德二中更名为陈村中学。

1974 年：青云儿教院广州校友会成立。

1984 年：陈村中学改回原来的名字——青云中学，该名继承青云文社之文化，沿用至今。

1985 年：原青云儿教院院务主任赵百则平反，平反大会在碧江召开。

2006 年：在原青云儿教院院长周之贞顺德故居建立周之贞纪念馆。

二、周之贞先生生平大事年表①

方溢华整理

1883 年:生于广东顺德北滘。在乡间读私塾度过青少年。

1905 年:在新加坡加入同盟会,投身孙中山领导的民主革命。

1909 年:与同盟会同人谢心准共同编辑、发行《星州晨报》,宣传民主革命。

1911 年 3 月:归国组织民军,参加推翻满清帝制的广州起义。(其中 72 英烈后来葬于黄花岗)10 月亲手炸毙清王朝委派的广州将军凤山。

1912 年:奉孙中山、胡汉民之命,任肇(庆)阳(江)罗(定)绥靖督办,治理军务。

1913 年:参加孙中山、黄兴领导的讨袁(世凯)斗争,即"二次革命"。失败后,避居南洋。

1915 年:孙中山在日本组建中华革命党并任总理。周之贞回国,任中华革命党广州湾党务联络委员。

1917 年:孙中山在广州组建护法军政府,任海陆军大元帅。周之贞在大元帅府参军处任参军。

---

① 选自《青云之路》编纂小组:《仁者爱人 薪火相传——民主革命家、传统教育家周之贞先生纪念文集》,第 16~17 页,2007 年 8 月印刷(内部赠阅版)。作者为儿教院学员。

1921年:孙中山就任非常大总统,周之贞被委任为顺德县县长。

1922年:因陈炯明兵变,周之贞转任西江讨贼军司令。

1923年:孙中山返粤重建大元帅府,周之贞复任顺德县县长,主修《顺德县续志》。

1926年:孙中山逝世后,政局多变,周之贞转赴南洋,漫游欧美、日本。

1931—1937年:30年代初期回国,流寓香港、广州、上海各地,著诗绳奸,写了大量揭露、鞭挞傀儡政权和激励抗日军民的民族气节的律诗。

1938—1940年:顺德沦陷。周之贞痛感邑中儿童失教失养,联合有识之士,筹备抢救难童事宜。

1941年:举"青云文社"之名,在四会佛仔堂创办"青云儿童教养院",任院长。

1945—1950年:日本投降后不久,青云儿童教养院迁至顺德陈村的欧氏大宗祠,易名"青云中学",仍任校长。为筹学资,周先生变卖家产,鼎力支撑。

1950年6月:病逝于香港湾仔洋船街山边台寓所,享年68岁。身后并无长物,丧仪甚简。旅港同乡和学生(儿教院难童)送一挽联,足证其光辉一生。

续国脉,呕心沥血培幼育苗不独子其子;

兴中华,披肝沥胆锄奸御寇亦非家其家。

三、顺德青云儿教院志略（1941—1949）

顺德青云儿童教养院志略

（1941－1949）

一九八八年二月

目　　录

顺德青云儿童教养院院志略

（1941—1949）

一九八八年二月

青云儿教院的建立

沦陷后的顺德，连年饥荒，饿殍载道，人民惨遭杀戮，不少失去父母、亲人嗷嗷待哺的儿童，流落街头，无家可归，奄奄待毙，死亡者不可胜数。1941年末，周之贞、廖平子等先生，痛感儿童的失养、失教，悯其少小惨受摧残，深感"义难坐视"，为保存地方"元气"，延续"国脉"，从百年树人大计，抢救、培养和造就下一代人材起见，遂与邑人何彤、伍蓉、冯焯勋、郑军凯、郑彦荼、陈骥、伍颂折、陈劲节等人商议，决定以青云文社名义，集邑中人士于曲江顺德旅韶同乡会，等组抢救邑中难童事宜。

1941年9月30日，旅韶同乡会议决筹办儿童教养院，负收养管教之责，并确定其经济筹集办法，以借拨顺德青云文社租项、向各界募捐、请求政府和各·法团济助为基础，为健全领导和职掌，旋即成立顺德抢救难童委员会和儿童教养院筹备委员会。抢救委员会筹备委员会主任为周之贞，委员为何彤、郑彦荼、伍蓉、陈骥、萧次尹、何雪甫、岑学吕等人；儿教院筹备委员会主任为周之贞，委员有伍蓉、郑彦荼、陈器范、冯焯勋、伍颂折、何雪甫等。10月14日，儿教院董事会成立，举青云文社整理委员会委员周之贞、何炜、伍榕、郑彦荣、冯焯勋、陈桑、伍颂祈充任董事,周之贞兼任儿教院院长,廖平子为副院长。院董会会址设曲江黄田坝坒菜地顺德旅韶同乡会内,并拟定院董会及儿教院章程(见后)。儿教院取名为"顺德青云儿童教养院",以铭记青云文社救助之义。院址择定地偏且又安全的广宁县第八区荆让乡之佛仔场。为便于抢救、转送邑中难童,再设办事处于鹤山县沙坪区桥乡易氏道见祠顺德县政府内。

是时政府虽有任命周之贞先生为广东三角洲游击总司令之职,但周先生以救护桑梓为急,合而不为是职,即奔赴鹤山,往来四会、广宁、顺德之间,办理联络、筹款、抢救、聘用人员等各事。

附:顺德青云儿教院院董会章程和儿教院简章

顺德青云儿童教养院院董会章程

第一章 总 则

第一条 本会定名为私立顺德青云儿童教养院院董会。

第二条 本会为救济顺德县之失教、失养儿童,施以义务教育。必要时增办职业教育及中学教育,以应时代与地方需求为目的。

第三条 本会暂附设在曲江黄田坝坒菜地顺德旅韶同乡会内。

第二章 组 织

第四条 本会设立者,为顺德青云文社财产整理委员会,以该会之现任理事七人为设立者之代表,另组织本院院董会,负经管本院之全责。

第五条 本会由全体院董事互选查事长一人,常务院董二人,处理一切事务。

第六条 本会院董以顺德青云文社财产整理委员会现任各理事之任期为任期,再当选得连任。

第三章 职 权

第七条 本会职权如下

甲、关于本院财务者:㈠经费之筹划;㈡预算及决算之审核;㈢财产之保管;㈣财务之监察;㈤其它财务事项。

乙、关于本院行政者:关于本院行政,由本会推举院长完全负责,本会不得直接参预,如院长失职时,本会得通时议选之。

第四章 会议及会期

第八条 本会订常事务,由全体院董过半数之出席,得出过半数之赞同决议，交由董事长与常务院董处理之，惟关于院长之推举，或其它重大事件，须得全体院董出席，及有院董五人以上之赞同，方为有效，但如该院董不暇出席时，得派临时代表。

第九条　本会每半年开会一次，由董事长定期召集之，但遇必要时，有院董三人以上之连署，得召开特别会议。

第十条　本会会议时，以院董事长为主席，如因事缺席时，由其他出席院董推举临时主席。

第五章　经　费

第十一条　本会以不动支费用为原则，但遇必要时，经由本会之议决，得在本院经费项下酌量支拨。

第六章　附　则

第十二条　本章程自呈奉主管教育行政机关核准之日施行，但如有修改之必要时，由院董二人以上连署，提交本会会议修正，再呈核准施行。

顺德青云儿童教养院简章

第一条　本院为教养顺德之失学、失养的儿童，其年龄少在十岁至十二岁为限，经收容后，按其程度编级训练、体养成其健康体格，良好品性，做事知能，负起救乡卫国的责任。

第二条　本院定名为顺德青云儿童教养院。

第三条　本院教育拟分为两部办理，先办理小学部，后办中学部，均遵照教育法令，并勘酌时代需求，及本院情形略加变通办理。

第四条　本院设院长一人，总管全院事务，下设院务、教导两处，各置主任一人，商承院长办理各分处事务，其组织规程另订之。

第五条　本院为审订训育上各级章则，研讨训育上实施方法，及改进事项，特组设训导委员会，其组织大纲另订之。

第六条　本院会计室设主任一人，下酌设助理员若干人，宜属于院长，负统计、审核财目之权责。

第七条　本院行政会议由全体职教员组织之，以院长为主席，院务或教导会议，以各该分处兼教员组织之，得请其他人员出席会议。

第八条　凡欲入院教养者，须经本院派员测验及格，并由该学童之家长，出具愿书，及邀请保证人出具保结，乃得入院，其选录：(一)思想敏活。(二)身体健全。(三)年龄、程度合配相当年级。(四)能刻苦耐劳，努力服务，不中途自行退学。

第九条　学童经选取入院后，由本院供给教养所需一切物品，其有病者，由本院负责医治之。

第十条　学童入院后，如有未经本院许可而自行退学者，须赔偿教养一切费用，作证人应共同负责。

偷渡西江，抢救难童

从顺德勒流至儿教院院址广宁县荆让乡，途经鹤山县沙坪，到达目的地，遥遥数百里，既经水路，又走陆路，途中还要偷越日军严密封锁的西江，途程实在异常惊险、崎岖、转折。经周先生等人的悉心谋划，有关偷渡、接待、住宿、医疗、粮食、船只等各事，一切绪设就绪。于1942年11月7日(即农历十月廿九日)开始，沿途共设五个抢救接待站，计有:鹤山县宾口圩李本立祠、高要县西黄社学、金利圩万兴号、永安宝楼乡中心学校、四会县当头丁家祠和白土吴家祠，每站设主任一人，助理员一人，负责安排接待、食宿、接收清点人数，以及递转邻站任务。接待工作准备完毕，县内也同时在各区乡聘定热心桑梓者为护送难童委员，负责分别联系、接洽各地护送难童，然后陆续远抵勒流，再由国民兵团自卫中队长廖忠担任警戒保护，安排食宿，准备船旅偷渡载运。

船旅载运线路，确定从勒流出发，偷渡百江，运抵沙坪。途经县内沦陷地带，常有日伪接巡骚扰、各路土匪拦略物掠，而九江方面，亦为日军重要补给线路，沿江封锁严密，江面常有日伪舰艇游弋，四周布有火力网，勃枪机枪、大炮齐发，进往船艇，罹难者屡见不鲜，要闯过这"鬼门关"，实非易事。为此，廖忠等人先后多次潜往九江侦机摸勘，实地侦察、了解，掌握日军活动规律、特点。待商量、研究妥当，决定于12月1日晚上，偷越西江。是时，夜阑更深，冷风飕飕，寒气逼人，首批载数十名难童，在勒流分乘多艘船只，在全副武装警戒下，乘日军蜷缩两楼避寒之机，在夜幕的掩蔽下，绕过敌人的火力网，通过接巡警戒规旅，机智巧妙地穿过封锁线，安全抵达沙坪镇。一、二两批难童到达在籍白土等地，不久就是1943年元旦。

[手写旁注一：] 欧达远先生带队 第一批(原快安三邑以北沦陷村广泛的人数最多)

[手写旁注二：] 第二批(原三水西邑沙坪一带沦陷、实际人数最多 90余人 于42年农历10月30日晚偷渡沙坪)

[手写旁注三：] 第一批偷渡时前期同间

237

儿教院的抢救工作，于1943年1月29日暂告一段落。此间，除部分难童因无法穿越封锁线而折回者外，当时到达沙坪镇者共653人（不含零星到达者），俱属男性，年龄多为10至12岁间不等。时各区选送难童人数如下：

一区66人，二区40人，三区131人，四区54人，五区64人，六区87人，七区45人，八区83人，九区59人，十区28人。

在佛仔堂

临时院舍

偷越西江在极度惊险中取得成功，各批难童总算安抵沙坪，与各接待站联系、交接后，忙于转运护送。为加紧运行，减少途中所耗费用，如天气无阻，难童在各站多只逗留一宿一饭，即行启程，由站人员照料引领，并雇挑伕、船旅搬运行李，一路风尘仆仆，艰苦跋涉，抵达了目的地后，在四会县窑头之丁家祠和白土之吴家祠暂且安顿。此时，所聘导师赵继祖、廖树芳、陈器范、苏国梁、谭约之、陈大展等先后到达，待难童稍作休息后，即行编配整理，进行训练，负起督导、管教全责。1943年1月29日，由于经费和人数的超负荷，遂选送150名难童往广西桂林儿教院教养，后仍感地方挤逼，不利教养，再迁至广宁县荆让乡的冼村、杨村、苏村祠宇，以简陋竹架扎搭床位，就此歇宿。难童住宿冼村冼氏祠者120名，冼氏学校130余名，杨村杨家祠210多名。而院办事处，则设于地点适中的苏村苏氏宗祠。

难童安顿后不久，即举行编级考试，按各人年龄、文化程度分别编级，一年级99人，二年级150人，三年级108人，四年级48人，五年级45人，六年级及特别班共22人，合计六级九班472人。年级编定后，于2月8日正式上课，课程安排分上下午，上午4小时上文化知识课，下午则为劳动服务。鉴于时局紧张，给养困难，难童学习用书、纸张、文具、卫生用品，几等于零，且当地缺销，未及往肇庆、梧州等地购办，而教学设备，各班仅得黑板一小块，课室为头顶蓝天的旷地、山林，课桌是席地而坐的膝盖，凳是地面或柴头，笔是削尖的竹枝，墨盒是锯断的竹节，墨汁是以松烟加牛胶代替，……书是老师编印的讲义，每两人1份，所有仅此而已；倘遇天雨，课室则迁回祠宇宿舍堂廊，踉地继续上课。条件尽管原始简陋，但难童仍能专心致志，刻苦自励，学有长进。上午课后，接而是下午的劳动服务，项目为事务劳动和劳动服务，时间约为2至3小时。所谓事务劳动，即参加学校缮写文件、油印、装订讲义，及一切杂务；所谓劳动服务，是在教职员工率领下，到附近搬运柴草，或往七八里外江谷、糖寮、邓寨、田寨搬运谷米，或去邻近村落、圩镇扛竹搬瓦，或在院内农场垦地种植，务必使难童均有机会参加生产实践活动。

临时院址的生活，难童并非全都适应。因为，邑中沦陷数载，儿童流落各处，长期失于管教，在不同程度上都沾有社会各种恶习。到院后，偷窃、打斗、粗言秽语、生活散漫等不良行为时有发生；思乡、思家、思亲各种情绪，都流露于郁郁寡欢之中。院方针对这种情况，一方面予以热情关怀，悉心爱护，不断谆谆善诱，耐心引导；一方面则严加教育管束，实行有过必纠。经管理施教个多月以后，不良习气渐见敛迹，而对思乡、思家、思亲的难童，各级导师主动接近、开导，不时举办各项比赛活动，定期每周周末晚举行员生同乐会，以促其身心愉快，如置身大家庭中，感受集体的温暖和幸福！

在临时院舍期间，院长周之贞除忙于院中事务外，对学童既是严师，又是慈父，事事关心，爱护备至。尽管当时给养极端困难，仍穷尽办法，肩负压力，给难童每人每餐供应朴米半斤，竭力解决温饱。初到冼、杨两村时，难童由于昔日的饥馑生活所影响，此时肠胃容量很大，尽量填补，饭量大者，未感满足，小者则略有盈余，而饭后又多呈积滞，消化不良等状况。与难童共膳的周院长和廖副院长发现后，随即请医生治疗，并亲自着手调整饭量，把各席余饭收集，供未饱者继续享用。经此调节，各人肠胃，尽按各取所需，再无不足之虞。

临时院舍，延至5月6日结束，历时三月余，此间，尽管生活艰苦，但却洋溢着团结、和谐与欢乐！

院舍落成

佛仔堂地处广宁县八区荆让乡东部，与四会县境接壤，西临江谷，毗邻陆、梁、巫、冼诸村，相接农田。此地群山环抱，清幽恬静。据称前为巫氏产业，三四十年前荣公司曾辟作农场，现日久荒芜，人迹罕至，荆棘遍地，杂草丛生。院方几经谋划，认为环境幽雅，地面开阔，不闻枪炮之声，决定择此兴建院舍。

1943年2月，院长周之贞收到青云文社田租后，旋即开始动工兴建。5月6日，新院建筑已完成膳堂4座，宿舍10幢，除作建筑材料储藏室外，可迁进居住宿舍仅得6幢，于是难童和50余名教职员工全部迁入。此时，生活环境虽优于往日，但地方仍觉挤逼，只好把宿舍兼作课室。宿舍内，床位相互接连，搭床竹竿横七竖八，遮挡视线，而学生坐在床沿上课，容易引起瞌睡，以致严重影响教学正常进行。为此，再把宿舍迁至13、15号膳堂，作7、8号大宿舍，并将占用4座课室的建筑工人及建筑材料搬迁，腾作教学之用，课室有三，但一、二年级仍未解决台凳。9月11日，全部校舍竣工，大小共52座，结构为山衫顶支瓦面、四周竹织批荡，主要建筑分食住区、教学区、体育区、生产区。食住区含宿舍12幢，膳堂4座，厨房、水井、工人住室、厕所各2，还有卫生室、重病室、浴室；教学区有课室6座，并有院长室、教职员进修室、学生办事处、总干事处、储物室、图书馆、大礼堂；体育区设"七七纪念场"、篮排球场、游泳场；生产区为牛栏、鸡鸭舍、磨谷房，以及院内四周耕作农地。纵观全院建筑，均感朴实、整齐，已成初具规模的教育生产场所。10月30日，大礼堂举行开幕暨院舍落成典礼，应邀出席参加者，有顺德县政府要员、难童抢救委员董事、青云儿教院院董、旅韶同乡会，以及邑中热心人士、各区乡代表，场面热闹郑重，会后举行游艺、院务专栏报告、成绩展览、拍照留念、聚餐等活动。

附：周院长《开幕献词》

我邑不幸，惨赋沦胥，终风且霾，六年于此，阴阪之仇，虐流生气，郁彼之子，响绝清风，苦而臀瘠肠枯，桑茅莫问，罗雀掘鼠，烟冷徙伶，盲念种子将绝，文化日堕，死者沟壑，生者扈尽，宁詧设想耶，郭人君子，佥以提拨育云文社学款，教养儿童，于寰理为当，并命之贞任其役，之贞无弃燕荜，均与荼针，褒假兼旬，苏围左膳，既瓯垒之渐新，用礼义之斯讲，惟伏暴藏虎，白昼濅人，瞻望乡关，于何弦诵，乃相地广宁，经营校舍，绥短椒薄，作始蒸难，幸先生长者，捐杜逞之清俸，分刘向之余光，始免饥寒，得赴学业，筚路之启，正赖同声，黄土之埒，聊观厥始，兹定于十月三十日举行开幕典礼，小草资于扇发，豪嫠侯以开莹，所望同灌，不辞屈往，并祈永翠，弗杯有基，谨诵鹿鸣三章，薝折以请。

活动场地的开辟

图书馆和体育活动场地,是院中主要活动场所之一,其建立与开辟,全由难童力主其事。

图书馆的建立,由难童倡办主理,开办之初,附设于第四膳堂内,馆内设置一无所有。没有桌子,难童到山上砍伐竹子,以竹蔸架为桌;没有坐凳,把竹子扎牢作凳,简易的小图书馆,就这样创办起来。馆内摆设开放的图书,为省教厅及旅韶同乡会、乡邑人士捐购,藏书仅为255册,另期刊8种、日报3份,由难童轮流管理。后图书增至799册,遂迁往第五教室后座,并另辟读报专栏。

体育场地择建于院舍的东南面,地势较为平坦,自开辟日起,高年级难童负起撬石头、除荆棘、挖竹根、铲杂草、填泥土、平整地面之责,低年级难童担任撒细沙,铺路面。经两周努力,初步修整了排球场、跳高、跳远场地,继后,又在礼堂前面再辟一大运动场,为纪念"七·七"抗战,特于7月7日动工,经数月辛劳,一个具有周围250多公尺的跑道(中合篮球、器械、田径场地)已告完竣,遂命名为"七·七"运动场。

教育系统

1942年10月14日,旅韶同乡会等,决定创立儿教院。建立之始,即实行院长责任制,由周之贞先生全面主理院内各事,训育制度则采用级任负责制。其教育系统及当时员工姓名分列于下:

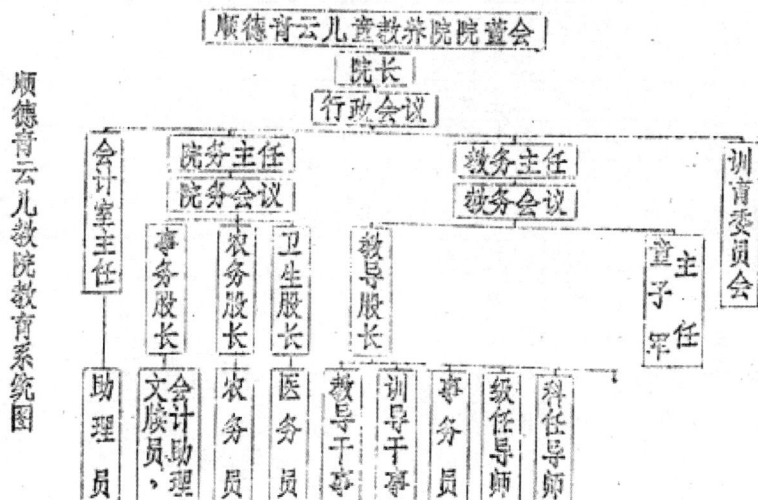

顺德青云儿教院教育系统图

各科任导师及各年级班任导师：

年级	科目	担任教师	科目	担任教师	科目	担任教师	班任导师
一	国语	廖燕可	算术	廖燕可	常识	欧柳轩	欧柳轩
二甲		欧柳轩		张景益		廖燕可	陈大展
二乙		廖士芳		欧柳轩		苏国梁	张景益
三		谭约之		廖士芳		张景益	廖士芳
四		苏国梁		谭约之		廖士芳	苏国梁
五		赵继祖		麦颂楠	社会或自然	谭约之	麦颂楠
六		麦颂楠		赵继祖		陈大展	赵继祖

初创时期员工芳名：

姓名	性别	年龄	籍贯	职务	备考
周之贞	男	61	顺德	院长	同盟会会员，谋炸凤山主持人
廖平子	〃	62	〃	副院长	兴中会、同盟会会员
赵百则	〃	50	〃	院务主任	广东高师毕业
陈器范	〃	58	〃	教务主任	奏奖拔贡
梁德公	〃		中山	交际主任	} 梁、陈二老自始至终协助
陈照和	〃		东莞		周之贞为院事奔走各方
何树屏	〃	60	顺德	会计室主任	
欧均毅	〃	48	〃	农务股长	
梁宝铿	〃	36	番禺	卫生股长	
商驹	〃	44	南海	事务股长	留学法国
欧阳可蒸	〃	25	顺德	级任导师兼校务干事	
陈大展	〃	25	番禺	级任导师兼训导干事	
赵继祖	〃	22	顺德	级任导师	
苏国梁	〃	24	〃	级任导师	
赵乃昌	〃		〃	总务	
廖士芳	〃	24	〃	级任导师	在筹办时已到职
陈兆京	〃		〃	庶务员	
麦颂楠	〃	39	〃	科任导师兼文案员	即麦伟先

〔续"初创时期员工芳名"表

姓名	性别	年龄	籍贯	职　务	备　考
谭约之	男	36	顺德	科任导师	在筹办时已到职
欧柳轩	女	22	〃	〃	
廖燕可	〃	27	〃	〃	
张景益	男	25	〃	教务处事务员兼导师	
赵耀祖	〃	19	〃	会计助理	
陈明鉴	〃	25	东莞	庶务员	
曾林	〃	35	顺德	〃	
张大棒	〃	37	广宁	导师兼训导干事	
赖子英	〃	32	顺德	训导股长	上海圣约翰大学毕业
苏世明	〃	22	〃	事务员、医务员	
何衮荣	〃		〃	导师	在筹办时已到职
黄仲典	〃		〃	总务处主任	
何洛浦	〃		〃	导师	
张剑虹	〃		〃	农务主任、院务主任	接欧均毅、赵百则任
何浣涟	女			导师	
伍端生	〃		顺德	〃	
裘蕙芳	〃			〃	
陈鸿勋	男			〃	
许纯华	女			〃	
何俊贤	男			〃	
欧达远	〃		顺德	〃	
杨林	〃		广宁	理发师	杨村人氏
张垣	〃		顺德	中医师	兼职
梁本华	〃		高要	西医师	驻院
黎丽清	女	32	德庆	护理	〃
李健	男		顺德	导师	

初创时期教职员工尚有:苏惠霖,梁新,周根,曾伯文,梁福如,马公拔,何誉公,陈宛,梁耀,钟其章,陈美,何定,沐观图,豆腐九,赵金,何二九。

保姆：带姐，惠姐，陈师奶，谭师母（黄笑如），五姑，大坤（卫生室杂工）；

驻江谷办事处：何树屏，陈林，梁逅泉，马辉五。

继后教职员工芳名：

何觉夫（教务主任），诩处卿，曹恩邦，何亮东，刘品琅，区统，罗贤海，杨家驹，简潜泉，刘天泽，施安甫，关磊贤，周岳峰，余伟成，吴淞，罗文山，严福年，关贯勋，辛兆强，周泽良，韩绶周，陈丽琬，张万童，赖尚武，简信原，陈伟生，区湛添。

在 肯 构 堂

1945年秋，日寇投降后，院长周之贞即驰回邑中，与热心人士会商教养院搬迁各事，蒙捐送田亩以为院产，并议定今后发展计划，首先建筑院舍，使之远离市镇，自成学区，随后择定西滘乡乌芙沙第一农场为院址，设立小学、中学、专门三部。

12月10日儿教院迁回陈村旧圩，以欧氏大宗祠（肯构堂）为临时院址。为适应目前环境需要，让高小毕业生有继续深造机会，除原有小学3个班外，复增设初中3个班，后考虑陈村附近各乡村，每年高小毕业有六七百人，仍需继续升学，于1946年12月把儿教院易名"顺德县私立青云中学"。1947年4月，教导主任何觉夫以代副院长名义，为纪念邑中明末抗清英烈陈邦彦号岩野先生，再易名为"岩野中学"，9月旋又改称"岩野学园"（附：何觉夫《释校名》）。此时，学生已有两班升至初中三年级，面临毕业，学校备案仍未经呈省教厅核准，不能参加编级试验，即使毕业，政府也不予承认。校董事长郑彦棻先生闻讯，于10月15日呈请教厅备案，获准后，学历始为政府承认。1948年11月，众校董（附表后）认为，校产为当地人所献，意欲栽培本地子弟，倘再用"岩野"之名，将来一旦迁校，校产必被收回，于是一致议决复名为"青云中学"。解放后，政府改称为"顺德第二中学"。

附1 何觉夫《释校名》

吾校以岩野学园名,统称也。胡为乎统称学园?以吾校俨如大园庭,有不可分离之势,虽程度各殊,中小学分立,而生活则一也。人亦有言:十年树木,百年树人。以种艺喻铸人之事;又曰:学犹植也,不植将落,喻教育如耕耘。吾校学子辈亦如种子之在大园,各有滋长涵养,各救本性,求其正当发展而已,喻之曰学园,谁曰不宜?至于学制则依然小学、中学以至专门也,学园亦统称而已耳。昔清华大学通称清华园,晓庄中学称曰劳山学园,上海有立达学园,则又其例也。冠以岩野者,纪念吾邑先音陈岩野先生也,先生之道德、文章、气节、勋功均足千古,而其教范尤足为万世楷模,此则吾校命名原因也。语曰:必也正名乎! 书此以示诸生。三十五年冬何觉夫识。

附2 校董芳名

职务	姓名	年龄	备考
董事长	郑彦棻	46	
常务董事	何彤	58	
	周之贞	67	恭院长
	冯炳查	50	
	伍蕃	58	
董事	陈骙	56	
	岑学吕	66	荣副院长
	林小亚	57	
	冯焯勋	59	
	伍颂折	61	
	郑军凯	41	
	吕冢伟	40	
	潜次尹	46	
	欧广滋	59	
	赵百川	54	恭院务主任

　　　二在肯构堂·何觉夫《释校名》.校董芳名

青云志

附3.

青 云 中 学 校 歌

C调 4/4　　　　　　　　　　　　　　　欧阳可染词并曲
沉着、庄严　　　　　　　　　　　　　黄友樵校　正

```
1· 23432 | 1 — 1·2 | 34325 — |
珠　江滚滚　　流，　尼美　三角洲！

5· 6 176 | 5· 65321 | 2 32 |
家　乡沦敌寇，　父　母离散兄弟　各分手！

3·2135 — | 5·6543 — | 51321· 6 |
岗陵修竹茂，　　骏岭桃林茂，　广宁地毓秀，

5·6543 2 | 5·4321 — | 55505653 |
青云校创立，　　袤们得抢救，　这儿有　慈母般的

1 101230 | 21232 20 | 5·565 4543 |
抚育，还有　　新科学的研究，　我们同在患难中

2· 13·5 | 17656 7 | 5 — i i |
成　长，在　　团结中向前　走，　抗日

660 5 5 | 330 2123 | 2 — 5 55 |
胜利，复员　　回邑，继续练身　手，　建国工

i — 5 56 | 5 — 3 34 | 5 — 661i |
作，教育为　首，同学　们，　努力前程

5533 i35 | i23·i | 2 3 i — ‖
踌落人后,愿我　中华雄冠　全球！
```

在肯构堂·青云中学校歌　　　　　　　　　　·13·

246

青云儿教院的管、教、养、卫

管、教、养、卫，包含着"自治治事，自教教人，自养养人，自卫卫群"的内容，是儿教院的施教原则，旨在使受教育者培养成为智育、德育、体育、能力等多方面发展的有用人材。所谓"管教"，意为：一、培养学生求学兴趣，树立良好学风；二、养成刻苦耐劳的品德；三、切实导以受群真谛，师生之间，互爱互助；四、培养自治精神。所谓"养卫"，是指：一、各设专门管理，各求适合养生之旨；二、膳食除正常供给外，农场收获，作辅助之需；三、设疾病治疗所，配备专门西医、护士。

下面就管、教、养、卫的实施，作主要介绍。

教学概况

儿教院开创之始，难童编为六级九班，学校课程编排，按教育部大纲要求拟定，教材为国定统一课本。其时，课本无着，全由各科任、导师根据难童实际、特点，结合社会需求，自行编撰讲义，以充教材，并根据难童知识现状，增加国语、算术、常识三科教时，规定除重大节日庆典外，向无寒暑两假；有时星期天，仍照常上课。1945年秋，增设中学部，至1948年时，初中班已增至初一至初三共三个年级，成为一所完善的初级中学。

纵观儿教院历年教学，其主要特点，大致可归结如下：

一、既教学，也教人。儿教院从开创至结束，自始至终遵循既教书，又教人的原则。教师除向难童传授文化知识外，还不断灌输立身做人的真谛。在训守条目中，口号为：在"团体下发展"、"平实处用功"、"工作中学习"、"艰苦中奋斗"、"远大处立志"；在思想教育中，导以"爱国爱群"、"民族观念"、"民权主义"，开展"九·一八"活动周，开辟纪念"七·七"运动场，高唱抗日歌曲如《游击队歌》、《黄河大合唱》等；在道德教育中，提倡"发扬我国民族固有的道德"、"敦品励学精神"及"以和悦态度待人"，宣讲"奉公守法，礼节是治事的基本"；在纪律教育中，实行"我约束自己，管理自己"、"我离开师长也能严守纪律"、"我上课或排队很敏捷、很安静、很整齐"、"我执行团体的决议"……

二、文化教育与劳作相结合。把课堂教学与农场、运输、劳作列为常课，贯彻半天上课、半天劳作的"半耕半读"式教育制度，使难童既获得文化知识，又掌握生活技能；既培养了刻苦耐劳，又强化了理论与实践的联系。

三、注重个性与能力的发挥。在国语、算术教学中，实施学科"分团制"。国语分为五、四、三分团级别，算术分作六、五、四、三分团级别，每月定例测验一次，成绩优异或低劣者，随可升降某团级别，无须待学年终结，始确定升、留、降级。而对成绩低劣者，尤重个别或小组辅导补课，以促其能力向优异方面转化。在农场劳作中，则又采用"多劳多得，按劳分配"的原则，把开辟耕地划分为"公地"和"自耕地"，"公地"收获归院方公有，"自耕地"收益属各难童所有，极大刺激了难童兴趣和积极性。此外，平日的学科、学艺、劳作、文娱、体育的竞赛活动，则有意识把难童诱向能文能武，亦工亦农，多才多艺方面发展，使之能面对社会，适应社会，成为综合型的多面手。

四、严格的训育制度。院中训育制度，为级主任负责制，级任除负本级训练外，还兼任本级主要学科教学，并与各科任导师共同商讨、研究和制定训育事宜，每学期、每月、每周均有完善、系统的训育目标、制度、内容、方式、方法、计划和实施等。

五、教学方法多样化。就课堂教学而言，方法有练习、思考、自习、欣赏、发表、实践教学等多种程式，导师授课，则倡导启发式，废止注入式，反对死记硬背。

六、考查方式的全面性。考查分知识和操行两种方式。日常知识考查内容为：1、口头问答，2、演习训练，3、实验实习，4、读书报告，5、作文，6、测聪，7、搞查采集报告，8、其它工作报告，9、农场劳作。操行考查项目为：品行、学风、勤务、见识、整洁五项，有奖有惩，奖为三次小优点记一小功，三小功作一大功；惩为三次小缺点记一小过，三小过记一大过。凡记大过者，操行成绩不得列入乙等，但功与过可相互抵消。

七、寓教于乐的"体育即教育"。体育教学分正课和课外运动两种。正课教学遵从"三化"原则，其一、为普通化，在于不偏重造就特殊选手、拔尖人物，务使人人均有充分运动机会，从而收到运动实益；其二、为公德化，指在运动或比赛时，把公德摆于首位；其三、为社会化，即在体育训练中，除传习技能外，倡导学习民间流传、而有意义的活动，以冀难童能与社会儿童打成一片。课外活动，通过各项班际的体育比赛，以活跃身心，增强团体观念与爱群思想。

八、保送升学与介绍职业。凡毕业难童，考入国立或省、县立中学者，每学期学业成绩平均在80分以上，操行甲等，体育成绩及格，给予学、膳两费补助。倘年长且学业成绩较低，如志愿工商业发展，除授予有关知识及生活技能外，并让其在院内农畜股、合作社充任服务生，待服务两年后，成绩卓著者，提升为助理员或推荐保送进入各公司企业、工厂，或投考职业学校，以宏造就。

由于治学的严谨、求实，促使学生求学兴趣、良好风气逐步形成。计历届高小毕业生投考曲江、四会等地中学者，每试冠群。1946年8月13日，经省政务视导一团视察，认为难童程度超过普通学校，旋即嘉许全校员生，颁发奖励金10万元。

半 耕 半 读

半耕半读，为兴办儿教院的长远大计，它既为求得生产自救，取得经济辅助手段，也成为开创学童实验基地，培养刻苦耐劳的美德，提供了有利的条件。

兴建院舍前夕，院方已先行雇请农场工人辟荒垦壤。迁进新院舍后，难童与场工一道，每天下午继续进行"披荆斩棘"的艰巨工程。工程分三期：第一期，共开发20余亩，其中15亩地势较高，辟作梯田，遍栽甘蔗、芋、蒿、黄豆、黑豆、花生等；余5亩多地势较低，经夷平后栽瓜、蔬菜。第一次夏种，至收获时，计得瓜、菜、花生、杂豆、萝卜3,100余斤（黄豆、黑豆被窃，约占地七、八分），余蔗、甘薯、尚待收，未予计算。第二、三期以后，继续开发，凡空隙地带，能垦种者，尽辟作生产用地，共辟地为100亩，以植甘薯等杂粮为主。

由于所辟荒地，面积广阔，地势较高，水源枯竭，仅凭从山下挑水浇灌，无疑是"杯水车薪"。为此，院方不惜工本，增拓水源，开挖水井凡5口，以解浇灌之难。

农场劳务，除辟地耕作外，还有畜牧与工艺。畜牧规模较小，由难童、场工共同管理，初仅饲养牛、猪各3头，鸡四、五十只，后渐有拓展，黄

儿教院的管教养卫·教学概况　半耕半读

牛供耕作用，余作营养之需。工艺科目的开设，偏重于实用、大众化，项目有织雨帽、编草席、打草垫、搓麻绳、创豆腐、扎扫把、编结"风纪带[注]"等。让难童选习其中一两门手艺，聘请手工匠能人何惠南等4人传授，经学习，全院近200名难童均可出师，并能以此一技之长外出谋生。教养院迁回陈村后，在原有基础上，继续拓展竹工和木工，使难童的生产知识领域，更进一步迈向全面化和多样性。

农场的开辟，劳作的开展，为难童提供了广阔的实践天地，在课文中学到的理论知识，能得到生产基地中印证和应用，达到手脑并用，强化了理论与实践的结合，使知识学得更活、更牢、更扎实。

注：难童衣服，多宽大且不合身，遂以麻织带，挖空竹片为日字形扣，束于腰间，权作"皮带"（"风纪带"）。

自治治事

培养难童自治治事，自己管理自己，实在别开生面，趣意横生。

为适应社会和时代需求，院方模拟当时社会实际，指导难童在院内组织自治筹备委员会，随后成立"青云乡公所"，难童郑重其事，运用自己的民主权利选举正副乡长、保甲长。小乡长下辖民政、文化、经济、警卫四股，以及联保办事处各"长官"。平日，难童日常生活事宜，多由乡公所或联保办事处办理，其具体职责如下：民政股，办理编定保甲，在睡床编钉保甲门牌，调查户籍及办理人事登记，并召集"乡民"（难童）大会，选举保甲长，宣讲任免事宜，草拟、制定自治公约，编造、组织、指挥、分派劳务人员工作等事项；文化股，组织举办"青云壁报"，每月举行演讲会、书画研究会，宣传、游艺等事项，并每周作时事报告，如遇重大纪念日，得组织队伍出外作政治宣传；经济股，负责领导、分配柴、米、谷等挑运及磨谷劳力的工作，每日记载计口授粮数目，管理农场各项作物收获数量、保管和储藏，此外还主理院内"青云消费合作社"、"冬耕生产合作社"事务，委派难童参加管理；警卫股，派出中、小队长率领各队员护运给养各物，设岗守卫，组织巡察队轮值出巡维持院内秩序，保卫山地栽种作物，以及到各班级、宿舍、公共场地检查卫生清洁。

在导师的指导协助下，乡公所"官员"各司其职，忠于职守，各股保的治理井然有序。

儿童娱乐

儿教院的娱乐、体育设施，虽则短缺简陋，但难童身心活跃，精神生活丰富多采，娱乐形式多种多样，儿教院还不时开展各项比赛活动，更为院内增添了欢乐和愉快的气氛。

一、学艺比赛。项目有演讲、论文、书法、美术、速算、戏剧、化妆、歌咏、滑稽故事、游戏等。参赛者有个人、小组、级际，每次均评选优秀，发给奖品，以资鼓励。

二、体育比赛。项目有篮球、排球、乒乓球、跳高、跳远、跑步、拔河、掷手榴弹、竞技等。1947年6月，在参加出席省童子军检阅选拔中，击败各校强手，被县选派代表出席检阅，在检阅中表演了结绳、追踪、军号等项目，获得大会好评；在比赛期间，又被选派担任大会服务，由于精神堪嘉，荣获大会服务奖。在五届县运会中，廖润显荣获万米赛跑冠军，浩玲、杨国彦、廖五骝、麦淳梁、麦溥冰等组成的劲旅，则在乙组男篮赛中折桂。

三、娱乐活动。项目有师生一体同乐的同乐会、歌咏会、游艺会、戏剧会、月光会等。活动时师生同唱、同赛、同乐。由于训练有素，复员后为向乡里汇报多年施教情况，并为筹设院方一些经费而于1946年春日组织的游艺会，到莘村、沙浦、物流等地公演《无情女》、《红心草》两出话剧，深受观众好评，参加演出者吴钧伯、毕色（周锦荣）、何海丰、周柏枝、周梓坦、周澄海、张扬、苏磺、区汉湄、陈棠、欧阳学翘、廖文权、欧湛杭（女）等，获得观众一致赞誉。

此外，还有参加郊游会、远足会，参观、访问、调查，参加县健康比赛，拜谒先烈陵墓等。

卫生管理

难童昔日饱受摧残，身体羸弱，营养不良，普遍患疾，到达冼、杨两村时，院长周之贞对于师生起居饮食，多加照料，还聘请医生予以治疗。撤进新院后，正值春夏交替，溺洗、皮肤济癞流行，恶性疟疾瘴疠，难童偶染疟疾，动辄缠缠经月，久治难愈，且荆让乡地处偏僻，缺医短药，而药费支销，亦非赢弱经济所能承受，然周院长却"回天有术"，承蒙江谷、沧江各中医人士热心义诊，殷商助捐药剂，始缓解一时之困。随后，疫病再度猖獗，药物腾贵，每剂少则十数元，多则数十元，如此计算，月需耗金万余，支销之大，长贫难顾，实非当地殷商所能撑持。为长远计，周院长不惜负累，聘请中医驻院治理，先后共易4人，但效果甚微。后来院长周之贞通过赈委会及在敌伪区的爱国人士，从日宪林立的佛山镇智取偷运西药20箱，周之贞令其内侄梁新押运，途中几经生命危险，才把西药运到。惜中医不习西药，有药无医。后改聘专门西医师梁本华(常川)驻院，设立卫生室、留医房，主理诊症施药，病情渐得控制。

卫生室设立后，配备专门护士(黎丽清)、保姆(大坤)，增添设施，实行全面的科学管理。先是，定期体格检查，建立医疗档案制度，虽设备仅限于身高体重，胸肺诊视，但亦能基本明瞭难童健康状况，对于健康及营养不良者，尤加注意观察护理，认为需调养者，则宜妥指导其注意卫生，适当参加体育运动，并按其健康状况，分别给予特别营养品，以促其康复。接而，广治虫疾，使众患者八九成得以康复，而各种疾病，经长期悉心治理，多已差愈。但亦有少数身染顽疾，因积重难返，久治不愈者，不幸夭折。

对于难童疾病，院长周之贞不辞劳苦，常予过问，亲往探视，为病童联系转院就医，写发介绍信函，搜寻短缺药品，派遣专人护送，听取疾病汇报。为加强营养，增进健康，尽管给养难继，仍千方百计，务使难童人人温饱，荤菜均匀，每周每人供肉1两；每膳堂每日更供牛骨汤两桶！这些牛骨汤，令多少因往日营养不足而患夜盲症的难童得救，他们至今仍念念不忘，特称之为"救命汤"。

在加强营养，增进健康的同时，院方训导、卫生两股合力领导、督促清洁扫除，搞好环境卫生。由青云乡公所分派地区包干，难童轮值每日清扫，规定每周举行级际整洁比赛，每月全院检查评比。此外还举办各种文娱体育活动，严格按时作息要之，务使难童生活适合养生的旨趣。

儿教院的管、教、养、卫，拯救了濒于死亡的近千名难童，保存了乡邑"元气"，培养、造就了大批有文化、有知识、有技能、刻苦耐劳的有用人材，为乡邑建设事业，均作出一定的努力！

抢救、选送、留院

抢救难童

青云儿教院在沦陷期间，从1942年至1944年，先后共抢救邑中濒于死亡的难童13批，连同外地难童，共近千名，予以收容、教养。人数大概如下：

1942年12月1日至1943年2月，共653名；

1944年1月29日，共140名；

此外，其间零星到达和政府调拨的难童，以及因战事逃避回乡的侨童等，共约200余名。

选送教养

为缓解经费、院舍不足与人数超负荷的矛盾，1943年，儿教院先后数批选送部分难童到广西、连县等地儿教院。

1月29日，由何焕荣、赵继祖，会同陈劲节派人护送往广西桂林儿教院70名、柳州第四战区督训团80名，共150名；

5月10日，由陈霜范、赵百则送连县省立广东第一儿教院25名、第二院45名，共70名；

9月11日，由苏国梁、马挥五、廖士芳等率领至连县省立第三儿教院135名、南雄儿教院10名，共145名。

是年在转送省儿教院途中，从广宁经三埠时，给养中断，无法维持，遂将部分难童转送给当地质实人家抚养。复员后，经县政府协助，寻回数人。

留院难童

除上述向外转送者外，大部分难童则留在青云儿教院内接受教养，他们的境遇分列如下。

一、两届高小毕业生

1943年第一届高小毕业生共10人，为：伍卓垣，潘远明，王赐基，李敬锰，李仕汉，何贻球，赵不沐，何家侣，龙毓棠，何应昌。

1944年第二届高小毕业生共12人，为：何汉和，邓景明，欧锡辉，罗荣，劳叶祯，陈卓成，李明光，周滥海，吴家驹，林启湖，罗福屏，罗树毅。

毕业生中，有往广西贵县，乐昌和四会等地继续升学的，有在韶关、四会就业的，也有如王赐基等留院服院的。

二、中途辍学者

难童中有因学习困难，有因疾病由亲属领回调治，有因对生活环境不适应等而回籍者共60人。

1943年8月～12月离院回乡者：

廖正行，戴永恬，何沐棠，欧鉴鑫，何调能，劳兆恬，麦国忠，袁会枝，黎永志，欧锦聪，霍松标，梁伟源，梁崇义，梁启余，陈浩标，梁伟洪，梁耀洪，周庆昌，梁锡江，梁禧开，梁国华，欧阳流，欧阳永流，李辉洪，李叶洪，周嗣广，马瑞坚，霍七贤，马智昭，李耀光，何汉平，廖仲华，廖珠，郑浩波，李宝熙，陈仕元，邓卓耀，何近固，李泰流，麦利祥，麦铨祺。

1944年1月离院回乡者：

廖遇良，廖达华，龚富群，张济材，欧星权，廖正然，廖作良，廖国洪，吴五根，麦宝聪，刘胜权，梁细珠，梁佑珠，韦朝显，何奇侠，黄宝全，林泽民，林渭泉，伍日昌。

三、不幸病故者

师生因病救治无效而死亡者33人：

赵师母（赵百则夫人），陈窝（职工陈澍恩弟）；

周锦标，胡应旋，霍锦，何桂祖，麦文盛，陈金祥，龙子玉，卢永松，欧阳庆耀，梁锦文，叶国礼，罗永路，岑炯州，何元照，何庆胜，卢奕仔，谭成基，林伯联，谭常存，李平尹，潘健森，周杰培，陈自盛，吴仕元，仇兆华，欧庭傈，吴裕新，钟德光，苏泽陶，杨东成，胡××。

此外，复员后在陈村死亡者，计有张××（张垣医生子）、何声正（何亮东老师子）等2人。

四、复员回陈村者

1945年12月，儿教院迁回陈村后，难童人数共209名，其姓名、性别、年龄、所属区域列下：

附:部分难童名列(主要据1945年下半年登记列入)

初中一年级(29人)

姓　　名	性别	年龄	籍　　　贯	备　　考
罗福脂	男	19	顺德一区大良北乡文昌直街	
周澄海	〃	19	顺德三区北滘南街流芳围	
岑崇孟	〃	18	顺德一区沙滘	
赵汝安	〃	18	顺德三区碧江西街	
吴钧伯	〃	19	顺德六区勒流大白善乐	
邓景明	〃	18	顺德六区黄连	
苏宗麟	〃	19	顺德三区碧江西境	
周梓桓	〃	17	顺德三区	
麦致中	〃	18	顺德六区勒流大社	
欧锡辉	〃	18	顺德三区陈村石狮巷	
张泽彭	〃	18	顺德五区道教朝阳坊	
何联彪	〃	17	顺德一区	
何衍彬	〃	17	顺德一区桂马乡上下街	
麦启德	〃	17	顺德六区勒流南便街	
黎永强	〃	17	顺德一区楼涌	
梁以明	〃	14	顺德十区	
伍庆巨	〃	17	顺德六区勒流沙涌	
罗旋广	〃	16	顺德九区江尾沙浦	
欧阳学超	〃	16	顺德九区新华乡	
何定江	〃	16	顺德四区高村金龙坊	
廖文权	〃	15	顺德二区北进士里	
罗裕明	〃	15	顺德一区大良翰碧后街	
黄祖泽	〃	16	顺德三区碧江村心	
何伦洞	〃	15	顺德三区马冈三坊北龙基	
梁滋深	〃	15	顺德三区	
黎国祥	〃	15	顺德五区鸳洲南便	
罗庆沃	〃	15	顺德一区大良北乡文昌直街	
伍铺全	〃	15	顺德六区勒流	
周锦棠	〃	15	顺德二区黎村	

　抢救、选送、留院·留院难童-回陈村者(初中一年级)

小六班（38人）　　〔以下各表格式同第22页，故栏目名称从略〕

欧兆洪	男	17	顺德三区陈村
苏福惠	〃	18	顺德八区杏坛圩
吴泰显	〃	17	顺德六区黄连东市
胡文业	〃	18	顺德九区白藤乡上村坊
罗林长	〃	17	顺德八区罗水
周柏枝	〃	17	顺德二区
何海丰	〃	17	顺德六区黄连
廖锐辉	〃	17	顺德六区扶闾乡商明坊
赵不让	〃	17	顺德三区
周业沛	〃	16	顺德三区北滘
周镜泷	〃	17	顺德七区龙山
周盛松	〃	17	顺德二区黎村东街
赵绍椿	〃	16	顺德三区碧江西街
黄厚全	〃	17	顺德九区江尾沙头
欧阳庭	〃	16	顺德九区仓门曰边
区汉滔	〃	16	顺德三区弼教
廖伍骚	〃	16	顺德六区勒流旧圩
蔡武鸣	〃	14	顺德五区
张兆辉	〃	17	顺德五区道教朝阳坊
梁尚光	〃	15	顺德五区莘村
张知灵	〃	15	顺德五区道教
区浩玲	〃	15	顺德四区禾渚
黄炎林	〃	15	顺德一区大良
杨国彦	〃	15	顺德三区广教
梁焯尧	〃	15	顺德四区绀村
岑志刚	〃	13	顺德十区桂洲路心
欧阳效贤	〃	13	顺德九区江尾
梁树深	〃	16	顺德四区绀村
欧阳广元	〃	15	顺德九区均安圩
欧广誉	〃	15	顺德三区陈村
冯梓彬	〃	13	顺德六区黄麻涌

抢救、选送、留院·留院准童－回陈村者(小六班)

（续"小六班"

何作汝	男	16	顺德五区良桥	
			以下为在陈村青初堂时入校插班	
何嵩华	女	14	顺德三区陈村永巷	何亮东女
何声正	男	12	顺德三区陈村永巷	何亮东子
张耀燊	"	12		张剑虹侄孙
何式平	女	13		何觉夫女
何定昭	"	14		"
胡维绰	男			

小五班（35人）

周达洪	男	15	顺德二区綵村东街	
老国梁	"	15	顺德一区	
曾真相	"	16	顺德五区莘村	
梁泽培	"	16	顺德三区广教安定坊	
杨桂荫	"	16	顺德二区鸡洲蒸源坊	
伍翁伦	"	16	顺德六区勒流沙滘坊	
苏镇强	"	16	顺德三区碧江心坊	
胡守伽	"	15	顺德九区江尾黄漖	
陈福锐	"	16	顺德九区江尾黄漖	
谭浦龄	"	16	顺德六区勒流悦来街	
吴国崇	"	16	顺德三区北滘南乡同庆里	
梁庭昌	"	15	顺德一区	
劳俊年	"	15	顺德五区莘村	
岑镜显	"	16	顺德五区沙滘	
欧誉涵	"	15	顺德三区陈村第一里	
廖志姝	"	15	顺德六区勒流悦来新街	
温演和	"	15	南海	
麦溥梁	"	15	顺德八区	
麦溥林	"	15	顺德八区	
苏庚兆	"	15	顺德八区桑麻东安坊	
周培洪	"	15	顺德三区	
黄六全	"	15	顺德八区吉街十字街	

抢救、选送、留院·留院准置－回陈村者(小六、五班)

257

（续"小五班"

苏增式	男	14	顺德八区杏坛圩	
伦达强	〃	14	顺德三区碧江德云圩	
廖德明	〃	15	顺德一区大良新路	
苏铭霖	〃	15	顺德三区碧江江尾坊	
欧阳强	〃	14	顺德九区均安圩	
周材桓	〃	14	顺德三区北滘	
何恭礼	〃	14	顺德一区大良华盖路	
苏广巨	〃	15	顺德三区碧江高桥头	
罗细珠	〃	14	顺德四区绀村	
欧阳享枝	〃	14	顺德九区均安圩	
何礼恂	〃	14	顺德五区良村水步	
周荣基	〃	13	顺德三区	本院
以下为在陈村青㭏堂时入校插班				
何晨	〃	12	顺德一区大良锦岩后街一巷一号	何觉夫子

小四班（44人）

李锡均	男	17	顺德五区莘村	
麦泽早	〃	17	顺德八区容奇圩	
苏国华	〃	16	顺德八区桑麻东安坊	
吴荣来	〃	16	顺德七区甘竹左滩龙田	
梁吉棠	〃	16	顺德四区石硝	
苏桃	〃	16	顺德三区	
邓汝根	〃	16	顺德七区龙江	
卢志权	〃	16	顺德六区	
郑永年	〃	16	顺德三区桄涌	
陈文权	〃	15	顺德三区桄涌	
周二牛	〃	15	顺德十区桂洲里村	又名周业成
张培甜	〃	14	顺德六区	
黎兆伟	〃	14	顺德五区碧洲南便街	
张国楼	〃	12	顺德七区	张剑虹子
马兆基	〃	14	顺德五区	
李伟强	〃	13	顺德二区莘村	

抢救、选送、留院·留院难童—回陈村者(小五、四班)　　　　　· 25 ·

(续"小四班"

陈显派	男	14	顺德三区陈村牛角圩		又名陈显排
李　德	〃	14	顺德八区逢简北乡高翔坊		
廖业开	〃	14	顺德六区勒流		
赵不牟	〃	13	顺德三区		
梁　光	〃	11	高要		梁本华子
欧阳兆苏	〃	14	顺德九区		
周作梁	〃	14	顺德三区		
张国荣	〃	14	顺德六区		
林裕申	〃	13	顺德一区		
何旸怡	〃	13	顺德二区羊额莲洲街		
何炳洪	〃	12	顺德二区羊额		
蔡锡章	〃	13	顺德七区		
周盛康	〃	13	顺德二区黎村东街坊		
劳炳润	〃	13	顺德五区		
黄鉴江	〃	13	顺德五区马村		
邱锡祥	〃	13	顺德七区龙山涌尾街		
陈翰标	〃	12	顺德三区北滘乡座马桥		
罗衍兹	〃	13	顺德一区大良北乡铺岩后街		
周煜昌	〃	13	顺德二区黎村东馆圩		
苏纫根	〃	13	顺德六区南水乡		
麦兆根	〃	13	顺德六区勒流		
麦万芳	〃	13	顺德八区麦村		
廖乃昌	〃	13	顺德一区		
潘　涛	〃	14	顺德一区大良		
麦恋辉	〃	13	顺德八区麦村		
苏濂斯	〃	12	顺德三区碧江高桥头		
何作飞	〃	13	顺德五区良村太平坊		
周棪基	〃	11	香闺		本流

小三班（33人）

谭衍祥	男	15	顺德一区沙头		

　抢救、运送、留院·留院难童—回陈村者（小四、三班）

（续"小三班"

梅士良	男	15	顺德七区龙山官田龙珠社	
梁厚略	〃	15	顺德八区高赞	
彭智锋	〃	15	顺德四区石肯	
梁炳顿	〃	14	顺德一区大良华萼略	
陈恩治	〃	13	顺德三区林头百岁大街	
冯兆雄	〃	15	顺德六区	
文龙	〃	15	顺德八区麦村	
李灿权	〃	14	顺德三区碧江	
辛苏	〃	13	顺德三区北滘	
吴再昌	〃	11	顺德六区黄麻涌	
黄复孝	〃	15	顺德六区众涌	
方启琛	〃	12	顺德三区	
李细苏	〃	12	顺德三区北滘	
梅士彦	〃	13	顺德七区龙山	
欧阳宝祥	〃	14	顺德九区江尾	
卢志彭	〃	12	顺德六区众涌涌口	
黄耀	〃	13	顺德三区碧江	
李天强	〃	9	顺德十区桂洲村	
何校增	〃	14	顺德二区半颖	
欧炳洪	〃	12	顺德三区陈村	
周狄冠	〃	12	顺德三区北滘	
梁树潘	〃	12	顺德一区大良西乡	
周冠中	〃	11	顺德三区北滘	
黄得尧	〃	11	顺德一区大良	
苏佰禧	〃	13	顺德三区碧江	
袁炎培	〃	12	顺德三区	
苏报坤	〃	14	顺德三区	
欧广远	〃	12	顺德三区陈村	
何道标	〃	12	顺德二区	
李国章	〃	10	顺德三区北滘	
梁雅	女	9	顺德三区陈村	梁本华女
何衍墙	男	12	顺德五区良村	

抢救、选送、留院·留院难童-回陈村者(小三班)   • 27 •

经 费 筹 措

抢救难童之始,确定由省民政厅厅长何彤指拨存顺德县府赈济余款4万元,江南七省兵站统监陈劲节助军米9,000担,青云文社划出1941、1942年租金,旅韶同乡会捐助70万元, 以及顺德难童抢救委员会向各机关、同乡会募捐所得,全部充作经费。

由于抢救沿途辗转周折,时间延误,且需支付县内各区和途中五站接待输送费,驻鹤山办事处、院中经费,数百难童食米等,所耗甚巨,原经费预算,仅可供330名难童所需,现收容逾额,入春后物价奇贵,支出已超原定预算两三倍,虽经院长周之贞等人呼吁,又得柳州、桂林、曲江、连县、广州湾等地同乡会及省赈济款,但仍属"杯水车薪","沟壑难填"。到达四会窑头后,粮款告绝,"乃借食于当地富商殷户,暂救目前之急。"周之贞除献出身边私蓄应急外,即潜回顺德,向青云文社提取两年存租不获,拟在县内筹款,但此时各乡镇慈善机关、公尝、公款均为敌伪把持,无款可筹,无计可施。后再转涉曲江、肇庆商筹借款。而正当此时,得知陈劲节"率队远征,米无交付",原商定拨米9,000担事无法实施,仅拨得军米300市担。消息传来,犹似晴天霹雳,五雷轰顶,使周之贞心胆俱寒,焦虑、彷徨不已,初拟的设德计划即成泡影,经济支注一旦倒塌,日后数百嗷嗷待哺的难童,尚需抢救的邑中难童,儿教院的命运,邑中人材、"元气",……种种统萦系于周之贞的心中,使他深感所肩负的担子,关系着国家的前途,民族的未来,乡邑的复兴,从而坚定了他撑持下去的决心,并随即慷慨把历年在上海的私产,变卖得款100万元,全 部 拿出垫用,乃度过难关。

1943年,儿教院迁至广宁不久,各批难童也陆续到达,人数骤增至700余名,教职员工50余名,每人每日发足米1司斤,日耗米700余斤,另还需支付员工薪谷、院内各项开支,开销又巨,而经费来源,全凭拨款、捐款、借款三项维持。为筹措经费,院长周之贞分别向中央、省府各赈委会、各团体呼吁求助,先后得到赈侨会拨助谷米,省府核准购饷公粮,渝社会部拨发补助费,卫生署拨助药品、衣物,乡邑热心人士捐助资

经费筹措

装、童军短裤。经济来源虽多，但仅敷300余名教养之资，且所提拨价购谷米，多要到新会、台山、开平、恩平、三水、清远、赤溪、肇庆、高要等地探询能否购领，然后组织运输搬回广宁。此去路途遥远，几阅敌区，情势危险，周之贞常因此寝食不安，苦思运筹，后以就地变价出售，再转款搬回广宁一带另行购买之办法，终于解决。谷米运输虽获解决，但购领款项尚未筹足，为此，周之贞再度潜回顺德，办理青云文社田亩出租事宜。时适战乱，契据簿籍无从寻觅，几经曲折，始查得40余顷，而大澳沙良图13顷7亩，已被番禺汉奸李辅群（望鸡）攘夺，无法收取租金；余中山县属的土地，当地人士惧怕招惹纠纷，不敢投批，故1942年租金无从收缴，后经届仁则等出面斡旋，始获解决。为弥补经费短缺，周之贞再献私蓄垫用，并发动全院员生，辟荒25亩，广种杂粮、蔬菜，求得辅助，赖以自救。

转瞬到了春夏交替，疫病流行，而以疟疾为甚，幸以周之贞当年屯军会宁，深孚众望，得江谷、沧江中医热心义诊，殷富捐助药剂。后来，药品奇缺昂贵，殷商爱莫能助，院中月耗金万余，支销巨大。但从难童健康出发，周之贞仍不惜经济负累，债台高筑，到处寻觅购借西药"奎宁（奎宁）粉"、"见连丸"，聘定专门医生驻院，设立院卫生室，拨出专款，改进膳食，增加营养，病童始渐康复。

疫病过后，便到寒冬季节，眼下难童衣着单薄，难御寒冷，急待补充更新。院长周之贞为此又四出奔波，吁请宏施救助，得省赈会从清远拨发裌衣150余件，及社会贤达捐助，终又挨过了难关。

在饥寒交迫，经济飘摇之中挣扎，来到了1944年。新年伊始，财源尤为枯竭，时米价突飞猛进，青云文社所拨百余万元未款，只敷200名难童支需，占院支出总额1/3，院长周之贞又得重走吁请募捐的老路。元月初，周之贞从省赈会及同乡会中苦筹得款25万元，即派遣交际主任梁德公到省银行广宁办事处，询问由曲江电汇款至此所需时日，答曰电到即行交付。为解燃眉之急，即向当地谷商"恒兆米店"订购谷米，先签合同，并预交订金2万元，然后德公亲赴曲江办理电汇事宜。当电汇到时，广宁办事处借兑汇押码不符，故意拖延，拒不交付，一拖再拖，导致谷商提出废约，没收订银；待月底汇款办妥，谷价已升，使本濒于崩溃的经济，又平白无辜蒙受损失。预算既失，周之贞虽千方百计，却回天乏术，巧妇难为，难童只得忍受一段"两件破衣包瘦骨，三羹豆腐喂饥肠"（难童欧阳学翘诗句）的艰难日子。时势如此艰险，筹款如此艰辛，但周之贞仍于1月

29日派遣陈器范、欧均救、苏国梁等人潜回邑中,继续主理抢救收容难童。6月,米粮告急,周之贞又向广宁县府商借稻谷500市担,正拟往该县罗源仓提拨,适逢此时清远三坑沦亡,咫连会宁受制,罗源仓逼近前线,人民逃散,江谷又无从可雇,致谷粮未能迅速运回,食米无着,只好冒险抢运。此时江谷继胎,形势紧张,邻近村落出现敌踪,周之贞"为安定众心及应变计,日处院中","决不离开一步",表示相为共存亡,并及时把难童疏散于邻近农家隐蔽。由于"职教员童处理得宜",又获村民相助,儿教院得以安全废过。10月,院中粮情再度告急,周之贞又分向中央行政院孙科、许世英、居正及连声海等求助,获赞助款30万元。

到了1945年,难童减至240余人,时谷价直线上升,不敷更巨,来款400余万元,仅为总支出顿的3/5,所欠款项,仍由周之贞仆仆于途,呼吁救济,一一填补。

沦陷期间儿教院经济状况,下列账目足可说明:

项目	1943年	1944年	1945年
收　入	2,417,021.45	2,363,960.88	7,830,404.68
支　出	3,202,846	3,104,991	6,651,747.62
超　支	785,825	741,030.12	——
结　余			1,178,657.06

(金额单位:元)

冬十二月,儿教院奉令复员迁回陈村肯构堂后,初拟遣散回籍,而院长周之贞虑及难童多无家可归,年龄尚幼,未谙谋生,一旦遣散,则为饿殍,遣容滋多,且邑中教育,日少衰落,沦陷期间地方受敌伤残救他县为甚,今后邑中复兴,急需人材,仍决恳鼎力撑持,继续救养。

1946年,景况更为不妙,冬救济机关停止补助,仅凭青云文社年拨租谷2,000担为经济支柱。较本年预算,难童食谷、教职员工薪俸共需支谷2,500担,另经常费2,000万元。此时难童人数虽少,但生活指数激增,支销有增无减。又面临着粮食、医药、营养、衣物、教学仪器、书籍、台凳等等日常用品全无着落,周之贞仍以私蓄借出垫支,又不断奔定呼吁筹源。后承邑人捐赞500余万元,赠田3项,始得勉强撑持。往后,院方把赠田分设西滘、仕版等6个农场,除六部分出租外,亲留作生产基地,种植稻谷、杂粮、蔬菜、甘蔗、芭蕉、番石榴等,以期自救。但不久,

经费筹措

作物受台风摧残，且广东实业股份公司顺德糖厂又恃势霸占西滔、仕版两农场，在内兴建木屋，肆意掠夺，破坏作物，强行开耕，致百余亩杂粮遭受严重损失。当场工、难童前往收获时，竟又微开枪威吓，射击驱逐，致俩难童惊恐，仆跌受伤，事态严重。后经社会贤达、邑中父老……主持正义，力予援助，农场始得归还。

1947年背负着2亿元的垫累，沉重地抑进了1948年。新一年的前景更为惨淡，赈助断绝，财源枯竭，青云文社所拨粮谷与农场收益，约合5亿元，仅敷教养50名难童及支付教职员工半季支需，院方只得采取5项措施：1、择50名贫苦、无家可归而品学尚优的难童，继续公费教养；2、品学皆劣者，一概退回；3、有家庭而有家长者，一律自费入学；4、招收春季自费新生，以补各级学位缺额；5、文社将来如增加补助谷米时，公费生名额即行增补。

此后连年，院内经费支销仍由院长周之贞一力撑持筹措，仅以1948年1至8月份学校借入周之贞款项的账目记载，即可见一班：

1月借入　5,300万元，
2月借入　4,534.17万元，
3月借入　4,400万元，　（4月无借入）
5月借入　1.5亿元，
6月借入　4.1亿元，
7月借入　8.829亿元，
8月借入　2.0499亿元。

儿教院从创立至结束，在院长周之贞等同仁呕心沥血，筚路蓝缕的苦心经营下，共抢救难童近千名，予以收容、教养，其经费来源，均一一出自吁请拨助、捐赠、筹借、价领而来。此间亦有周之贞的捐助与借垫，而"借垫"却常是有借无还，不了了之。当日许多知情的难童说：八年中，我们吃光了周院长在上海的私产，在怀集的杉山，在四会的果园和在香港珍藏的典籍……故周之贞先生1950年正月病逝于香港寓宅时，身后并无长物。

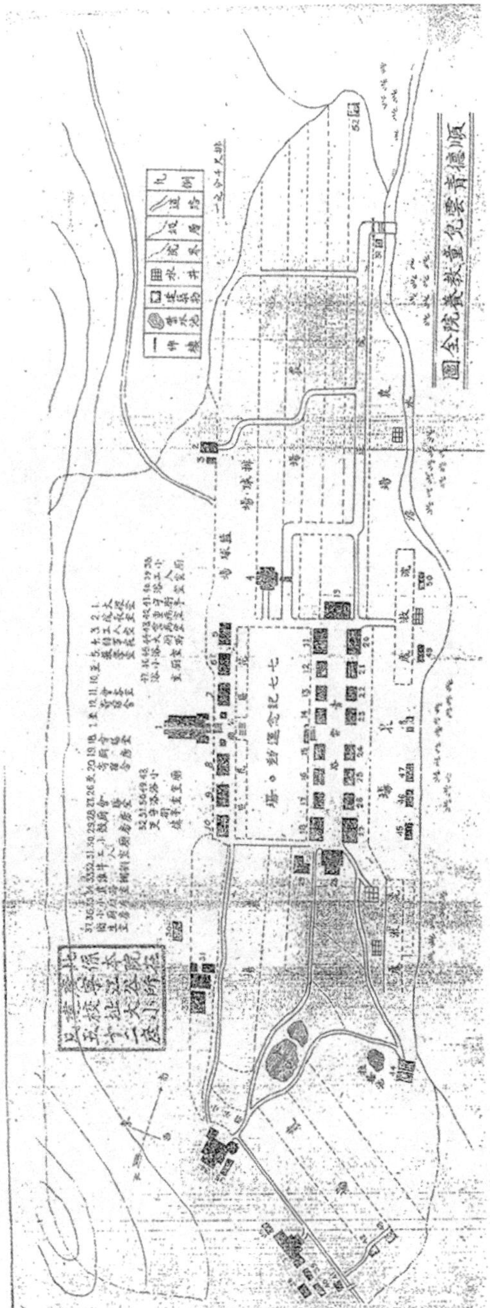
順德青雲兒童教養院全圖

四、周之贞先生的精神遗产^①

（陈大展）

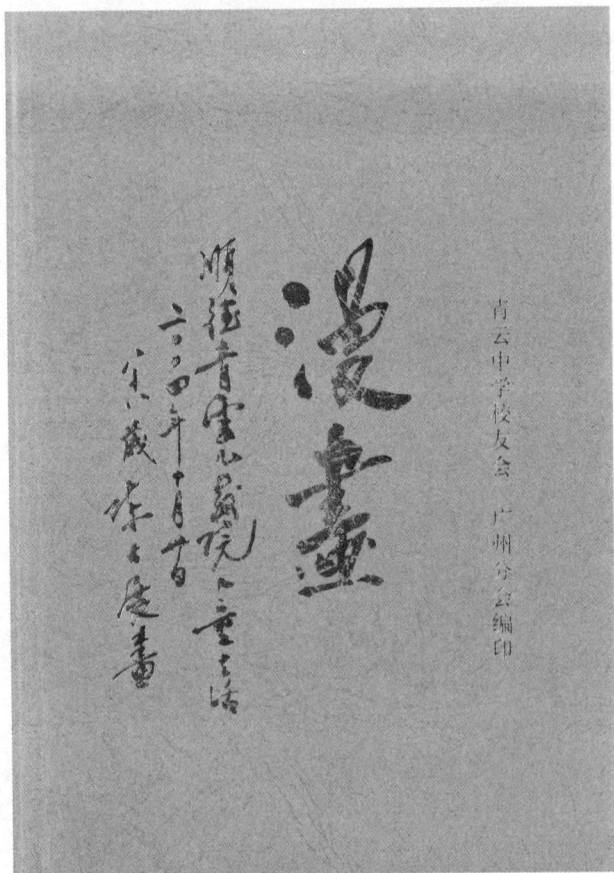

---

① 选自《青云之路》（第二辑），第 5~68 页。画作是由当年儿教院的教师陈大展先生在九十高龄时根据回忆进行的创作。

　　周之贞先生是久经考验的忠诚的中国同盟会会员,伟大的民主革命家、政治家、教育家,长期追随孙中山先生奔走革命,不怕牺牲、英勇斗争,曾参加辛亥年 3 月 29 日广州黄花岗起义,举世震惊。领队炸毙清朝广州武官凤山,成功成仁,战果辉煌,为推翻帝制建立民主国家立下汗马功劳,载入史册。1925 年孙中山先生逝世后,政局多变,不满军阀混战和蒋汪独裁统治,放弃军政下海经商,漫游欧美考察实业,以图兴国。1937 年全面抗战开始,关怀国运,由瑞士归国,从事救亡工作。中央政府委以珠江三角洲游击总司令,不授。回邑视察,目睹沦陷区,哀鸿遍野,民不聊生,失教失养的难童,嗷嗷待哺。怜悯幼小被摧残,为保存桑梓元气,延续国脉,毅然与邑内名流商贾义士发起抢救邑内难童,举青云文化之名,集中在广宁(现四会)江谷佛仔堂建院教养,培育人才。以青云文化社租项和政府支助外,自己还变卖家产支持儿教院经费,无怨无悔。先生以伟大爱国思想,忧国忧民、办学兴邦、呕心沥血、奋斗不息、倾家荡产,贡献了毕生精力,建立了不朽功勋。他的光辉历史和崇高品德,永远印记在我们心中。

　　我今年 92 岁了,忆当年,记往事,历历在目。在 1941 年抗日战争国难时期,追随先生创办青云儿童教养院。当年投身抢救难童和教育工作的志同道合者,今留下我一人。昔日的同僚和学子,对先生的民族爱国思想和伟大的革命实践,牺牲小我完成大我的高尚品德,十分敬佩和崇拜。我在晚翠有生之会汇同高龄门生吴均伯、蔡尔洪、杨国彦、欧阳学翘、吕东莱等人回眸烽火岁月,在此仅将先生一生叱咤风云、爱国为民的精神遗产,以漫画形式描绘成册,留给后人发扬光大。

青云志

精神遗产代代传，寄望遗产能拓展。

同志爱国献力量，中华民族永向前。

二〇〇七年六月于顺德陈村

抢救难童工作开始了,选派
人员深入县内各乡村广泛宣传挨
户动员开展抢救难童工作深得
各乡亲支持协助使接收工作
十分顺利.

逃云苦海奔向自由,我报名参加了!

接收各乡邻难童白，组织小地雇船偷渡沙坪敌伪军封锁线
选择晚上风高月黑，nr对岸沙石乘取涅联系避过敌艇安然渡过彼
岸，得到当地接待站人员欢迎翌日继续前进！

西上广宁旅途跋涉逾三千里风雨兼程十分艰苦，沿途经沙坪
金利永安四会江谷……每到一站设有招待处供应茶饭安排
住宿并护送下一个站，终于平安
抵达目的地

难童齐集目的地江矶排仔堂，
由于教院尚在建筑中，故临时在
附近杨村洗村祠堂作为临时食宿
立足之地。

安定童心把全体儿童分成几个班每天由老师带领到附近山林暂作临時教室授課,由谷以课語文教数学,讲時事,故事:音乐唱歌……等

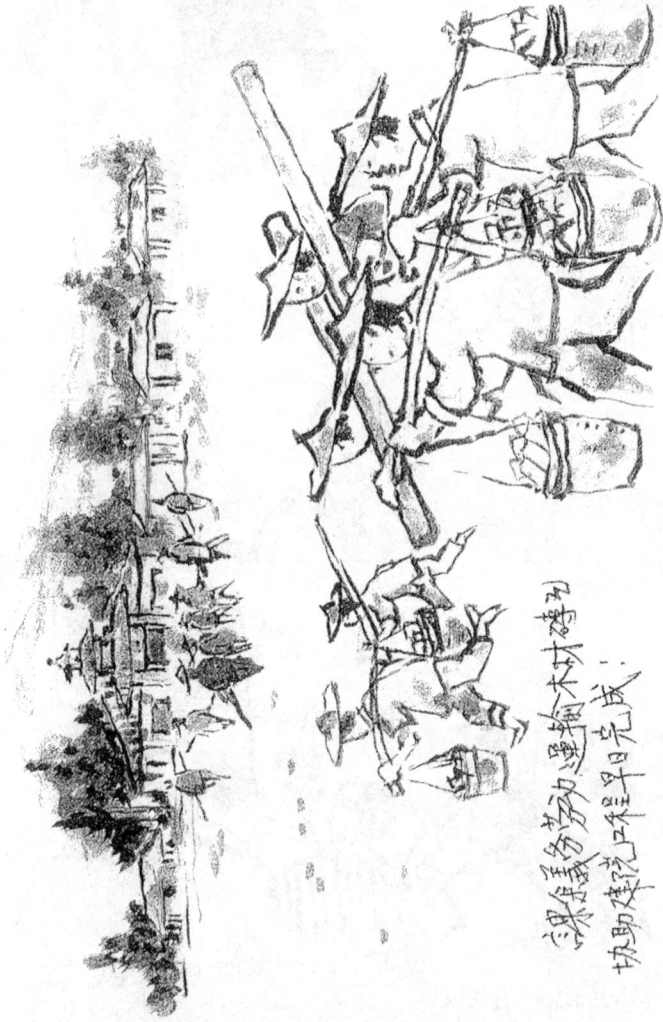

残砖乱瓦都浮到街心的时候,我多高兴啊……精神也来了。双手不住,于是扶起……迷茫的眼睛里突然又有了火焰,般冬是……

周院长讲话："大众守望相助，疾病相扶，倘横逆临于
我者，敢众扇临盾，事无巨细，不足疑惧，即如猝遭外人欺侮任
凌，彼此精神呼应，伊谁敢正视，真乃无纷不解无难不排…

儿童炊事员负责上圩市操办伙食
消费合作社服务员操办商品。

自己动手丰衣足食。战争任务，战斗结束空闲时间担任住，贡献杂粮那茶油盐洗衣服粮食田里自给伙房水……

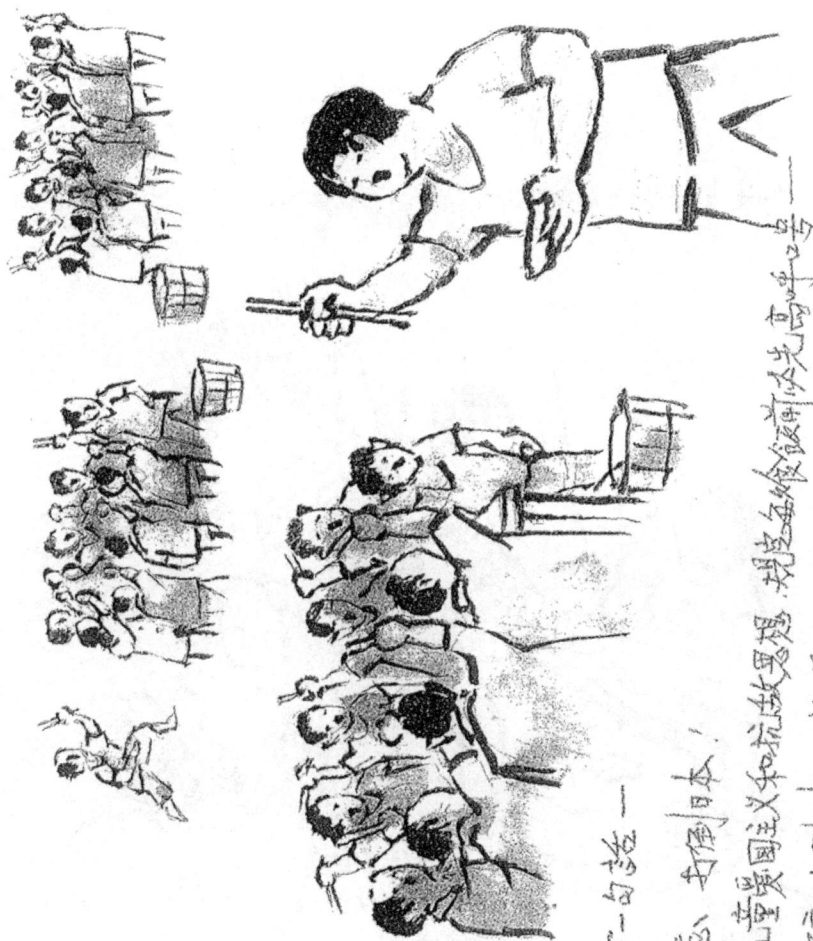

豆腐制作　编织
儿童所需的食用豆类制品 均由儿童学工制作供应.
儿童自用的草鞋亦由儿童亲手学工编织.

江谷镇各界庆祝国庆双十庆大会

江谷镇各界庆祝双十
节篮球赛
果然第一
·大會贈·

我院经常与江谷各界联欢,情谊甚洽,於卅四年双十曾请参加
江谷各界庆祝双十节国庆大會
文娱活动我院演出田汉之话剧"颂壹貳"扮神社救,得到观众好
評,文体活动取得篮球公开賽冠军獎。

院方聘请有工艺村民专职指导儿童手工劳作如编织炒蓆、炒帽、炒鞋、竹织箩箩、木工、磨谷、制豆付、养猪、理发……

学习理发工艺以技能

增加营养 骨头汤，每人供应一碗！

年耕手稿　当我们读到书最后这一计，才能真正的释然，剑胆心童将始至此。种植黄麦张学自给，以家待一生经营，效谷和稻来以豪劳动者热忱故乡。

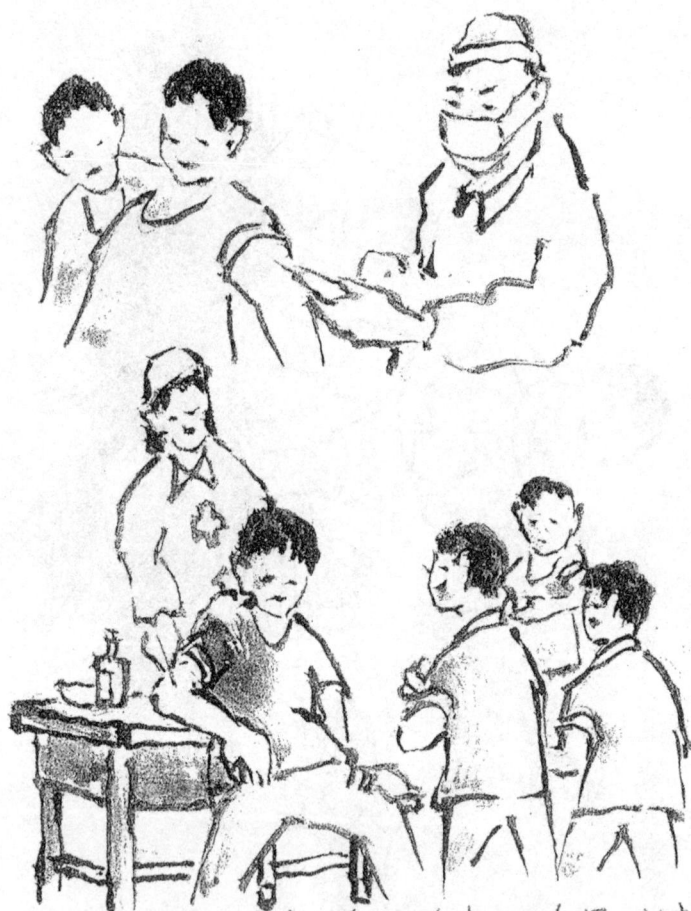

救死扶伤的革命人道主义精神的四会县卫生院都把派
医生到院为儿童治病并定期进行防疫注射。四会县有位女医
生到院为儿童接种牛痘，因此天花麻疹……等传染病没有发生。

模拟社会实践,指导儿童生院内组织青云乡公所,由儿童
自治自理,自选乡役保甲长,负责处理儿童日常生活各项工作,
如消费合作社经营、农场生产收获财务管理、内务清洁卫生、消防监
督、警卫站岗……

解决和协调
儿童内部矛盾
纠纷处事.

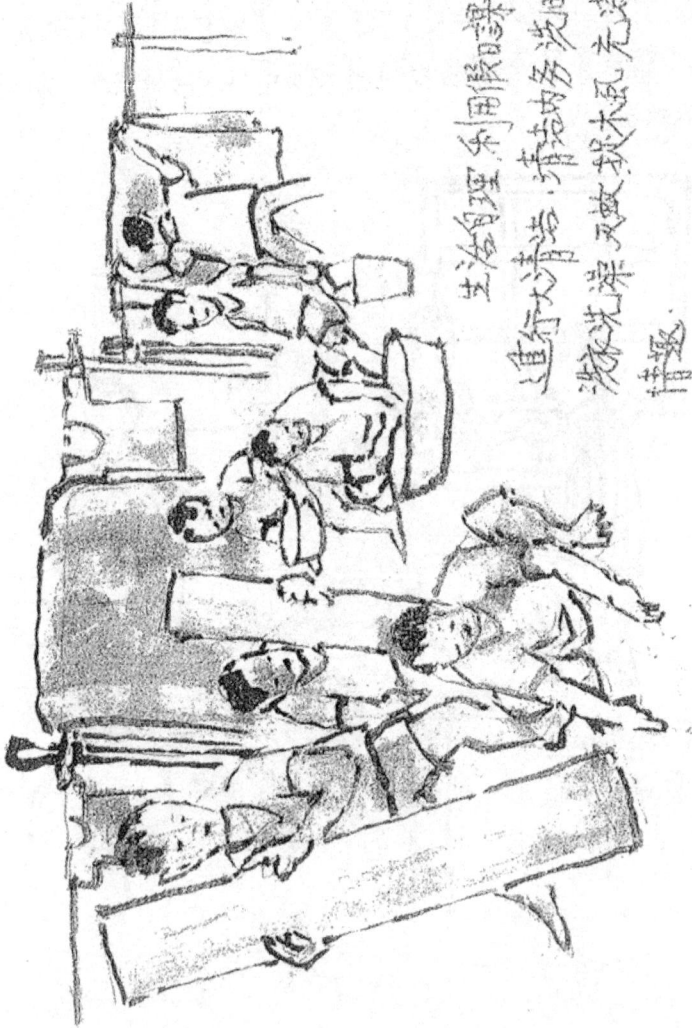

一每个儿童分了一套新衣服,十分高兴!

周之贞院长呼吁省政府,战区,支援救济难童急需物资,获得大批粮食,衣物,药品,文具书籍…

战火纷飞的年代，邮路阻隔，音信难通，偶然接到半纸
群童雀跃，争相传阅，那种情况，亦喜亦悲，一言难尽……

自写自编自排的墙报出版了，每次都由儿童自行设计刊登

晚饭后走上青云路上休憩. 师生感情融洽细说心事.
互诉衷情闲聊国事关注战况……

请上看报捉棋打球自由选择活动……

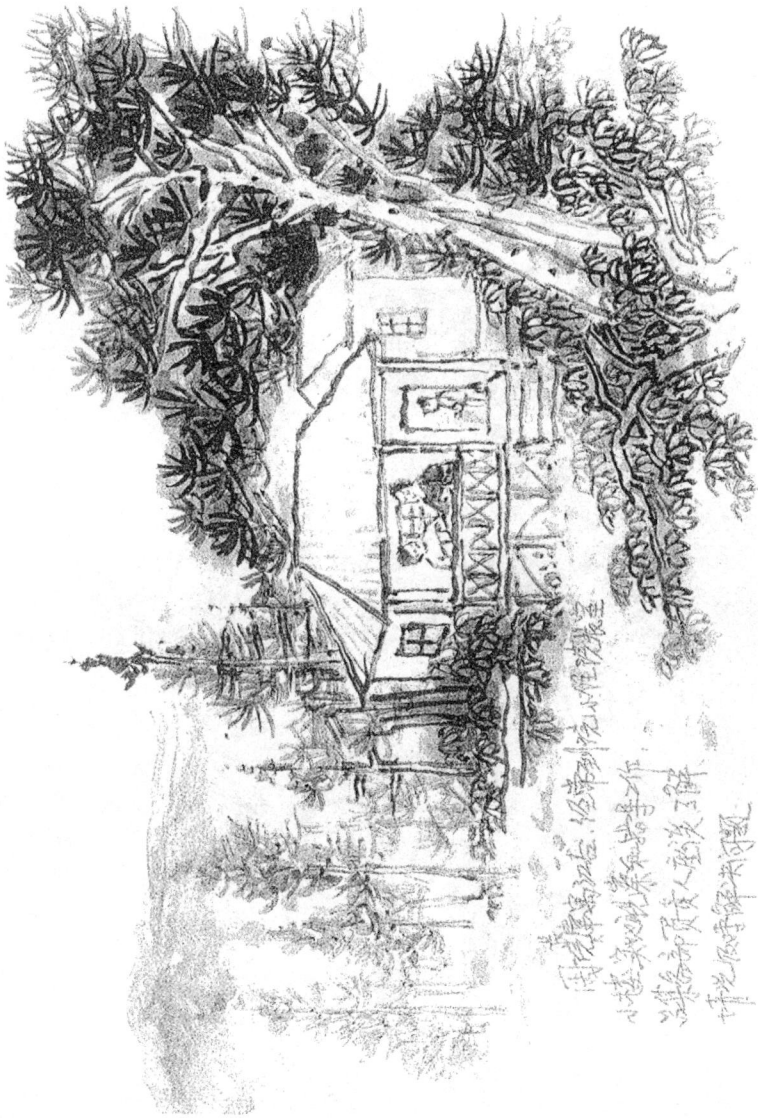

晚读自学　由于治学严谨促使儿童求学兴趣，良好风气逐步形成，儿童课余自觉点松香独看书学习。

难素西几年先落学了或绩卓若现山学毕业了,何去何从?
是值得亲庭和乃迎急待解决的难题,面进院方面究位折
珍珍,因此制惯克服困难创造条件决定开为初中班使童
继续学了

体育运动，锻炼出童年强健的身躯。

学校组织进行各项体育活动，全天候的锻炼身心，促进发育成长。

培养儿童德智体育全面发展
经常进行各种比赛活动如演
讲·说故作文·故学音乐唱歌…体育运动
会各项田经比赛·

演出大型话剧在儿教院全部女童热情之下，我们女角实在一个难题经过剧团分研究想无办法

采用男童扮女角的设想

结果试演成功，次在

四合县城演出抗日大幕话剧《无情女剧照》，演毕，县老太爷看了又看不知女主角是个男童扮演的

忙说"好嘞"

抗日六幕话剧
无情女剧照

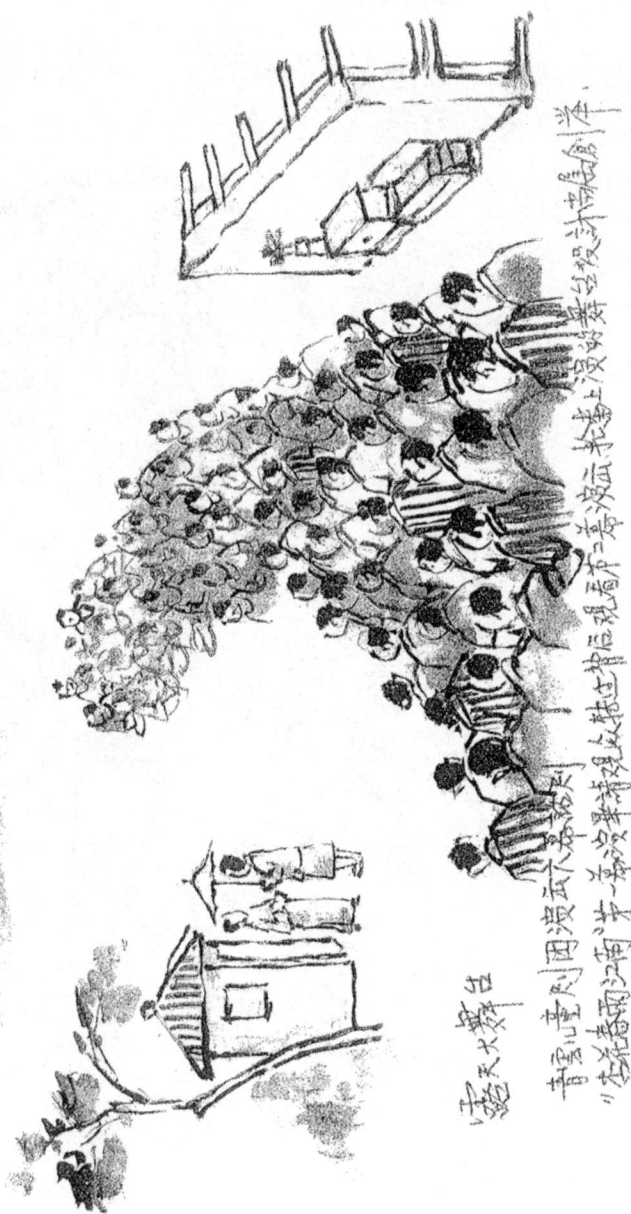

顺由驼江谷遇4千里,闲山迎马,交通
不便,难童家长多看,除通过教师等其
镇成城大我院探望几子,夜颇寺垫情轻待并汇报儿童生活
和学习情况深得宁长的理解和同情,感到十分满足.

各种聚会、照像⋯⋯丰富多彩活动，使此次聚会⋯
更味盎然。

镬底灰蒸猪肝可治雀盲症

营养不良造成个别儿童贫血雀盲晓卫生部
十分重视根据民间验方用镬底灰拌和猪肝蒸吃
二三次果然凑效俊儿童恢复光明

再讨见先生冒着生命危险，长途跋涉不辞劳苦经常奔走沙坪
坝江拳以上乎听有府和军运支援经费粮食医药衣物

清明节，登山登高，组织师生代表到本
院后山坟地致祭病亡儿童和职工，以表悼念！

1944年秋前往四会县城举办顺德青云儿教院儿童作业成绩展览会，晚上献演抗日短剧无情女招待各界人士博得会城观众好评.

抗日战争时期县剧名伶关德关领导的粤剧宣传团莅临江左镇
献演抗日名剧"神鞭侠"，免费招待我院全体师生观看。

邀请我院剧团部份演员参加同台演云得到很济志洋真

日寇进犯衡谷,烧杀抢掠,我先采取紧急疏散,躲难柽伙仔堂
附近村落各户,当时适逢农地收割季节,对难童主动帮助农民收割晒
谷搬运等工作,结下鱼水交情。

抗战胜利战事平息，社会秩序恢复正常，儿童心情愉快，学习情绪高涨。校党晓方决定明春全部迁回顺德，消息传出，无不心意激动，眼盼望荣归故里，再饮珠江水至尝故乡饭！

319

院方考虑到幼童和病重的旅途安全
集中在第二批由教师和医务人员
沿途护送使全体儿童
安全抵达顺德目的
地陈村改成大宗祠.

抗战爆发到解放前夕，历经兵燹，几度迁徙，颠沛流离，几易校名，依然弦歌不辍，薪火相传。回顾历史，沧桑百年，这些珍贵的档案记录着一段段鸟引途返社会办学的历史，青云学子矢志不渝，攻坚克难，报效祖国，薪火相传，培养了一代又一代莘莘学子，为桑梓教育做出了贡献。愿青云学校继往开来，广招新生入学，继续为培养德才兼备的社会主义新人而奋斗！

我连金部进四川顶也，暂时推延陈村欢庆庆宗祠内一切安排
就绪，继句继续研课但考虑难富上还后是亲心切心弟请
决定放探亲假故天皆大欢喜。乐勇敬多。

在本校培养的初中毕业生除少部份吸收生后来任战我校部教师外大部份心重回农村自行选择升学或经商务农打工投身社会工作据调查——

当班长 级务秉桦

任教师 当校长

入工厂 做工人

当农民 科学种田

当老板 发展经济

继续展志读高中 考入大学

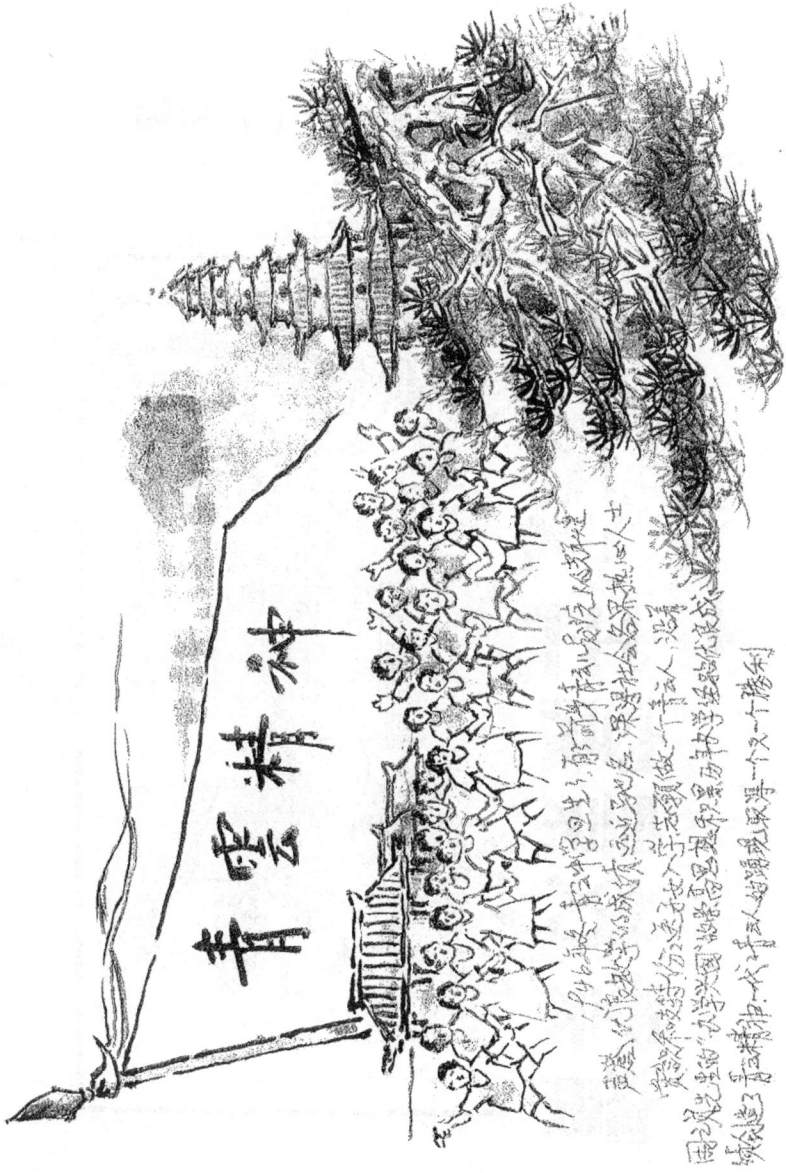

五、欧阳学翘校园写生画稿①

———————
① 选自青云中学校友会广州分会编印:《青云之路》(第二册),第 71~82 页,2004 年编印(内部传阅)。

顺德乐育实况鸟瞰图之情形

戴明瑞绘图于一九四一年

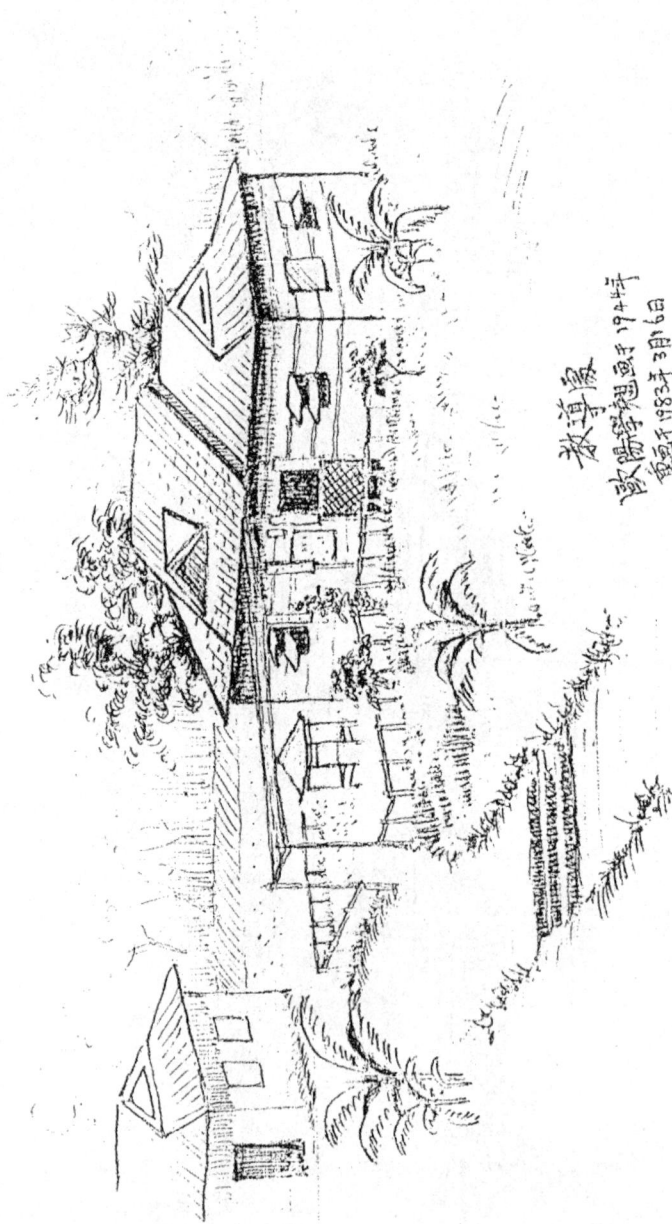

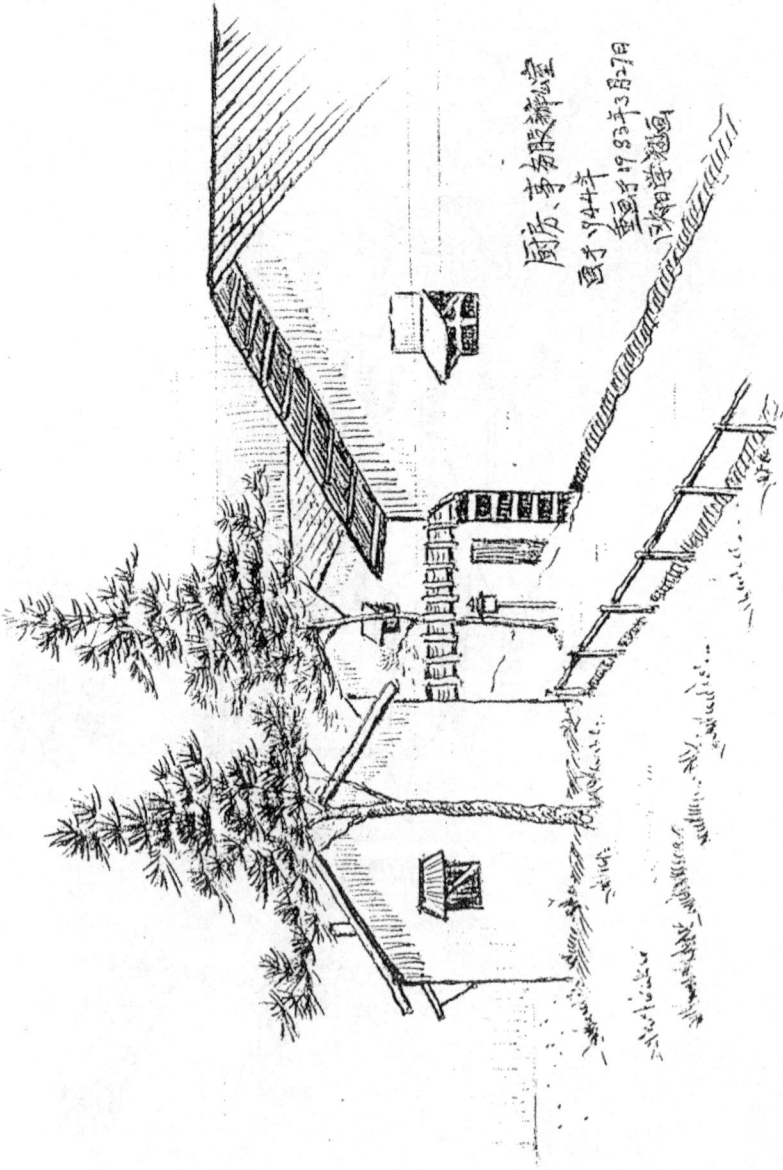

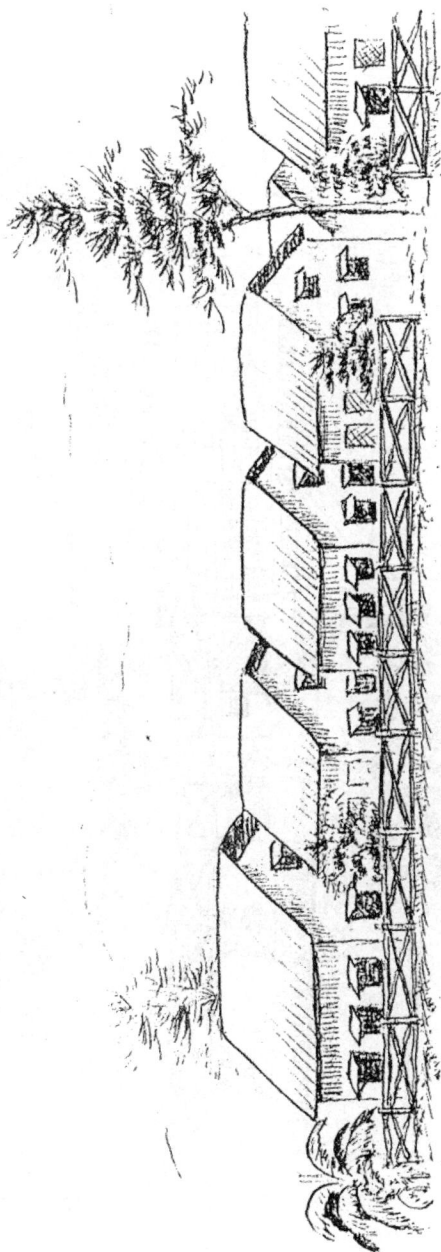

一堆茅草房这是当年五七干校一角

德阳县罗江五七干校1944年

写画于1983年3月27日

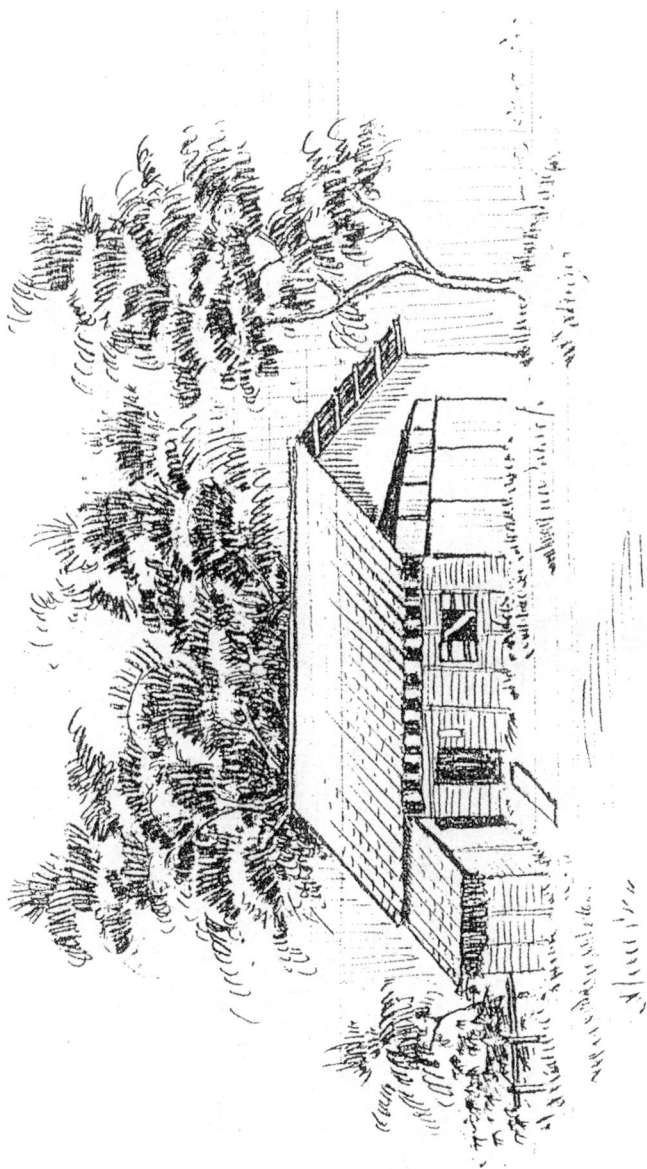

唐戬路——粮食加工厂

写生于1983年11月5日

至公社途中所见

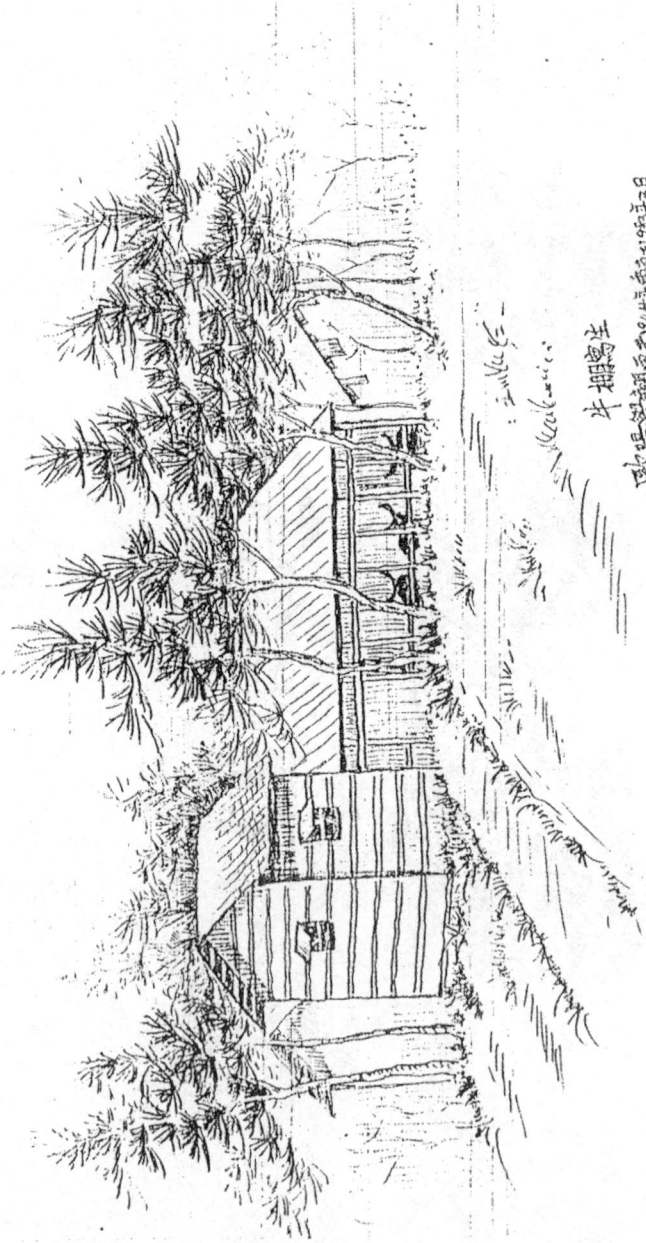

天台听寺

欧阳紫紫道长路重念登天台山

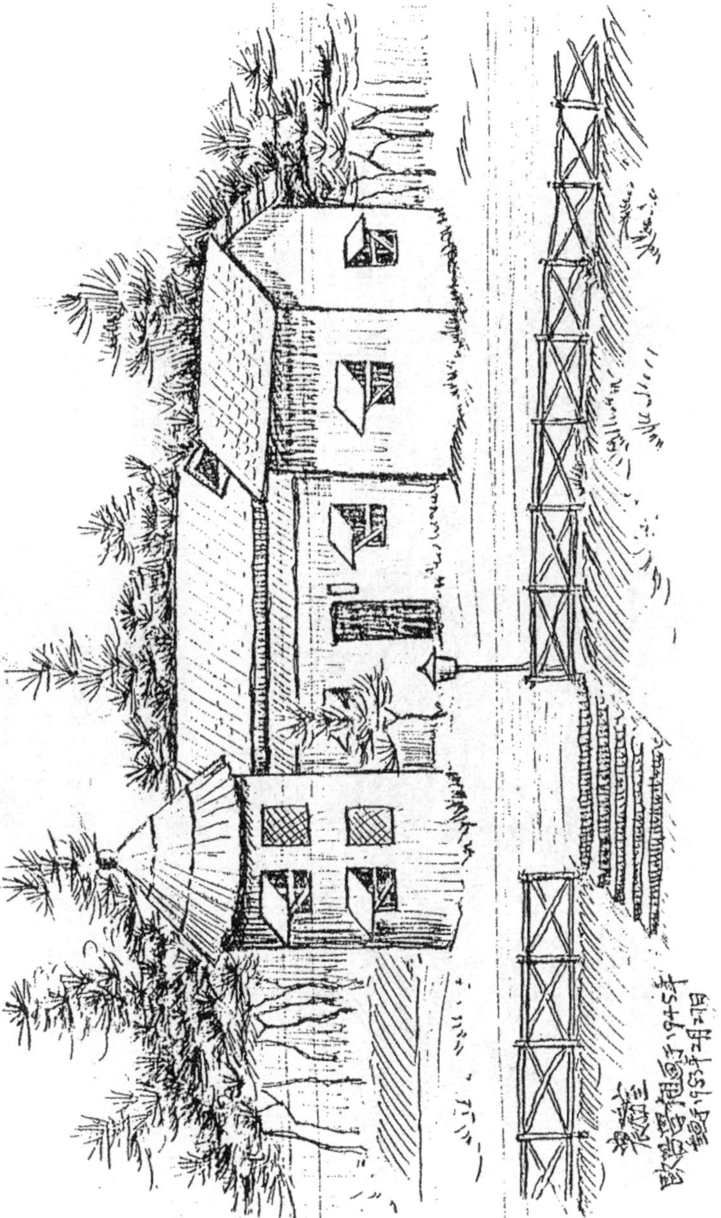

青雲校道

歐陽濟翹画于1944年

宿舍後寫生
歐陽學翹畫于1944年
重畫于1983年2月3日.

六、周之贞书信手稿

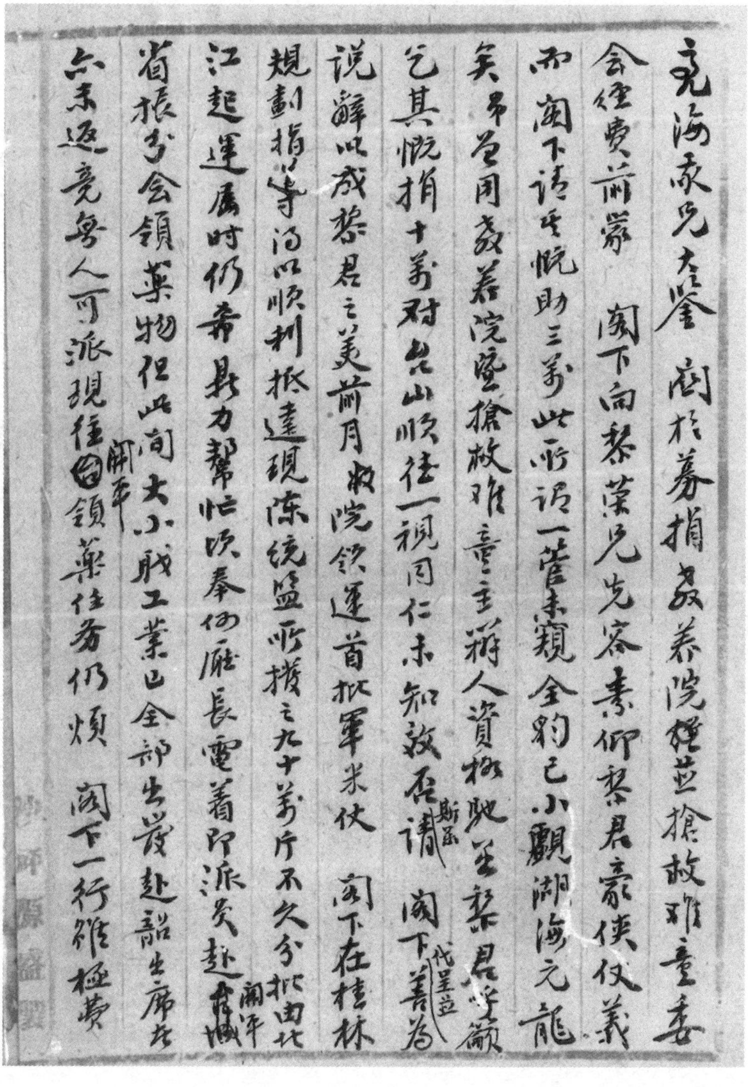

清神需专商公益 节惜铭感于心不用乎已关言谢怅现在两次

百十圆工多属临时部曲惠难相随今服务又为慈善性质小薪

津微薄 节拚别谋蝇头小利以分润之然为一已之私阁此检阅

崔城港记公司系挚友杜月笙君委托黎君主持西江销货之

权现批在途之货数百箱不日抵达所部扰请逐至黎君备供分

货 节与黎君非保稔交未便直说私语欲逐电杜君要求又恐往

返需滞时日更不顾以此区区小事而搅乱黎君之大纲而节与杜君交悟

谅荐黎君所素迷语 阁下面晤黎君时请迳指定四箱国俾货工

稍沾修润或求黎君玩乐捐救难童又何妨乐拾于货以补助一百十三

清苦员工量未可料之专此布达谨候

台祺

弟周之贞 敬启

榮榮先生大鑒 僕奴猶惜鶯食上邦西漸假尋法海
諸府縶輸桎內她敝傷遇獵拓鄰封輪釋失收生機殘初
輒道先披師侯徐民之閭陛陰窮途悅觀地府九幽之獄其欠也
鶯心傷魄迴腸惋列沖斷童雅童无敵筵強迤覯寡散詐罦乎
其投天勇不聯弱女妖生雨魔能妄滿填溝鶯餐蟻食禍興
惨曉古乍春陰亡之眾拓含稷暴之兵苦江瘡膚膏告美紛疑勉
人敢徑負責搶救難童堅組織青雲覓童敎者院投寀色中及衲
失學之兒童瀬言盲之志尖忐師龔存喪亡之餘肵培鄉郡之兄弟
鍛航錐黃緒緩緩經波深蒼夢蒙之請肯瀝惋拾防宰滾衲之譌敢動

半河润诚心为家生佛 含生济仰赖仁慈 一程拳天回天骨 休哉活力
办各山之劫运 永申万朵 摄极顺坠之沧海 登斯民衽席 呎嗟此地本
喜向枯春风青泽 遍方顾哀话半阴雨 富仁不谨 句筹为怀想 先生
呎然以自传表桑亲松陵广度为山士屋为 之孙宰 图不惟乡研二地
泗亭萨撼而有不轩轻火含山已怕浚 枧君手民常岛 饭话救济乔不先
生当广哉陈法为太滠会钱乃朋送右为隔中 诸房微活听不发望先生
一视同仁心 锡千万言数刚辩 妈良多多玩承 怵恢 猬揭语府疑涯
交陵君手为篠路寝桥 附呈收修乞纸数希心 密收为章审氏右

蓬祓颂
多褀

弟
周之贞拜颂 卅二十六

七、周之贞先生诗抄译意

周之贞先生诗钞

译意

二〇〇六年十月九日

关于阐译周之夹先生诗作之原意

在中国共产党十六届第五次全体会议公报号召下,全党同志和全国各族人民紧密团结在党中央的周围,高举马克思列宁主义、毛泽东思想、邓小平理论和三个代表思想旗帜,坚持党的基本路线、纲领、经验,全面落实科学发展观,为全面建设小康社会而努力奋斗!

全面落实科学发展观,必须深入实施科教兴国战署,坚持教育优先发展,这里说明教育是现代文明的基石,和推进社会主义和谐社会建设必须坚持"以人为本,转变观念,按民主法治、公平正义、诚信友爱、充满活力、安定有序",积极营造良好的内外环境,是实现这一目标的前题。

于是,由宏观想到微观,由抽象想到具象,最后落实到身边的事。

在2004年底参加筹划出版"青云之路"以来,多次重新翻阅"顺往青云儿童教养院及其创始人周之贞先生的史料",以及多年参加母校的庆典活动。深感关怀母校的发展,培养一代新人不能离开历史。特别在"奋发图强,振兴中华"问题上要爱国、爱家、爱人民,按民主法治、公平正义、诚信友爱,才能充满活力安定有序的发展。

去年,学校要把青云的创始人周之贞先生塑像(半身)作为校标,树立于校正门。

由此,如何认识周之贞先生,深入了解他的既往,是很必要的。由于史料不多,历史照片更少,所以觉得从他的诗作中了解就是最好的途径。基于他的诗作大部皆为文言旧体,而且在理解时还需结合年代历史,所以有必要加以阐译。

从诗(删联)译的过程中,深谙之贞先生是孙中山先生推翻帝制,实现民主革命的先驱和忠诚猛士。他身先士卒,奋不顾身的英雄气概令人敬仰,对国家对民族的无限忠诚,对家乡对人民的无限热爱

2

对敌人的无比仇恨,对出卖革命出卖国家主权的叛徒汉奸卖国贼实行口诛笔伐,给予无情的揭露和鞭挞。他退出政界后,对苦难中的孩童实施教养,甚而对其儿子婚后寄予深切的祈望。希望他们在国家苦难中自强奋发,不要忘记我们这个贫穷的国家还有很多贫苦大众,要努力为实现广大民众的利益而奋斗。

希望通过此诗译能达"承前启后"的目的,更能切合我党推进和谐社会建设,实现科教兴国尽棉力,是为原意。

从初译草稿至三稿,深得钧伯学兄及浩江、照坣等学兄多方提点,取得共识,特此致谢。

青云中学广州校友会

周扬海执笔

吴钧伯校正

2006.9末

3

关于周之贞先生诗的理解 说明

一. 基于诗译的原意在前面说了,不再重复。

二. 中国是个诗歌的大国,不仅封建主义,资本主义需要诗歌,社会主义甚至共产主义也需要诗歌。问题是什么诗歌,是旧体还是新体。我国自二十世纪初的"五四"运动以来即开始提倡白话文(白话诗)。所以自新中国建立以来,旧体诗新作基本绝迹。现在书店能买到的都是几百年前的唐诗读物和现今研究论著。

三. 学习译诗是最近的事,由于对古文研究不深,不断翻书研史是免不了的事,不竟学识浅薄,力不从心,领悟有限,错误之处难免。本着先秦诸子百家所云,"以诗誌志"从汉语解诗说:诗者,言诗从土从寸,皇天后土才心知,言赤子之心。诗从言而音寺者也。因此从叙事,写景,与抒情三结合以寻译(释)之。正如研史诗者云:"古往今来基于诗学观念不同,理解(史实,作者,译者)角度不同,对诗的阐释如春花一样千姿百态"。(亦可能错漏百出)故敬请读者提出宝贵意见。多谢。

一译者　　4

周之贞先生诗作(对联)目录(按写作年月顺序编排)

5

纪念院长周之贞先生一百二十五周年生辰

周之贞先生（生于公历一八八三年终于一九五〇年）又名苏群，字友云，晚年自称懒拙庐主。广东省顺德县北滘乡人。早年赴南洋经商。一九〇五年冬在新加坡加入中国同盟会。一九〇九年参与编辑、出版《星洲晨报》宣传革命。一九一一年回国参加黄花岗起义，与李沛基炸毙满清的广东将军凤山。一九一二年任广肇罗绥靖处督办。一九一三年参加二次革命失败流亡南洋。一九一五年回国参与组织华侨护国军，任中华革命党广州党务联络员，开展反袁（世凯）讨龙（济光）斗争。一九一七年参加护法运动，任海陆军大元帅府参军。一九二一年和一九二三年两次任顺德县县长。陈炯明叛变后，先后受任西江讨贼军司令；陆海军大元帅大本营工兵局筹响委员；四邑两阳番顺八属绥靖处处长；中央直辖广东讨贼军第二师师长等职。一向受到孙中山先生信任和器重。

自一九二五年中山先生逝世后，形势政局多变，同时之贞先生受西山会议派某些要人排斥，遂避居上海。一九二六年转赴南洋婆罗洲。之后一段时间漫游欧美、日本，考察世界大势。

之贞先生自一九二六年至一九四〇年的十四年中，始终忧国忧民，既看到军阀的混战割据，也看到国家的危难。"九·一八"事变后，先生居无定所。一九三八年十月，日寇攻陷羊城，更愤恨国民党当局对敌人的退让、妥协、投降；又哀痛国人被蹂躏，山河破碎。更恨当年追随中山先生的汪精卫叛变革命认贼作父投降日本，在南京成立伪"国民政府"。

之贞先生的政治生涯，从他各个时期的诗作中可以看到一点轨

6

迹：积蓄奋起——铿锵革命——揭露、鞭挞、搏击有违中山先生主张之人。但他不竟自感无力狂挽，又不欲自置于内耗的旋涡之中，于是转向务实。为乡间、为社邑，为后代、为日后的国基作筹划。

一九四一年冬，日寇攻占香港及领南沿海地区，饥民老幼饿殍遍野，日寇视我人民如蝼蚁，敌为如狼似虎。之贞先生目睹惨状，为怜悯幼小被摧残，保存乡梓"元气"，续承"国脉"。于是偕志同道合者如廖子平、郑彦菜、何彤、冯炳奎、伍蕃、郑军凯、冯卓勋等人，继青云文社育人兴国宗旨创办"顺德青云儿童教养院"，经三年先后分十三至十四批抢救顺德难童，至一九四四年前后达八百多人。选院址于当时广宁县江谷镇的佛仔堂山区。这段时期由于给养不继及其他因素,分批选送各地365名，中途离院60多名，病亡夭折30多名合共四百五十多名难童离开儿教院。

一九四五年十二月，即日本投降后三个月，院址迁回顺德陈村"欧氏大宗祠——肯构堂"，难童人数仅剩二百多名。从此顺德青云儿童教养院易名为"私立青云中学"，到一九四九年底历时九年之久。之贞先生施教育人之心不断。

诚然，施教育人的九年实务并非坦途。试想几百号人光吃就不得了，筹款是经常的事。除向当时的中央、省民政部门奔走呼号、筹赈济，请募捐、求借贷及青云文社每年拨款等，经常入不敷支，再加抗日战争胜利后，国统区物价日暴飞涨，昨日筹款今日成废纸的事比比皆是。所以之贞先生在百无出处时几度把他在上海的私产，怀集的杉山，四会的果园及香港的珍藏变卖。以维持施教育人的运作，对此无怨无悔。

之贞先生长期奔波积劳成疾，自一九四七年起经常咳血，多次前

7

往香港就医无效，终于一一九五〇年春逝于香港之香港仔山边台寓所之内，身后并无长物．

回顾之贞先生公历一八八三年出生，自参加新亥革命以来，并未加入国民党，最后还是保持"同盟会员"的称号，逝世时按我国传统惯例计享年六十八岁．至现在一百二十五年．

今天，在党中央的领导下，祖国繁荣昌盛，建设和谐社会．我们感怀应不忘既往．

校友·北滘·周扬海

2005 年 12 月 12 日稿

摘自青云之路 四册

8

顺德青云儿童教养院（院舍落成）1943.10.30.
周院长《开幕献词》意译

（原）我邑不幸，惨贼沦胥，终风且霾，
（意）我邑不幸，惨遭沦陷，腥风血雨，烟尘迷漫

　　　　　六年于此，阴戾之仇，虐流
看不到前途，至今六载，来自北方凶暴之仇，灾害疾

生气，龆龀之子，响辍清风
病流行，换齿孩童，没有纯真声音和生长气息，

甚而骨瘠肠枯，　　桑翳莫向，
甚至饿得骨瘦如柴，无遮身闲体的地方就不要

　　　罗雀掘鼠，烟冷徒殄，
说了，他们捕鸟挖鼠，没有炊烟的伤痛。

　　言念种子将绝，　　　文化日塞，
想到我们的子孙没有后继而断绝，文化日渐低下

　　　殁者沟壑　　　生者鹿豕，
甚至闭塞，死去的弃尸山沟深坑，得生的人也是无

　　　　字堪设想耶，邦人君子
家可归四处奔走，岂堪设想啊！我族志士

9

金以提拨青云文社学款，　　　　教养
仁人，认为把青云文社的收入作为办学款项，教养

儿童，于事理为当，　　　　并命之贞任其役，
儿童，对此事情道理十分恰当，并命我担负这项工作，

之贞无弃葆萃，　　　均与茅针，　　襄饭
我不惜多劳累都没有放弃，不管大小事情，经过多少

蒹旬，　　苾困左扇　　既甄爨之渐
爱媛志冷，不能被困难阻隔，筹划建设把炉灶

新，　　用礼仪之斯讲，　　惟伏暴藏宽，
重新添置，以礼仪之邦规教育，但目前形势是日寇

　　　　白昼攫人，　　瞻望乡关，
还在肆意妄为，光天化日掳杀我族人，远望沦陷的

　　　于何弦诵，　　　乃相地广宁，
乡里，那里有教学的地方？于是看中广宁这个地方，

经营校舍，缦短绵薄。　　作蒙
建设院舍，现今以短绳束博单薄衣衫，所以开始
（设想和现实差距甚大之意）

10

始难. 　　幸先生长者. 　捐杜暹之清俸.
极端艰难. 幸得先生长者. 像唐代杜暹一样慷慨

分刘向之余光,
捐出自己的薪给 使得学子像汉代刘向一样勤奋好学.分

始免饥寒, 得赴
把这光采事业增加办学经费 开始免受饥寒, 得到学

学业. 　　筚路之启. 　　　正感同声,
習场所. 　院舍为竹织批荡开教. 这是大众的共

蓑土之样. 　聊观厥始.
识,雖是土篮竹筏,暂且从简陋开始.

兹定于十月三十日举行开幕典礼. 小草
(同上不译) 　　　　　　　,从此

资于扇发. 　　素璞俟以开莹.
雏小的孩童得以培育. 一块块单纯的璞石

所望同濡.
得以琢成美玉. 所以希望同乡同族长者.

18

不辞屈往， 并祁永挚， 弗
不辞劳碌驾临陋舍，并希望继续提携，把营

坏有基， 谨颂鹿鸣三章，
础搞好，现谨颂诗经小雅之鹿鸣三章作友

磬折以请 。
情宴客歌，在此鞠躬聊表敬意。

【鹿鸣三章白译摘句】

鹿儿呦々叫不们……教我道理最欢迎。

" " ……欢宴宾客喜盈々。

" " ……借此娱乐诸贵宾。

12

周之贞先生诗钞　译意

【提示】该诗抄为顺德青雲儿童教养院吴鈞伯

学兄选择自该院院长周之贞著有诗草两册《手稿

本》之部分篇章。

（一）原题：民元 壬子．余督办肇罗水陸

（1912年）民国元年（农历）壬子年 我 　　　肇 罗

軍务，暇時与各僚屬．游肇城西山

軍事务 閒 同僚 部属 肇庆

梅庵 口占 七绝一首

（即临口述）七言绝句

※梅庵：佛教女尼修行的居所。

原诗：牟尼 未许 証 前 因．

释迦牟尼 没有 允许 证明 过往 因由

※（佛祖）

意译：（我）没有具备当出家人的条件．

原诗：纵 剃 青 絲 也俗人。

纵然 剃去 （黑髮） 也是 平庸

意译：雖然剃去头髮也是俗人一个。

※ 俗人是泛指相对于出家人之意，所以仍取俗人译．

1页

357

原诗：难 享 如 来 清 净 福，

很难享受 (如来佛祖) (不忧不烦) (享受)

※ 如来佛祖，释迦牟尼在西游记中的另一称谓。

意译：很难享受像佛一样物我两忘的清福，

原诗：不 忧 身 世 却 忧 民 。

担心 自身经历 而 担心 众 (人民)

意译：不忧心自己个人的得失却担心民众的疾苦。

译注：这首口占七绝，是之贞先生辅助中山先生在中华民国
成立之初任临时大总统时受命任筹罗水陆军务招大游
肇庆西山梅庵有感而发的忧国忧民首作诗篇。

~ · ~ · ~ · ~ · ~ · ~ · ~ · ~ · ~ ·

(二) 原题： 癸 丑 二 次 革 命 失 败 出 亡 海 外

(1913年) (农历癸丑年)   出走逃亡 (外国)

※ 二次革命，民国成立即被袁世凯篡夺称帝而进行的斗争。

甲 寅 清 明 日， 偶 忆 黄 花 岗 而 赋 此

(1914年) (农历甲寅年)   偶然追忆 (广州地名)

(时 民 三 ， 寓 于 南 洋 荔 坡 郑 世 文

那时(是) 民国三年，住在

※ 南洋、荔坡一地方名

※ 郑世文、郑赞卿一世文为世交长辈，里籍未详。

赞 卿 庑 下)

※ 庑一广东音舞，古代堂下周围的屋子。

原诗: 开辟中华民国先,
（从无到有）　　　　　（功臣,先贤）

意译: 推翻帝制建立中华民国之先贤,

原: 黄花七十二前贤。
（黄花岗简称）　　（已逝）（功臣）

※ 前一指建民国以前。

※ 贤,係立上句的先必合为先贤,意为建国已逝功臣。

意译: 是长埋于广州黄花岗的七十二位烈士。

原: 清明侠骨凭谁吊,
（节气名）（专指烈士骸骨）倚靠 别所 拜祭

※ 清明时节,民俗为祭祀祖先时节。

意译: 清明时节,他们（指七十二烈士）的英灵有谁拜祭?

原: 吟就新诗作纸钱。
（唱）咏成　　　　（冥币,为阴人者用）

意译:（身居海外的我）唯有赋诗纪念他们。

译註:①一九一一年四月十七日（农历辛亥年三月二十九日）,革命党人在广州起义。黄兴率领一百多人奔袭两广总督衙门,总督张鸣歧逃跑。后因清军反攻,革命党人寡不敌众,起义失败。是役周之贞与朱执信参加选锋（敢死队）由黄兴一起统领,后虽得脱险但苦
三页

359

战中,伤士惨烈,有被捕者也英勇就义。事后
广州人民不顾清政迫害,收得殉难烈士尸骸七
十二具,葬于广州北郊的黄花岗,故后人称他
们为"黄花岗七十二烈士"(墓)。

② 有《黄花岗七十二烈士事略》为邹海滨,即邹鲁撰文,孙文.
(即中山先生)作序言,以概述这是役及建墓由。

③ 黄兴(1872-1916)字克强,地位仅次中山先生.民五年病逝.遗下一幼子。

(三)

原题:民十四乙丑申江度岁寄孔姬

(1925年)民国十四年(农历)乙丑(年)上海黄埔江过年寄(给)孔姬

※ 孔姬,名少云,番禺人.为周之贞院长夫人。   一(的诗)

乙丑腊月底与何君克夫赴申江度岁时

　　　　十二月末　(君,尊称)　　往　　　　那时

※ 申一上海,申江—上海黄埔江。
※ 何克夫(1879-1949)字小园连县人.原同盟会员.先后参加镇南关之役,黄花岗起义及
　　护法运动.曾住广东连阳县靖处长.抗战时到重庆任监察委员.49年广州病逝.

民十四汪蒋执政胡许被逐

民国十四年 汪精卫 蒋介石　　胡汉民 许崇智　　驱逐(排挤)

特离开广州以避谣

原诗:天涯作客几经秋,

(意很远很远)做　　　多少　经过 秋天

意译:(我)远离家乡在外做客人多少个秋天了。

　　　　　　　　　　　　　　　　四页

原诗：又作春申江上游。（春又作申江上游）

春天　上海黄埔江　　游历

意译：（今年）春天又在上海黄埔江上游历（奔走）。

原诗：压岁今年无别物，

（岁末，年末）　　没有　　物件

* 压岁：民俗岁晚有给小孩（有关人）压岁钱，祝来年好运。

意译：终结今年没有什么东西可以压岁。

原诗：一腔热血一征裘。

胸腔　　出征　战袍

意译：（祇有）一腔热血和理想的战袍（信念）。

译注：1，民国十四年（1925年3月12日）孙中山先生病逝。

2.许崇智（1887－1965）字汝为，广东番禺人，原同盟会员，讨袁，护法，伐陈屡立战功，曾任广东军政府北伐司令，病逝于1965年，当年被蒋解除兵权。

3.胡汉民（1880－1936）字展堂，广东番禺人，原同盟会员，1905年在日本与中山先生黄兴等创立同盟会，是中山先生得力助手，早期任广东都督，广东军政府主席，代海陆军大元帅，外交部长等职，被蒋排挤后赴苏联考察，1936年因脑溢血病逝于广州。

钧伯按：是年广东军政府改为"国民政府"。汪精卫任国民政府主席，蒋介石任国民革命军总司令，借8月20日廖仲恺被刺谣传与胡汉民有关为由被排挤，被免外长职，后赴苏联考察，许崇智辞职赴上海。

五页

（四）原题：**感　時**
有感　時局

（民十五与李秋涵君赴南洋婆罗洲
（1926年）民国十五年　　　　（尊称）

两月馀则回香江。按：民十四自孙总理
（今香港）（1925）民国十四年　　中山

薨右，广州政局多故，胡汉民被逐時
变故

谣诼频兴，传余有不利于政府，故咏之）
我

※薨：广东音轰，古代称诸候或有爵位的大官死去。

※诼：广东音啄，造谣、毁谤。

原诗：**天　涯　海　角　几　经　春，**
（形容天海之尽头）多少 已经 春天

意译：天南地北奔走已经不知多少个春天了。

原诗：**世　没　桃　源　可　避　秦。**
（世界上 没有（桃园仙境 可以（躲避 秦朝（国）
人世间） 　 安乐土）　 　 不被）

※秦：拼吞大国，焚书坑儒，强征民伕筑长城等暴政。（人祸）
※桃源：指陶渊明作《桃花源记》中一个远离人世的理想世界。

意译：世间没有安乐土可以避祸乱。

（世上没有那个理想王国可以不被暴政压迫。）

六页

原诗: 我 愿 无 奢 偏 不 遂,
　　　　　(过分享受)　　顺·如意.

意译: 我不愿当官享受却偏不实现.

原诗: 布 衣 粗 粝 太 平 民。
　　　　　粗粮 糙米　(老百姓)

意译: 唯有当个不挂职 吃粗粮糙米的平民百姓.

※ 布衣:是相对于当官的锦衣肉食而言,为平民百姓的穿带。

钧伯按: 时 周院长受西山会议派指言清除
　　　　共产分子,并频传之贞先生"有不利于政
　　　　府事",故之贞先生(1925年)与何克夫等人
　　　　离开广州赴上海,1926年赴南洋,继而
　　　　漫游欧美反日本。

(五) 诗题: 哭 朱 卓 文

钧伯按: 朱卓文(1875—1936)中山人,同盟会会员,
历任航空局长,广东兵工厂厂长,中央直辖游击司令,
1936年被陈济棠捕杀。

原诗: 凌 烟 图 画 叹 缘 悭,
　　　　凌烟阁　(画像)　(叹词)由由 岂尝

※ 缘悭:引用缘悭一面,没有机会看见。
※ 凌烟阁:从前有功于国的人画像挂于其上永怀纪念。
这里引用"凌烟图画"如理想国度。

七页

363

意译：（凌烟图画）理想的国家他是看不到了，

原诗：<u>赢 得 归 骸 血 色 般</u>。
（余剩下来）（补语）　骨头（红）　样

意译：留下来祇有红色的（革命）骸骨。

原诗：<u>獠 犬 眼 中 芝 蕙 贱</u>，
疯狗　　　　　（香草）美　卑下（丑）

意译：在疯狗的眼裡美也变成丑，

原诗：<u>党 人 碑 上 姓 名 娴</u>。
（革命党人）丰碑　　　　　　一熟

意译：革命党人的丰碑永远铭记着他的英名。

原诗：<u>摘 奸 曾 售 屠 龙 技</u>，
（采取　（隐的（僻远）曾经　卖　宰杀（为蛟龙）（技术
选取）　叛逆）　　　　　　　　　才能）

意译：曾经有人出卖过一些没有用的除奸伎俩，

原诗：<u>道 故 空 期 化 鹤 还</u> 。
（说话　（旧　（故人）没有　期限　变（鸟类）回,归.
道学）朋友）

※有故事说：辽东人丁某学道疯去千年化鹤回辽东。
※故人：老朋友（他）

意译：和他叙旧无期,祇有待他化鹤回来（相叙）

原诗：<u>断 者 痛 馀 行 自 念</u>，
死去　悲痛　鉴止　念头,想法.

意译：失去革命同伴之余亦总结经验

原诗：<u>驱车不复过歧关。</u>
　　　趁着道（阜:鞭伐词）再　　岔道（歧途）

意译：继续革命啊不能再走入歧途了。

译注：周之贞先生和朱卓文曾一起共事多年,感情深厚,故得知其被陈济棠捕杀后,在痛惜之余感慨良多;至有赋此诗以表怀念。

～～～～～～～～～～～～

（六）诗题：<u>感　赋</u>
　　　　　感想　作诗

戊寅（年）(1938年)十月下浣（旬）闻广州失陷

原诗：<u>大树飘零问所由</u>
　　（喻国家　（冷落　　　　　原因.
　　　军人队伍）　溃散）

意译：我们这么大的国家何以这样冷落（溃散）,

原诗：<u>世无张许昧春秋。</u>
　　　世间　没有　张巡　许远　不明白 （战国时代）

※张许:指唐代安禄山造反,张巡许远共守睢阳,兵粮俱尽兵败被杀,这些历史故事,人们不会忘记。

意译：世上没有不明白春秋时代的战乱给民众带来祸害的情景

九页

原诗：似曾抚枕论芳臭。

曾经(熟睡)枕头　香美　丑恶　※论芳臭〔娘外实内；胜利，保守；抵抗恩娘，团结纷争等〕

意译：似乎曾经在沉睡与觉醒之争中论好丑，

原诗：未必多金盖耻羞。

钱财淹盖

意译：未必可以用多钱财淹盖住羞耻之事。

原诗：太息整军轻与敌。

(过于极端)批　(整顿)军队　轻视　敌人　※太息：叹息(唉)

意译：说是"整顿"过的军队就能战胜敌人。

原诗：侈言率属赋同仇。

(不切实际　诗之其谈)率属　说　共同仇恨

意译：(还)诗～其谈率领部属去打击敌人。

原诗：伤心棉市成焦土。

棉市：广州　过火烧

意译：人们伤心的是大好山河的广州成为一片焦土，

原诗：棋未输赢一局收。

下棋　(一回)　※下棋：搏弈(战争)

意译：还没有与敌人交战就以溜之大吉收场。

钧伯按：民国廿七年(1938)十月二十一日广州沦陷。

译註①我们可以从周之贞先生这首七言诗中感受到他对当时国统区的不抵抗政策发出的慨叹。

十页

366

②广州沦陷前,整个广东属第四路军统领,司令余汉谋拥兵达十万之众。由于用人不当和广东省长吴铁城,广州市长曾养甫等各争势力,说是整顿军队,扩充民团以保护大广东,但不发一饷一枪。做成"司令多过兵,兵多过枪,枪多过子弹"的虚张纸虎局面。敌人一到,不但不抵抗,还说不当日寇可用之资,"实行焦土政策"的行破坏,一切后溜之大吉。(饷:过去指军警的薪给。)

(七)

诗题: 己卯初冬闻金陵新傀儡登台 四首

农历己卯年(1939) 南京(旧伪政权) (上任)

用缪泽郎《暮春远望佗城》韵

借用(作者名) (诗 题) 韵律

＊佗城:南越赵佗称王时称广州为佗城
＊傀儡:木偶戏里木头人,俗称批缆公仔。诗中喻指投敌叛国汉奸汪精卫等人。
＊缪泽郎:未查到生平里籍。

其一 (第一首)

原诗: 遥闻袍笏快登台.

远 听闻(袍笏登生:上台演戏)上台当官
＊笏:音忽,古代大官上朝拿着的手板(圭)

意译: 传闻那些投敌叛国者就快登台演戏了 十一页

367

原诗：谁赋江南今日哀。

那人　给予（长江以南）　　悲哀

※史，北周时，庾信作《哀江南赋》思念故土沦亡。（庾信
513—581年，字子山，河南新野南朝为梁（西魏，北周）时
人，官至骠骑大将军，善诗赋。后出使西魏被扣，至死未回梁。）

意译：是谁给与长江以南国土今日的悲哀？

原诗：御敌河山凭血染，

抵抗　　（家国）依靠　　感浸

意译：抵抗敌人保卫家国是用鲜血铸成的，

原诗：绝奸朝野逐颜开。

惩治　　（政府内外）

意译：惩治汉奸政府内外都高兴。

原诗：怎教再世填东海

※：传说炎帝之女在东海被淹死，化为精卫鸟，常衔西山之石以填之，
免使东海泛滥再淹死人。

意译：如何使得（再把东海填平）民众免受灾祸，

原诗：不复寒炉燃死灰。

（不使）冷　灶　着火　　　　（寒炉：喻意失败势力）

意译：必须使冷却了的炉灶不再死灰复燃　。
（　使失败的势力不再活动起来）

十二页

原诗:建业城中魑魅啸,
　　　(南京城)　(恶魔)叫嚣
意译:南京城中吃人恶魔在叫嚣,

原诗:沉沦黑狱以蓬莱。
　　　沉末 沉亡 黑暗 牢房(监-)　(仙(景)境)
意译:他们把死亡的黑牢房以作蓬莱仙境。

　　　　其二 (第二首)

原诗:应知众志已成城,
　　　　　　　众志成城:成语,谓城坚不可摧,喻团结一致,力量大。
意译:应该知道广大民众已经觉醒,

原诗:放命游魂只乱鸣。
　　　解脱　(孤魂野鬼)　(胡言乱语)
　　※游魂:喻指背叛国家和革命的叛徒。
　　　　　　　　　　　　　　　　　　　(汪精卫等言论)
意译:那些脱离抗战的叛变者胡言乱语。(什么曲线救国)

原诗:大盗潜梭嗟瓦裂,
　　　贼秘·窃地 窜动(叹词)　破开
　　※大盗:指汪精卫秘密离开重庆在河内发表"艳电"。(投降日寇)
意译:大叛徒秘密地逃离以瓦解抗日救亡活动,

原诗:群凶僭窃苟蝇营。
　　　众 恶 (非该越权)非政(钻营 注讨)
意译:他们(指群凶)打着曲线抗日愚弄民众以苟延残喘。
　　　　　　　　　　　　　　　　　　　　十三页

369

原诗：龙盘虎踞金陵下，
（形容地势雄伟险要）南京城

意译：据雄险的南京城作为他们奴役民众的巢穴。

原诗：羽换宫移木屐声。
羽毛外衣（宫移：由重庆转到南京）（木屐声：替日本侵略者说话）

意译：披着欺骗的"曲线"外衣颂替侵略者说话。

原诗：粉墨登场原傀儡，
（化粧）（演戏）原来（木偶）（指汪精卫等人）

意译：经过一番打扮出场的是任人摆弄的木偶，

原诗：敬瑭夷甫是前生。
（石敬瑭）（王衍）（以往的）

※五代十国时后晋奸臣石敬瑭勾结契丹太宗耶律德光，以敬为父，自称儿皇帝，割后唐东南李从珂位遂后晋，称高祖，传子石重贵二年被契丹灭（937-945年）
王衍：字夷甫为西晋之奸臣，在八王之乱中放弃权责，由于勾结的赵刘渊（匈奴）被后赵石勒俘杀（约265~318年）

意译：历史上的奸臣逆贼就是今天卖国者的写照。

其三（第三首）

原诗：声利无为令志昏。
（声色利诱）（无所作为）使（神志不清）

意译：声色利诱使叛徒丧失理智无所作为志乎昏已，

原诗：王师到日便狼奔。
（国家军队 / 全国人民）（狼逃跑）

意译：全国人民起来之日（那些卖国贼）就像丧家之犬一样逃窜　十四页

370

原诗：和亲自古非长策，
　　　(联姻)　　　(故)计策
意译：与敌人搞联姻的方法并非良策

原诗：合力更生不二门。
　　　集合　　　(没有第二条路)
意译：集合民众自力更生才是唯一出路。

原诗：刍狗英雄看祭后，
　※刍狗：古代结草为狗，供祭礼用。祭后即弃。
　※英雄：卖国贼自命曲线救国英雄。
意译：那些草狗卖国贼被敌人利用完后，

原诗：沙蛋性命乞人存。
　　　蟋蟀·蝗虫　　　　蛏存
意译：他们就像蟋蟀·蝗虫一样乞人怜命。

原诗：何心欲把中华卖，
　　　什么居心　　(中华民族)
意译：是何居心要把中华民族出卖？

原诗：若便乘权国断魂。
　　　如果　就着主权　(死·灭亡)
意译：(如果)随便出卖主权国家就会灭亡。

其四 (第四首)

原诗：牛鬼蛇神共一样，
　　　汉奸·走狗·卖国贼　　　　十五页

371

意译：(那些)汉奸.走狗.卖国贼走到一起来了。

原诗：钟山俯视若林攒。

※南京城东紫金山即钟山，　　　攒聚.挤凑.
中山陵亦建于此山上。

意译：从城外钟山向下望就像一堆疲紫。

原诗：笼中冤鸟心先死，

牢笼　(无辜百姓)　早前的

意译：南京城中被围的无辜百姓对牛鬼蛇神早就死心了，
(对汉奸.走狗.卖国贼的到来不寄希望)

原诗：釜底游魂梦未阑。

锅　(汉奸.走狗.卖国贼)　阑知　衰落
(游动不定的鬼魂)

意译：那些处在敌人锅里待着的孤臣贼子还做着美梦不知衰落。

原诗：莫解向仇思北面，

(不了解)　(面向仇敌)　※古代楼帝皇下坛戎里奏瑠均朝北面称臣

意译：真不了解面对仇敌却想着朝北面圣称臣
("""那拥兵的人不抗敌于北方。)※拥兵的：有权柄的人.

原诗：偏甘投敌自南冠。

甘心　甘封南京　恺·(那称)

意译：偏々甘心投靠敌人并自封为南京伪国民政府主席。
(指汪精卫)

原诗：诸公不改和戎策，

(伪掌权执政者)　军队军事(和戎：古代称汉族与外族结盟)

意译：诸位执政者如果不改变议和投敌政策，

十七面

原诗: 四万万人齐责难。
　　　(当时全国人口) 一起责问 诘责
意译: 全国四万万人民会一起唾弃他们。

钧伯按:1938年12月汪精卫离开重庆,公开投敌,
　　　　1940年在南京成立伪国民政府,自任主席。

译註:上述四首七言律诗是描述,揭露鞭挞那些
　　　叛徒,汉奸,卖国贼的行为伎俩和丑恶咀脸,
　　　描述广大民众生活在日寇铁蹄下的水深火
　　　热之中,激励抗日军民团结奋起,争取胜
　　　利的爱国情怀的篇章。

※
補白※

"不独子其子"出处:"礼记"之礼运节九篇。

白译:不仅只是抚养自己的子女。

十七页

373

（八）　七绝四首

（一）

原诗：风人应起振聋喑．
风流人物（强人、墨客、社会名流、诗人）　　喑哑

译：风流人物应该起来大声疾呼成为社会舆论．

原：正气情同落日沉。
正气　情况　如　　　消沉（西沉）

译：现在人间正气如落日一般渐～消沉。

原：泽畔岂徒吟杜若
水积聚地　（助词表反诘）　香草名

译：荷塘泽畔岂只是踏步欣赏花草吟诗的场所．

原：忧时忧国见婆心。
忧愁　忧患　见证　慈善心

译：而且还是忧国忧民见证慈善心肠的地方。

（二）

原诗：鹤算何须炼汞铅
长寿　　（炼丹术，金丹，仙丹之类）

译：长寿又何须炼丹求续命？

原：兰因絮果有前缘．
美好　腐败　　　因由

译：美好的前因与腐败的后果是有原因的。

十八页

374

原诗: 千秋岭海兰言卷,

千年　山岭海域(兴词)(史记书)(古代正人君子)

译: 千秋万世的历史是由正人君子的言行推动和写成的,

原: 寿世因缘欲向禅。

人寿在世　原因　缘故需要　(梵语,简恩)

译: 人寿在世有几许需要向神佛?

译注: 蒋介石在几次国共战争中,自说要下野都去过寺庙拜访高僧,对佛顶礼向前程。

(三)

原诗: 其臭如兰利断金.

(臭作香气兰派正人君子解,有大众一心共利断金说)

译: 正气如兰,只要大众一心就可以战无不胜,坚如磐石。

原: 锡名先已证同心。

赐(锡)　前　证明(同一志向)

译: 得到领袖的任命与嘉许而成为同志。

原: 同心应许传衣日,

(志同道合)　允许　继承　衣砵

译: 志同道合应该贯彻始终继承衣砵。

原: 衍派汾河理不沉。

(分支,派)汾河,黄河支流水源

译: 江河支派须笃不竟大浪淘沙汇成洪流归大海。

译注: 作者对信念的执着。

十九页

375

（四）

原诗：　知是离人感慨多．
　　　　　　离别的人
译：　知道是离别亲人和同志感慨是多样的．

原：　　非徒景物访崇阿．
非徒：并非白之地．崇阿：此处见"腾王阁序"："访风景于崇阿"，为峋陵·崇高解．
译：　并非白之地贪图风景人物旅游而出访国外的崇山峻岭。

原：　异书访得聊相假．
异地书籍　　　（姑且）　（借镜）
译：　访得异地的书籍和理论姑且作为借鉴．

原：　把酒临风细之哦．
拿着酒杯　迎着和风　仔之　　吟诵
译：　闲时端着酒杯迎着清风仔之阅读品喷。

註(四)诗：据钩伯义戴．作者于1939年前曾漫游·考察欧亚一些
　　　　　国家如·意大利·瑞士·菲律宾·锡兰·日本等地。

译註：1.七绝四首·据钩伯后校诗作时间为1947年·地点为陈村
　　肯构堂青云中学教导处．考忠四首皆无题目·仅靠字句行间
　　推断情景意向而译意·尽力以严谨的态度对之·尽免带
　　入成见·偏见·以至引起误导·有违先生原作意旨。
　　2.世代骚人墨客视松鹤为延年长寿之意。梅兰菊·竹为
　　四君子之代称。诗中提及梅·兰·鹤·竹均按如是译。

二十页

376

（九）奉和子坚世讲咏供瓶红梅 原韵

※奉陪　（名字）世豪／世豪　吟 供养花瓶（花）　格律 韵味

（一）※钧伯解奉和：奉，奉陪。和，按对方诗内容韵律写的酬答诗。

原诗：**压倒群芳第一枝。**

众多花类

译：在花丛中排序，梅花是数第一的。

原：**东皇宠锡莫论思。**

司春之神　恩赐（赏识）　　助词（司春之神是喻中山先生，值得关注）

译：得到司春之神的恩赐我们不议论他。

原：**清高自是疑无敌。**

品格高尚　　　　不信

译：自命品格高尚好像就能无敌于天下。？

原：**流俗难速呈艳姿。**

世俗之人　昔反　艳丽 姿态

译：其实庸俗之流又如何漂亮得起来呢。

原：**任彼冰霜寒彻骨。**

兄　　　透

译：不管天气如何严寒甚而透入骨髓

二十一页

377

原诗: 由他红紫妙沦肌.
　　　　波纹 肌肤

译: 任由他嫣红诡紫显露美妙波纹的肌肤.

原: 幽人折向胆瓶供.
　　闲人隐士　　胆型花瓶 供养

译: 他只是一些闲人隐士的折枝插瓶花朵而已.

原: 笛裡江城听落时. （江城:江边城市泛称,诗指武昌）

唐代李白《与史郎中钦听黄鹤楼上吹笛》诗:"一为迁客去长沙,
西望长安不见家.黄鹤楼中吹玉笛,江城五月落梅花."句子.

译: 乘着江船之汽笛声远就是衰亡末落之时.

（二）

原诗: 几生修得乐天年.
　　　几世:人生　　　　（人寿六十以上尽天年）

译: 人生何世才能修得享受天年之乐?

原: 与子同侪或水仙.
　　　子坚　　同辈　　花:形容纯洁

译: 我与你(子坚)同辈如咏仙花一样无欲无求.

原: 破腊春心先踽踽.
　　　　　腊月怀春心情　　独行之意(开花)

译: 它度过了寒冬腊月就开始独行开放报告春天快来了.

原: 凌霜风度独翩翩.
　　　冒着严霜 姿态　　轻快飞舞

译: 撒曳地踏着严霜而翩翩起舞.　　　　二十二页

378

原诗：绛桃羞比追随后，
　　　（红）（含羞）

译：那红色的桃花如含羞的少女姗姗来迟。

原：翠竹谈交志节圆。
　　　　　　（志趣相投）（圆满）

译：其实志同道合者应该如竹子一样轩昂而虚心有节。

原：吟就知君香人句，
　　　　　（完成）　（于坚）（气味）

译：从诗篇中就知道于坚（君）的诗是有气节的诗句，

原：赏馀兴味尚油然。
　　（欣赏余后）（兴趣）　　（兴盛地）

译：欣赏完诗作之后还有再次欣想的趣味呢！

钧伯按：于坚姓关，北滔人，上两七律连同关作均发
　　　　表于解放前香港凤岭侨声。

译注（评）：1. 诗（一）是借梅花评价日伪时代抗战形势反
　　　　　　对一些没有气节的叛逆者的忆述。

　　　　　2. 以上两首七律，作者以花喻人，以天气
　　　　　　比喻社会形势，以鲤鳞的文采描述
　　　　　　人物品格，给好者赞誉，丑者鞭鞑
　　　　　　痛快淋漓妙至毫颠。

　　　　　　　　　　　　　　二十三页

（十）　为儿子鸿钧结婚书撰厅堂楹联两副

（一）门联

上联：　辊　辘　人　归　行　庙　见
　　　　　牵引　车轮　　　（庙：供奉祖先屋宇）

意译：　被時代车子牵引着奔走的人归来在祖宗殿堂相敍

下联：　竹　軨　客　至　尽　怀　欢
　　　　　　（軨：古大车代称）　　　　思念

意译：　竹下车后客人与族人来到应该放开怀抱尽情欢乐

（二）大堂联

原上联：立　国　本　农　耕。　比　年　潜心　稼圃，
　　　　　　根本　农业　耕作　比几　埋头一心　莊稼 园艺

意译：我国立国之本是农业耕作。几年埋头学农科园艺的儿子，

原：　学　业　粗　成，　竹　馬　缔　良　缘，
　　　　学业　不精　　（小儿玩具）结合　因由

意译：（算是）学有初成，少小的玩伴终于结成夫妇，

原：　毋　忘　鸡　鸣　戒　旦。　念　赤　悬　苍　生，
　　　不要　忘记　啼　隨　日出　惦记（中国）（天下生灵）
　　　　　　　　　　　　　　　　　（赤贫，没结朿）

意译：不要贪恋安逸的生活忘记鸡鸣早起。要牢记贫穷的国家还有很多贫苦众

二十四页

原:　**实现宏求天下利:**
　　　　广大　（广大民众利益）

意译: 为实现广大民众的利益而奋斗;

原下联: **传家唯书剑。**　畴昔·揽辔·驰驱,
　　※书剑:喻教育和斗争精神　　过去·手执马嚼口缰绳,奔走

意译:我家能留传下来的只有教育和奋斗精神,过去多年为革命和教育在外奔走呼号。

原: **风尘劳瘁,**　　**桃园连广宇,**
意译:(算是)鞠躬尽瘁　　家园(地名)（广阔空间)国家
　　　　　　　　　　　家和国是不能分开的

原: **且作鸟倦知还,**　**当红炉绿蚁.**
　　　(智) 鸟倦归德　(为黎)　火炉　酒(米)

意译:就儿子婚礼替时休息回家相叙。当红炉炉煮出美味佳肴面对美酒时,
　　——绿蚁新醅酒,红泥小火炉,晚来天欲雪,能饮一杯无。
　※绿蚁:新酿成的未过滤的酒,因酒渣如蚁,略呈绿色,故称。(见白居易"问刘十九"诗)

原: **蘸筵共复掌中盅。**
　　※蘸:音湛:在斗液或粉末里沾一下,~墨水,~酱。
　　※筵:酒席,喜筵之意。

意译: 大家席上举杯不尽无归。

　钧伯按: 上两副联语乃周澄海同学提供,鸿钧于1947年
　　　　　秋成婚。

　译注:(一)门联一这对门联为总括多年自己在外奔波,现
　　　　　在回家为儿子娶媳妇,宴族人,客人的概述。
　　　　　上联言主,下联言客。

二十五页

（二）大堂联—上联描述儿子周鸿钧专研农科，毕业于岭南大学，联中第一句说明学农科的原因——农耕为立国之本。继而对子、媳婚后的祈盼。

—下联描述之贞先生本人对大半生的经历总结及当前婚宴情景的概略（包括对家和国的认知）。(世界观)

上联言子，下联言自。
· · · · · ·

（三）大堂下联据北滘陈朗莊同学提供，之贞先生于事后改动三处："畴昔揽辔中原"改"畴昔揽辔驰驱"；"方知鸟倦知还"改且作鸟倦知还"；"蘸然共复掌中盃"改蘸筵共复掌中盃"。

青云校友

二十六页

儿教院学员回忆文章选录

一、周之贞先生述略①

吴范夫

20 世纪 20 年代曾两任顺德县县长的周之贞先生是一位同盟会老会员。周先生又名苏群,字友云,晚号懒拙庐主。本县北滘人。少尝研学里塾,能深思。弱冠时即学商于南洋诸岛,从孙中山、康有为诸党人游。既乃崇拜中山先生排满之论,不以保皇为然,即毅然追随孙中山奔走革命。笔者是周先生所创办的"顺德青云儿童教养院"的难童之一,蒙受教养有七八年之久,对于周先生的生平行历,略有见闻,现谨就所知撰文简介。

(一)投身革命 英勇奋斗

一九〇五年,中国同盟会成立于东京,孙中山先生被推举为总理。同年冬天,新加坡同盟会随之成立。周之贞先生与尤烈及参加黄花岗起义而殉难的诸烈士如罗仲霍、李文楷、徐统雄等四百余人注册加盟,是为南洋华侨革命运动之始。一九〇九年,周先生复与党人谢心准编辑,发行《星洲晨报》(日报),罗培(七十二烈士之一)任记者,李文楷做印刷工作。革命党在马来半岛以该报为喉舌。其时,周、谢撰写了大量的社论和时评,弘扬民族主义。惜以

---

① 选自《青云之路》编纂小组编辑:《仁者爱人 薪火相传——民主革命家、传统教育家周之贞先生纪念文集》,第 148~154 页,2007 年(内部赠阅版),文字书写一仍其旧(下同)。作者为儿教院学员。

资金不继，将周岁而罢。

一九一〇年正月，广州新军举义，未成。十月，胡汉民、邓泽如奉孙中山、黄兴和赵声之命，诣新加坡，召集盟员开会于晚晴园（晚晴园是孙中山在南洋进行革命活动的重要基地），谋集巨资，拟在广州再举义旗，莅会捐资者有沈联芳、李孝章、周之贞等百余人，共得款三千余元，其中以沈氏所捐一千元为最巨，是即辛亥三月黄花岗一役华侨义捐的一部分。

辛亥夏历三月二十九日，即一九一一年四月二十七日，以黄兴为首的同盟会会员在广州发动反对清政府的武装起义。周先生回国，与朱执信、罗仲霍、李文楷、何克夫和杨十（干滘人）等人均加入"选锋"（敢死队）行列，前仆后继，英勇奋战；其时，周先生负责攻打将军衙门，刀光剑影中旗兵、满将为之震慑。是役，以义军迫于猝发，计划未周，又复敌众我寡，归于失败。死难者为数不少。其中七十二人之英骸后来长埋于黄花岗。迨后，黄兴、周之贞等人，伺机脱险，潜渡香岛和南洋各地，重整旗鼓，以待再举。

是岁十月，李应生奉黄兴之命于广州筹设暗杀机关，谋炸广东水师提督兼巡防统领李准。黄兴即电新加坡促周先生回粤助任其事。无奈李准为人奸狯，深居衙署。之贞先生即赴潜向黄兴请示："若李准久不出，张鸣歧、龙济光均可炸之欤？"黄答："可！"于是周先生返省乃商之于李应生。一日，黄兴忽促周先生往港，告以"凤山将来"，命周"转以谍凤山"。凤山，满洲人，光绪间总统回镇新军，以知兵自命，得补广州将军缺。周先生回省后就化名陈八，与李应生、李梦生和李芳等人，在仓前街九号开一店铺（名为成记号），佯作装修，择日开市。而周先生与李沛基、李湛三人分别将弹壳、炸药及各材料，以次运入店中，由李应生负责配造。九月四日，黄兴急电谓"凤山即晋省，早为预备！"果尔，凤山一行，路经仓前街，李沛基与周先生就在该店楼上联发"炸烈弹"两枚，凤山与其卫士多人被炸毙，其余的即仓惶奔逃，就算城中满官也成了惊弓之鸟。借当时一片大乱之际,周先生与李沛基诸同志得杂人丛中从容脱险,潜赴香港,"再接再厉,鼓动风潮,造成时势,倾覆帝制"。是日适武昌起义成功。

(二)督办军务　讨袁护法

一九一一年,辛亥革命成功,广州光复,周先生奉孙中山、胡汉民之命到肇庆,督办肇阳罗水陆军务,整编广东西路巡防营管带兼云浮县守备李耀汉等部,建立"肇军"。一九一三年,李耀汉倚仗袁党三水梁士诒兄弟,暗通声气,迎桂系龙济光入粤。龙入粤后,即委李任肇罗阳司令官,镇压革命党人,逐走周先生,并烧毁周先生在北滘的祖宅。周先生为督办时,待僚属则"赒之以急,赴之以难",与部下同生共死,对顽敌则"诱之以声色货利,制之以不测之威",诱降与打击兼济,粹然有儒将风度。

一九一三年,宋教仁案发生。周先生投入孙中山、黄兴领导的讨袁斗争中去。九月,南京被袁军张勋部攻破,"二次革命"失败。袁下令通缉孙中山、黄兴、廖仲恺和朱执信;周先生亦出亡海外。一九一四年,袁解散国会,设参政院。夏,朱执信奉中山之命往马来西亚之怡保,为讨袁筹款事;时,能加者有周先生、郑螺生、区慎初、邓泽如、李原水、朱赤霓和谢八尧等十人,同时摄影留念。是岁清明日,周先生有《偶忆黄花岗而赋》七绝一章,表达了对烈士缅怀之忱,有句云:"清明侠骨凭谁吊,吟就新诗作纸钱!"随后,周先生自南洋麻坡归国,参加讨袁、护法诸役,"奔走在大江南北、黄河两岸"。

一九一五年,陈炯明借参加反袁斗争之机,组织粤军,拥兵自重,其背叛革命之野心已渐露。十二月,周先生上函孙中山先生,报告陈炯明在粤活动情形,提出"不可不先发制人"事;是月二十七日,中山先生批答周先生函云:"各事可听朱执信计划而行。"尔后,陈炯明果然叛变,并得到应有的可耻下场。

(三)两任县长　未遂其志

一九二一年五月五日,孙中山先生就任大总统职。十一月,委任周之贞先生为顺德县县长,次年六月,陈炯明武装叛变,中山先生脱险,退居上海,之贞先生亦于是岁七月去职,走沪上。在这短短的八个月任期中,周先生着力改造旧县治,如:改建县府,扩辟马路,虽然拆城、劈山、填河等项尚未竣工,但城中面貌已焕然一新。一九二三年,驱逐陈炯明后,中山先生返粤,执行大元帅职权。九月,复委任周先生为顺德县县长;至次年七月被邓雄(龙江人,字子杰)逐走而仍居沪上。在这十个月的任期中,周先生继续其改造县治的未竟工作,而更主要的还是与周太史廷干(龙江人,字恪叔)等人,编修、筹纂《顺德县志》(续志)凡二十四卷,于一九二九年,在林鸿飞(揭阳人)主县任内才刊布。《续志》于中国近代史史料价值甚高,中国史学会主编的《第二次鸦片战争史》引文特多。

(四)出亡海外　著诗绳奸

一九二五年,孙中山先生病逝,政局多变,广东军政府改组为"国民政府",汪、蒋执政,仲恺被刺,西山会议派扬言清除共产分子,胡、许被逐。当时,频传周先生"有不利于政府",故之贞先生与何克夫等人特离开广州,奔赴上海。次年夏,先生复与李秋涵一行,转赴南洋,避地婆罗洲,尔后再漫游欧美、日本,考察世界大势。这些年中,周先生诗作甚多。如:"天涯作客几经秋,又作春申江上游""天涯海角几经春,世没桃源可避秦"等诗句,都是他当时行历和心境的吟述。

九一八事变后,周先生居无定所,出没于香港、广州和上海各地。触目时艰,无可如何,一一草之于诗,以表其忧国忧民的情怀。一九三八年十月,倭陷羊城,周先生赋诗表意,诗云:"太息整军轻与敌,侈言率属赋同仇;伤心棉市成焦土,棋未输赢一局收。"既愤恨当局对敌的妥协、投降,又哀痛山河的残败、破碎,泪痕点染纸上。十二月,汉奸汪精卫离开重庆,发表"艳电",公开投降日本。一九四〇年,汪更在南京成立伪"国民政府"并任主席。在此期间,之贞先生写了大量揭露、鞭挞傀儡登台和激励抗日军民气节的律诗,句如:"龙盘虎踞金陵下,羽换宫移木屐声""莫解向仇师北面,偏甘投敌自南冠""和亲自古非长策,合力更生不二门""御敌河山凭血染,绳奸朝野逐颜开"。真是高风亮节,义正辞严。

(五)抢救难童　悉心教养

一九四一年冬,日寇攻占香港,岭海地区遭遇尤惨,莩荇满地,民如蝼蚁,敌伪如狼,壮者逃荒,老幼饿莩。周先生悯乡邑之少小者受摧残,为乡梓保存"元气"计,遂偕同志廖平子等人创设"顺德青云儿童教养院",潜入当时已成为敌占区之顺德,抢救难童,前后凡八百多人,设址于广宁江谷的佛仔堂(山名)中。院名冠"青云"二字,以示不忘青云文社年拨主办经费支持之义。周先生任院长以来,为筹措经费事,常常奔波于沙坪、曲江、四会等地。暇时,则驻足于江谷之院务办事处和儿教院中,指示工作。多年来,院中经济甚为拮据,而周先生对难童的一教一养,并未放松,到处劝捐"粮草"和书纸笔墨之费,其惨淡经营,直到解放后,人民政府接办易名"二中"而后止。再则,自一九四五年冬,日本投降后不久,迁院至陈村的"欧氏大宗祠"(即抗战前的乡师旧址)继续办理,至周先生逝世之前,院中经济尤为大窘,几有"断饮"之虞,周先生即变卖了自己的一些家产,鼎力支撑下去。在这段时间中,周先生也写了一些诗,表达了他不畏艰苦,寄希望于未来,如《咏红梅》即有"任彼风霜寒彻骨,赏余兴味尚油然"等句。其诗多刊布于《凤岭侨声》杂志。

(六)爱国爱乡　虽死犹荣

　　周先生曾应"旅港顺德联谊会"的邀请,莅会作讲演,有"旅港同乡,结成团体,以求发展,守望相助,外人凌侮,众为后盾"之论。演词全文,刊载于一九四七年九月二十日广州顺德同乡会主办的《顺德周刊》上。

　　周先生自参加辛亥革命以来,并没有加入过国民党,最后还是保持"同盟会会员"的称号。抗战爆发后,国民政府迁都重庆,拟委聘先生为国府委员,先生即断然拒绝,时人谓为"清高"。

　　周先生晚年,时患咯血之病(最后是患咽癌)。自一九四八年初,旅港就医日多,院中事务,常委托其同志梁德公(中山人)为之联络、关照。一九五〇年初,周之贞先生病逝于香港湾仔山边台的寓所,时年六十有八。身后并无长物,丧仪甚简。旅港同乡、知名人士和学生(即"难童")就以"不独子其子"五字作挽幛之语,表示深切的哀悼! 之贞先生有《诗草》二册遗世。

　　周先生有一子名周鸿钧(已故),曾给我们上过课,教课甚严。先生有两孙女,名周欣欣和周佩欣,现居香港。姐妹俩于 2006 年 8 月 24 日返北滘。同日去陈村青云中学观光,受到北滘镇多位领导人和青云中学校长等,以及早期老师陈大展先生、儿教院学生蔡尔洪、周均权、梁定僚等校友热情接待、陪同。她们听到祖父的丰功伟绩和动人故事后热泪盈眶,十分感动。并感谢家乡为其祖父重建故居,感谢青云中学弘扬青云校史,发扬青云精神,把学校建设成现代化的全能中学。

二、论弘扬民族文化的教育家周之贞[①]

蔡尔洪　　方溢华

　　抗日战争时期,民主革命家周之贞先生肩负续国脉、保元气、育人才的教育重任。在实践上,于沦陷区后方创办顺德青云儿童教养院,为日后建设家乡,振兴中华,培育德智体俱佳的人才。

　　周之贞教育思想的形成,是通过对传统民族文化的理性批判,去寻找建造青云的指导思想的。儒家经典《大学》一书有云:"大学之道,在明明德,在亲民,在止于至善。"其意思是说,办学的宗旨,在于弘扬光明正大的品德,在于亲身走入人群社会,亲近人民并为之服务,还在于使人达到最完善的境界。用现代的话语来表述,就是说明,教育是继承人类文化,传播人类价值观念的重要手段。教育是通过人才培养,通过师生的道德实践,对人群社会产生示范作用。尤其是学校教育是为社会输送各类人才的。这些人才来到了人群社会的各个角落,起到了提高社会思想格调的作用。正如哈佛大学前文理学院院长亨利·罗索夫斯基说,我们的任务在于保存与阐述文化,我们要将伟大的传统一代一代地传下去。

　　周之贞先生在建构青云教育实体的过程中,正是这样不断地总结、阐发、

---

　　①　选自《青云之路》编纂小组编辑:《仁者爱人　薪火相传——民主革命家、传统教育家周之贞先生纪念文集》,第59~88页,2007年(内部赠阅版)。作者为儿教院学员。

青 云 志

实践着民族传统文化,培养出一批又一批好人品、好作风的学生。

本文试从弘扬民族文化方面对周之贞先生的教育思想,作一个初步的分析、归纳,以引起青云新老学子的感恩共鸣和深入探讨。

(一)周之贞教育思想的滥觞——青云文社

周之贞把自己创办的儿童教养院,取名为"顺德青云儿童教养院",以铭记青云文社救助之义。那么青云文社是什么性质的组织?它的起源是什么?是怎样发展为支持办学的文社的?

下面,我们作一简要的回顾:

1.感恩祭礼

《礼记》:"祭帝子郊,所以定天位也;祀社于国,所以列地利也;(祭)祖庙,所以本仁也;(祭)山川,所以傧鬼神也;(祭)五祀,所以本事也。"这说明,古人祭祀天帝于南郊,以明定天的地位。祭祀于京城,表明生命所需之物资都来自大地。祭祖庙,是表示尊敬之意。祭祀山川,表示敬事鬼神。五种祭祀(指灶神、土神、门神等)是表示纪念人在大地生存的本源。总之,古人的祭礼,是表达对天、地、君、亲的感恩之情,原始的"礼",是民族文化之源。

青云文社,起源于祭礼。早在明朝时期,顺德民众就在约定的时间里举行致祭,使后人感恩和铭记有功的贤臣。继而为确保祭礼活动得以经常进行,就实施捐款置田收租,作为活动经费的来源。至崇祯己卯年,建成已具备礼仪标志性的青云文塔和阁祠,并写出了理论性说明的《青云第一社序》,确定青云文社春秋仲月例行四时之祭的经常性社伙活动。

2.资助学业

《礼记》:"礼仪也者,人之大端也。所以讲信修睦,而固人之肌肤之会,筋骸之束也。所以养生送死事鬼神之大端也。所以达天道,顺人情之大窦也。唯圣人为知礼之不可已也。"这段话是告诉我们,礼仪是人生的本分,所以促进人类之间彼此的信任,社会生活的和睦,加强社会生活的联系,是为养生、送死、敬拜神灵的基本礼法,也是为上尊天理、下达人情的原则。所以只有圣人才知道礼之不可废。

青云文社正是遵从这个原则,为祭礼习俗衍生了新义,以礼仪本分,培养人才,促进社会和谐,加强乡人关系。青云文社从清朝同治四年起,将每年出租款项的一部分,开创性地用作"代送文武新生印卷金"。随后,清至民国年间,将祭礼习俗的部分款项用来支持办学。这样顺德乡镇不少学生得到了青云文社的资助,完成了学业,得到上京考试或出国留学的机会,实践了《礼记》所说的"讲学以褟之,本仁以聚之"。即用教育以提高素质,用仁爱来联结人心。

3.青云义学

《礼记》:"大道之行也,天下为公。选贤与能,讲信修睦。故人不独亲其亲,不独子其子,使老有所终,壮有所用,幼有所长,矜(鳏)寡孤独废疾者,皆有所养。"这段文字的意思是说,大道(指太平盛世的政治措施)施行的时代,天下为天下人所共有。选举有德行、有才能的人来共同治理。人们之间讲究信用、和睦相处。所以,人们不只是把自己的亲人当作亲人,不只是把自己的儿女当作儿女。这样就使老年人能够安享晚年,使壮年人有贡献才力的地方,使少年儿童能得到良好的教育,使年老丧偶、年幼无父、年老无子和残疾的人都能得到供养。周之贞办青云义学,正是受着这种传统文化观念的浸淫和影响。

抗战期间,青云文社以周之贞为首的整理委员会,将文社田产由分散资助个人上学的个别行为,发展成为保顺邑元气,延续国脉,百年树人的教育工程,历尽艰辛,开创了颇具规模的青云儿童教养院。

从以上的回顾中可以看出,青云文社的祭礼,主要体现了"报"的观念。"报"就是报恩、报功、报德。"教民美报"是施行礼教的重要内容。正如孟子所云:"老吾老,以及人之老;幼吾幼,以及人之幼。"又云:"推恩足以保四海,不推恩无以保妻子。"(《孟子·梁惠王上》)这种议论表明,推广恩德就完全可以安定天下,不推广恩德就连妻子儿女都保护不了。周之贞在国难频仍的年代,决心在家乡举办义学,其动因是续国脉、保元气。其理念的形成,可以追溯到传统文化中推恩报恩的理想人格和价值取向:强调做事要设身处地,将心比心,推己及人。

周之贞在儿童教养院的名称标志上,确定为"青云儿童教养院",其目的是教导我们,要铭记源头在青云文社。其深层意义,则在于体现出周之贞教育思想的滥觞,是我们民族的传统文化。

(二)进行传统的道德教育

我国现代著名教育家蔡元培先生在《对于教育方针之意见》一文中鲜明地提出:"孔子曰,己欲立而立人,己欲达而达人。亲爱之谓也,古者盖谓之仁。三者诚一切道德之根源,而公民道德教育之所有事者也。"又说:"教育而至于公民道德,宜若可为最终之鹄的矣。"

从蔡先生这番语重心长的话语中,其关注传统道德教育之殷殷之情,管中窥豹,可见一斑。周之贞先生身处国难家仇的岁月,坚持办教育。物资匮乏,举步维艰,但依然以弘扬民族文化为大任,以高扬传统道德教育为肯綮,在青云儿童教养院的教学实践上贯彻始终。

1.内外兼修,身体力行

综观周之贞先生一生的行止,无论是投身于革命,抑是矢志教育,其思维的肇始,无不与儒家人生哲学的传统观念有所继承,有所发生。儒家的祖师孔子,其思想核心是"仁学"。孔子认为,仁礼是一体的。礼是具有强制性的社会法度和伦理规范,而仁是主观的道德观念和品质。其继承者孟子,发展了"仁"的思想,提出人性善的主张,开创了"内圣之学"。荀子则发展了"礼"的思想,提出了"人性恶"的主张,形成了"外王之学"。它们相互补充,交融统一,从不同方面不断地丰富孔子的"仁学"系统,从而成为中国传统文化的主体部分。对建立和塑造我们的民族性格和文化心理结构,起着巨大的作用。

孟子"性善论"的中心,是恻隐之心,即"不忍人之心"。什么是"不忍人之心"呢? 孟子解释说:"所以谓人皆有不忍人之心者,今人乍见将入于井,皆有怵惕恻隐之心,非所以内交于孺子之父母也,非所以要誉于乡党朋友也,非恶其声而然也。由是观之,无恻隐之心,非人也。"(《孟子·公孙丑上》)这段话的意思是,孟子之所以说每人都有怜恤别人的心情,道理就在于:比如,现在有人突然看到一个小孩子要跌到井里去了,任何人都会有惊骇同情的心情。这种心情的产生,不是为着要来和这小孩子的父母攀结交情,不是为着要在乡里朋友中间搏取声誉,也不是厌恶那小孩的哭声才如此的。由此看来,一个人如果没有同情之心,简直不是一个人。

周之贞面对日寇侵华,家乡沦陷的严重局势,痛感邑中儿童失教失养,遂萌生了恻隐之心,决意义难坐视,坚定地实施"续国脉、保元气、育人才"的光辉理念。这种坐言起行的举动,完全体现了周之贞具有儒家"人性善"的道德素质,荀子的"性恶论",是主张人必须自觉地用现实社会的规范来努力改造自己,使其变"善"。孟子主张"性善",是着重于主观意识的修养,而荀子的"性恶论",则着重客观现实的人为改造。因此,荀子对儒家思想体系的革命性发展,是提出"天人之分"。他认为人要与自然相奋斗,才能生存。

荀子在他著名的《天论》中说:"大天而思之,孰与物畜而制之;从天而颂之,孰与制天命而用之;望时而待之,孰与应时而使之;因物而多之,孰与聘能而化之。"这番话可以这样理解：与其尊敬天而希望它赐以福泽，还不如把它当成物质看待，而管制它；与其顺从天意，而加以歌颂，还不如对天生的种种物质加以控制而充分利用它们；与其坐待一年四季给予人类恩赐，还不如适应时令的变化，而加以充分使用；与其只就原有各物主本身以求增多数量，还不如运用人类的智能来改变各物的性质。总之，可以用荀子的一句话来总结："天地官而万物役。"其意思就是说，天地万物皆应为人类服务，人类是不应该听天由命的。

荀子的这些话，已成为人生的颂歌，伟大的名句。它充分体现了人类以自己的力量来赢得生存和发展这一真理。

周之贞由爱国爱民的思想者，成熟为从事辛亥革命的革命者，正好说明他是一个"外王之学"的实践者。荀子这种理论强调主体能动性的积极作用，要勇于改造现存的世界，去获取人类自身的发展。周之贞的实践，是对儒家的社会历史责任感的弘扬，是我们民族刚健进取精神的反映。

青云儿童教养院的建造过程，更是这种精神在特定时期的新鲜表现。

周之贞院长以人能主宰万物的观念为指导，由设计师绘成建筑蓝图，以建筑工人为主，学童为辅，按图建造。由理想变成现实，使佛仔堂荒原一变而成青云儿教院的雄姿。这雄姿就是一种青云文化，这里的文化，产生于人与自然相处关系中的文化，学童有了礼堂、教室、宿舍等场所，还开垦菜园，丰富饮食资源。这些归结成物质层面的文化，同时也包含了精神层面的内容。因为在这些文化中，蕴含着人的目的和追求，人对自然的认识与改造，还有人对某种物质欲望的审美理想。

关于人的目的、追求和审美理想，在儿教院的思想文化启蒙教育中得到了体现。周之贞院长每周在青云中山纪念堂，诵读孙中山总理遗嘱，宣传孙中山拯救民族的三民主义。给师生一种思想，一种信仰，一种力量。从中启发学童要成为一个有自觉奋斗意识的人,荀子云:"锲而舍之,朽木不折;锲而不舍,金石可镂。"(《荀子·劝学》)这种勤劳坚韧、孜孜不倦、愚公移山式的实践精神,正是我们民族传统的优秀优良品德。周之贞院长正是以这种精神,身体力行,潜移默化,教育学童们努力学习,强身健体,为将来振兴中华,建设祖国而献身。

2.意义世界,理论提升

我们民族的传统文化,一向十分重视道德修养。要追求一个具有理想意义的世界,首先就要求人们具有一种真诚的道德修养。《大学》开宗明义就强调:"欲修其身者,先正其心;欲正其心者,先诚其意。"就是说,要想修养自己的品性,先要端正自己的心思;要想端正自己的心思,先要使自己的意义真诚。最后,还明确说:"自天子以至于庶人,壹是皆以修身为本。"上自国家元首,下至平民百姓,人人都要以修养品性为根本。

要修养什么样的品性,才能达到理想意义之世界呢? 据儒家的观点认为,就是要有高尚的心灵,要有自由、快乐的人生境界。孔子说:"饭疏食饮水,曲肱而枕之,乐亦在其中矣。"(《论语·述而》)其意思是说,吃粗粮,喝生水,弯着胳膊作枕头,快乐就在其中了。

孔子讲的这种快乐,是对世俗世界的自由把握,又是对人的道德、人格完成的关怀。它既是人的心理情感,更是远离了动物官能的快感。它积淀了人的道德修行的成果。达到了这个理想意义世界,便可以蔑视富贵,可以甘于贫贱,不计较于个人利益的短暂得失。以至于不畏强暴,可以快乐地自由做人。这是人生,也是意义世界的审美。

(1)意义世界,就是人的精神追求

青云儿教院,地处穷乡僻壤,实属苦难之秋。学童们在这里,既是学文化,更是学生活、学劳动。生活和劳动是艰辛的。吃的是清汤豆腐,住的是竹寮茅舍。

在青云集体里,学童之间最大与最小相差四至八岁。大的称大哥班,小的称弟弟班。大小不同、劳力不同。大哥班的同学担负着粗重的建校劳动;在菜园里,菜种得好,产量高。而弟弟班的同学,只能做些轻微的、力所能及的劳动。可是在饭堂里,哥哥的饭桌和弟弟的饭桌,配分的数量是一样的,共享劳动成果。大哥对弟弟的关怀、爱护,是真心诚意的;弟弟对大哥的尊敬、爱戴,是虚心诚服的。在青云大家庭里,个人利益是不计较的,而是诚信第一,心意为上。这就把青云学子的"仁者爱人"的心理情感,逐渐融化为青云文化的意义世界。

这种青云生活现象的理论提升,完全是周之贞院长对传统文化的传承与创造。

孟子说:"出入相友,守望相助,疾病相扶持,则百姓亲睦。"(《孟子·滕文公上》)其意思就是,平日出入,互相友爱;防御盗贼,互相帮助;一有疾病,互相照顾,那么,百姓之间便亲爱和睦了。孟子这番话,是周院长踏进人生之途时,在下层群体生活中反复感悟的。更是在后来创建青云儿教院的过程中,反复强调的。在师生大会上,周院长就多次讲过:"我们内部如遇不幸之事发生,大众守望相助,疾病相扶持。"

在青云儿教院的内部,就呈现出这样一种精神境界。在生活中人的物欲追求是人的发展的根本需要,但是在现实世界中又无法以某种实在的利益的形式显现。这时,为了维持个体与集体利益的均衡,就要抛弃许多世俗利益的矛盾冲突,达到生命的自由。这种超越物欲,超越世俗的人生境界,就创造了一个意义世界,亦即人的精神追求的体现。

(2)生命的意义在于选择

在人间社会,人的痛苦不是没有选择,而是选择太多,这是一个多难时代带给我们的迷惑,我们无法左右外在的世界,只有让内心的选择能力更强大,人的生命才有意义。当我们明白如何取舍,那么我们就能够成为一个智者了,孔子说:"择其善者而从之,其不善者而改之。"(《论语·述而》)这就是"智者不惑"。

周之贞在教育实践上,就是这样一个智者。

在青云儿教院的一次纪念周会上,周之贞院长给师生讲做人的道理。他说,人能存在就是选择,有选择才有自由。一个人的生命意义在于选择。只有不断地为自己的人生作选择,这样的人才算是来这个世界活过。如果一个人,他的人生总是被人决定,这个人可说是白活了。

周院长又说,你们进儿教院前,经院方宣传讲解,你们家长很快清醒过来,同意你们逃离沦陷区。尤其是你们的自觉、坚强,很快就自觉报名,这是你们选择个人前途,也是你自主自由。

在古代的经典著作中,有不少对我们民族人格理想的描述与追求,孟子云:"得志,与民由之;不得志,独行其道。富贵不能淫,贫贱不能移,威武不能屈,此之谓大丈夫。"(《孟子·滕文公上》)这告诉我们,得志的时候,偕同百姓循着大道前行;不得志的时候,也独自坚持自己的原则。富贵不能乱我之心,贫贱不能变我之志,威武不能屈我之节,这才叫做大丈夫。

在我国传统文化的历史上,这些话是两千多年来始终激励人心,传颂不绝的名句。

孟子的伟大贡献,还表现在生命意义的选择上。《孟子·告子上》中有一段震古烁今的议论:"生,亦我所欲也;义,亦我所欲也。二者不可得兼,舍生而取义者也,生亦我所欲,所欲有甚于生者,故不为苟得也;死亦我所恶,所恶有甚于死者,故患有所不辟也。"这番话深刻地阐明,生命是我所喜欢的,义也是我所喜欢的。如果两者不能兼有,便牺牲生命而选择义。生命本是我所喜欢的,但是还有比生命更为我所喜欢的,所以我不干苟且偷生的事。死亡本是我所厌恶的,但是还有比死亡更为我所厌恶,所以有的祸害我不躲避。很显然,孟子的话是在高扬道德人格,是肯定了个体生命的自我选择。周之贞的教育思想,就渗透着这种高尚的道德观念,并在教学实践中予以发扬光大。

同是在纪念周会上,周院长就是这样教导学童的。在家乡时,你们都见过卖鱼和买鱼。一条大头鱼,被砍成两边,看你买哪一边,因为它有头、有脊梁、有尾巴。好比做人的选择一样,首先做人要有骨气,要有脊梁骨,活得正气,站得正,坐得稳。另外,还要有头有尾,虎头蛇尾要不得,有头无尾更是要不得。做人、做事敢于负责,勇于承担。

3.竹篱笆的善恶观

在青云儿童教养院的院址周围有竹篱笆。这个设计有着周之贞教育思想的良苦用心。它作为边界的区分,竹篱笆外,四周战火弥漫;竹篱笆内,出现桃源胜境。这是设计者按"仁者爱人"的理念建成的。《易经》云:"观乎人文,以化成天下。"(《贲卦·象传》)其意思就是说,用人类传统文明去教化,促成天下昌明。在这里,"化"是文明的关键。"化"是行动,"化"是承担,"化"是创造。只有"化",民族的传统文明才能得以保留和延续。周之贞的教育实践正是努力不懈地做着这种艰苦卓绝的"化"的工作。

儿教院很重视思想教育。竹篱笆就起着张扬"人性善"的作用。孟子的"性善论"的核心是"四端"说,即"恻隐之心,仁之端也;善恶之心,义之端也;辞让之心,礼之端也;是非之心,智之端也"。(《孟子·公孙丑上》)又说:"无恻隐之心,非人也;无善恶之心,非人也;无辞让之心,非人也;无是非之心,非人也。"(引据同上)孟子认为,人之所以区别于禽兽,在于人具有仁、义、礼、智这些内在的高尚品德。

周院长在师生大会上就郑重其事地嘉奖表扬周盛松学兄。赞扬他勇敢机智，在院内抓到一名小偷。有了个竹篱笆，小偷自然也不敢放肆。院外四周有花生、红薯之类，个别意志薄弱的学童，见到这些能吃的蔬果，也会因为有了竹篱笆而挡住了外面的诱感。

此外，竹篱笆同时也有着惩恶扬善的效能。荀子的"性恶说"，是指人必须自觉地用社会规范来努力改造自己。另一方面，荀子又认为，事在人为，命运非由天定。所以他说："强本而节用，则天不能贫；养备而动时，则天不能病；修道而不二，则天不能祸。"（《荀子·天论》）意思是，如果人类加强生产而节约用度，则天不能使人贫困；人类对于养生的衣食准备充分，而且能适应天时变化，则天并不能使人的健康有所损害；人能够按着礼义道德标准去行事，又不发生偏差，则天不能加祸于人。在这段议论中，荀子在于强调人作为主体的外在作用，人对内外世界的征服。这种征服不能只是精神上的，更重要的是在物质上的。这正是表现了荀子的"制天命而用之"的伟大思想。

昔日生活在儿教院内的学童，听说佛仔堂周围有老虎吃猪伤人，引起了一些恐慌。当时，在村民中流传着老虎说的一句话："竹门我怕刺，木门放个屁。"他们解释说，是老虎最怕刺，怕竹枝断裂后，有很多刺，刺在老虎皮肉上，谁给虎挑刺？老虎只有远离有竹的地方。而村子的木门是木栅栏做的，老虎不怕，如放个屁一样，容易进出。听了这些，学童知道院内建有竹篱笆，于是心里有了安全感。

抗日战争初期与中期，江谷镇还算是个大后方，是势单力薄的中小商人暂时逃避战事之处。因此，市面颇显繁荣，而简陋的赌馆和鸦片烟管还是不少的。败坏社会，滋生盗贼的土壤亦是存在的。但是由于有了这个竹篱笆，儿教院与世隔离，起到了维系礼、义、廉、耻，国之四维的大作用。

(三)建构青云乡教育实体

周之贞在建构青云儿教院的管理模式上,结合当时实际,指导学童成立青云乡公所,设正副乡长,保甲长,实行自治治事。这是一个自我组织、自我调解的伦理文化建构。其设计目的,是要形成有效的伦理秩序,以作为青云文化教育的结构实体。

1.建构教育实体的理论基础及其深远意义

中国文化是一种伦理文化。孟子早就要求"教以人伦",即用关于人与人的关系的大道理及行为准则,来教育人民。其内容就是:"父子有亲,君臣有义,夫妇有别,长幼有序,朋友有信。"(《孟子·滕文公上》)由此可见,家庭伦理是中国传统文化体系的核心。那么伦理文化在中国传统社会结构中起什么作用? 他们的关系是如何发展变化的? 这些困扰中国人的大问题,我国新儒学的一代宗师梁漱溟先生,有过深刻的且具超前性的论述。他的论述,昭示了中国人的生存精神,以至未来的前途。八十年前,他在《中国文化要义》这部重要著作中,就提出了一个最为鲜明而独到的见解。他说:"中国人就家庭关系推广发挥,以伦理组织社会。""伦理社会所贵者,一言以蔽之曰:尊重对方。何谓好父亲? 常以儿子为重的,就是好父亲。何谓好儿子? 常以父亲为重的,就是好儿子。何谓好哥哥? 常以弟弟为重的,就是好哥哥。何谓好弟弟,常以哥哥为重的,就是好弟弟。客人来了,能以客人为重的,就是好主人。客人又能顾念到主人,不为自己打算而为主人打算,就是好客人。"他的结论是:"所谓伦理者无他义,就是要人认清楚人生相关系之理,而于彼此相关系中,互以对方为重而已。"

最后, 他还以中西文化的优劣长短作比较,确认中华传统文化的优越性,深信世界的未来是中国文化的复兴。这些议论和探讨,对于今天的我们来说仍然具有较大的启发意义。他是这样评述的,中国人"自古相传的是'天下一家','四海兄弟'。试问何处宗法社会有此超旷意识?……如只是家庭本位、宗法制度,怎能把中国民族在空间上恢拓这样大,在时间上绵延这样久?"这就说明中华传统文化的生命力是多么强大,它雄踞的空间是多么广阔,它维系的历史是多么久远。

原因是什么呢?原因就是中华传统文化为我们构建了一个道德境界的人生。《论语·为政》说:"道之以德,齐之以礼,有耻且格。"意思是,用道德来领导、管理百姓,用礼义来教化百姓,使他们有耻辱感,而且内心归服。崇尚道德人生的人,会自觉认识人在社会里不光是一个人,而是一个系统。个人的存在、个人的名利与社会是一体的,每个人的行为应遵从社会的规范。

关于道德伦理的社会价值,孔子已做过肯定,他说:"弟子入则孝,出则悌,谨而信,泛爱众。"(《论语·学而》)这是告诉我们,作为年轻人,在家里孝顺父母;在外面,对兄长、对朋友能够友爱、谨慎、讲信用。扩而充之,要爱国家,博爱天下人。按照孔子的道德推理逻辑,就是把单纯的亲情关系扩展为社会的普遍原则。

人应该遵从什么样的社会规范?孔子也有过明确的说明:"人而无信,不知其可也。"(《论语·为政》)这表明一个普遍原则:要求人在立身处世时,应以信为基本条件。孔子曾在回答他的学生关于君臣关系(可以理解为领导与被领导的关系)如何相处的问题时说:"勿欺也,而犯之。"(《论语·宪问》)就是说,不要欺骗他,但可以直言规劝他。

可是,两千多年后的今天,科技发达、社会文明、物质丰富,而有的人精神贫瘠,为了一点私利,可以放弃诚信。说套话、大话、空话、假话、谎话,比比皆是。可见,世风日下,道德伦理精神日益失落,有鉴于此,努力弘扬我们民族优秀传统文化,是颇具深远意义的。美国芝加哥大学教授艾恺先生在1996

年《读书》杂志第一期上发表了一篇文章:《重新阐释梁漱溟〈东西文化及其哲学〉》,鲜明地指出:"梁先生在七十年前关于儒家社会的预言,今日证明是确实不虚的金玉良言。"1988年1月,75位诺贝尔奖获得者在巴黎会议结束时,联名宣言说:"如果人类思想要在二十一世纪生存下来,必须回到两千五百年前去吸取孔子的智慧。"联合国文教组织的泰勒博士也说过,不管人类是进步还是不进步,时至今天,人类社会始终不能跨越孔子在二千五百年前所讲的范围。以上种种高度评价,足以证明,以孔子为代表的我们民族的优秀传统文化,既是古代的,也是现代的,甚至是未来的。

周之贞先生在建构青云乡教育实体的思想历程上,继承了我们民族珍贵的伦理文化精华,结合抗战期间儿教院的组织结构实际,予以创造性的实施。这是很有现实性和远见性的。

在青云伦理的实体中,指导师生员工建立起来的关系是师生应有如父慈子孝的亲情之义;同学与乡长、保甲长之间有君臣之义,即领导与被领导之间要有礼义之道;同学之间要有兄友弟恭、朋友诚信之道。"举整个社会各种关系而一概家庭化之,务使其情益亲,其义益重。"(梁漱溟《中国文化要义》)在青云乡的伦理秩序中,要求每个个体都恪守本分。周院长则率先垂范,切实团结,关怀其属下各级负责人,爱护各科教师。对学童选出的青云乡公所各层领导,严肃、认真地进行审核,尊重他们的意愿。要求儿教院所有成员必须遵守这些伦理规范。周院长认为,只有如此,才能使全体师生人格完善、人际和谐、学校安定。

2.青云礼仪,导向至善

青云乡教育实体是以善的价值对人的行为进行导向的文化机构,要使儿教院内全院学童之间建立一种稳定的人伦关系。为此,周院长从礼仪和仁德诸方面提出措施,开展教育。

（1）青云礼仪，青云伦理

"礼"在儒学理论体系中是作为伦理原则呈现的。于是，形成了一系列的人伦准则和礼仪制度。

《礼记·曲礼上》说："夫礼者，所以定亲疏，决嫌疑，别同异，明是非也。""道德仁义，非礼不成；君臣上下，父子兄弟，非礼不定；班朝治军，莅官行法，非礼威严不行。"这就说明，"礼"既是"定亲疏，决嫌疑"的人伦准则，又是"别同异，明是非"的理性准则。同时，又成为人们在政治、军事、文化领域各种社会行为的标准和制度。所以"礼"的实质就是伦理规范和制度。

此外，"礼"是人的思想道德的外在表现和行为规范，是个人在社会立身的前提。《礼记》说："道德仁义，非礼不成。"就是这个意思。《论语》也说："不学礼，无以立。"（《季氏》）"博学于文，约之以礼，亦可以弗畔矣夫。"（《颜渊》）这是教导我们，要广泛地学一切知识，用礼仪来约束自己，就可以不背离君子之道了。

青云的礼仪活动，是对学童进行文化素质教育的一项课程。学童们从沦陷区集中开始，就走上了周之贞先生为之设计的青云之路，这是人生的一个新开始。要以新的要求引导自己前进，改变过去的混沌心灵，接受重新认识人际关系的启蒙教育。青云就是这样用礼仪的方式去改变学童的生活方式和人生态度的。

青云的礼仪仪式有一套固定的程序，如起床、集合、升旗、前进列队、司号、操练，每逢周一举行纪念周，在庄严肃穆的中山纪念堂，诵读孙中山总理遗嘱，然后学校领导训话，进行思想教育。

周院长为使学童深刻认识和不忘国家民族危机，于开饭之前高呼"每饭不忘，打倒日本"的口号，把它作为青云的一个礼仪。这个礼仪，增强了学童们的民族爱国之心。

青 云 志

"守望相助,疾病相扶"是青云的常规礼节。在青云这个教育实体中,很重视礼教的熏陶。在日常教育中,注意培养学童共同遵守礼节的习惯。教导他们在处理人际关系上,能忠恕待人,重信守义,尊老爱幼,以和为贵,履行互谅互让的道德行为规范。

这些做法的理论依据,就是儒家的道德伦理思想。

儒家认为,礼所体现的是仁的追求。仁与礼是不可分的。孔子说:"人而不仁,如礼何?"(《论语·八佾》)意思是,做人如果没有仁爱之心,礼仪对他有什么用呢?孔子就很强调把外在行为规范的"礼"导向人的内在道德情感,即人的亲情方面。他在《礼记·中庸》中有一段话,十分清楚地阐明了仁与礼的本末关系。他说:"仁者人也,亲亲为大;义者宜也,尊贤为大;亲亲之杀(杀,差别之意),尊贤之等,礼所生也。"意思是所谓仁,就是人性,以爱自己的亲人最为重大。所谓义,就是事事做得恰当,以尊敬贤德的人最为重大。爱亲人而有等差,尊敬贤者而有等级,就是从礼节产生的。由此可以看出,在孔子的思想逻辑中,仁德源于亲情,而礼节的规范就是以道德为依据的。

礼的作用有个最好的标准,即道德的完美表现。《论语·学而》说:"礼之用,和为贵。"孔子如何处理人际关系呢?他有一段与学生的对话就体现得很明确:"子曰:'参乎!吾道一以贯之。'曾子曰:'唯。'子出,门人问曰:'何谓也?'曾子曰:'夫子之道,忠恕而已矣'。"(《论语·里仁》)这里说的忠恕之道,是美德的重要内容,是为了解决己与人、我与群的人际关系问题。忠,要求人立身处世,要以信为基本条件。"与朋友交,言而有信。"(《论语·学而》)恕,体现了推己及人的处世原则。如"己所不欲,勿施于人"。(《论语·卫灵公》)青云儿教院的学童,质朴少文,年龄有大小,素质有高低。但在周院长和老师们的言传身教下,潜移默化地,逐渐使他们相互间形成兄弟之心,手足之情。当别人有病或有困难的时候,专程前往探望一下,关心一下——递杯水,送个饭;

病痛缠身,给个欢心,说个笑。这是人间温情、互相关心的表现,是青云的一种习俗,更是用"礼"作为人际交往的行为规范进行教育的最佳成果。

(2)感通教育,导向至善

周之贞院长在思量青云乡教育实体的施教运作时,既重视礼仪的行为规范,更重视仁德的渗透和引导。他带领师生共同实施的感通教育,导向至善,就是一种很好的教育理念和教育实践。

对此,我们可以从两方面加以阐释和论证。

一是修身、立命。儒家的传统教育思想是很重视仁与礼的结合的。他们强调,只有具备了仁爱的品质,才不会做违背礼制规范的事情。孔子就很明确地对他的得意门生颜渊说过:"颜渊问仁。子曰:'克己复礼为仁,'"(《论语·颜渊》)就是说,克制自己,使自己的言行符合礼的要求,才算是仁,才能实现仁德。孔子还说过:"苟志于仁矣,无恶也。"(《论语·里仁》)此话更清楚地表明,如果诚心立志实行仁德,就能提高思想境界,更好地遵守礼制,就不会有使人厌恶的事情发生。

那么如何培养仁德呢? 对于这个问题,在同是儒家经典——《四书》之一的《大学》里,早就有过经典式的提示和指引:"物格而后知至,知至而后意诚,意诚而后心正,心正而后身修,身修而后家齐,家齐而后国治,国治而后天下平。"用今天的话来说,就是通过对万事万物的认识、研究后,才能获得知识;获得知识后意念才能真诚;意念真诚后,心思才能端正;心思端正后才能修养品性;品性修养后,才能管好家庭;管好家庭后,才能治理好国家;治理好国家后,天下才能太平。儒家这段话,十分精彩地为我们展示了一条人生修养的途径。两千多年来,一代又一代的中国知识分子就是这样走过来的。格物、致知、诚意、正心,说的就是修养的内容,要达到齐家、治国、平天下的远大理想,就得从修身做起。

青云志

　　在进入青云乡教育实体之前,学童中多数是沦陷区街头流浪的少年。他们散漫、失教,沾有社会恶习,偷窃、打斗、粗言秽语等不良行为时有出现。周之贞先生怀着仁者爱人的人文精神,把昔日的难童招进儿教院内,要使他们脱胎换骨,把他们培养成具有好人品、好学风的栋梁之材。这样艰巨的育人工程,周之贞设计的第一步工作就是"修身"。他对学童们说:"你们进院后,不是万事大吉,也不会是一帆风顺的。明显摆着的是物质生活困难要克服。另外要想到,同学关系、个人修养、学习文化科学知识,都得努力。更要想到,凶残的日寇还在我们周围,要有忧患意识,绝对不能放松。要挺起我们的脊梁抗下去。"在实际工作中,周院长带头,与教师一起,深入到学童当中,一方面热情关心,加强思想教育。另一方面,对不良行为严加管控。在课余时间,充实各种文娱体育活动和师生同乐活动;对过低的物质生活条件加以调剂和改善。老师以学生之忧而忧,以学生之乐而乐。他们遵照周院长以身作则的指示,切实做到知人、爱人、立人、达人。他们深深地知道,今日的难童就是国脉、元气,要重视他们的生命价值。所以他们甘受远离闹市之苦,日夕陪伴学童。以自己所学的知识,教导学童求生存、学生活、学做人、学发展。

　　儿教院经费特别困难,每桌供应的饭菜有限。每餐开饭时,面临"礼崩乐坏"的景象,动手快的人吃个好,手慢的吃半饱。周院长和老师们根据学童这种生活表现,通过各种方式正面开导和启迪。如给学童讲孔融让梨的故事,让他们懂得在人与人的交际中,能"让"就能够和睦相处,因和睦相处,才能共同组织社会。从此,人人都能吃到肉、菜的共识就坚持下去了。这就是周院长提倡的尊重别人的"饭桌礼仪"。

　　周院长在青云乡教育实体的育人工程中,设计的第二步工作是"立命"。儒家的思想体系中,有一个很重要的观点是"立命"说。孟子虽然也讲"天命",但是他更着重于"立命""正命"。在《孟子·尽心上》中有两段话,其中一段,他说:"尽其心者,知其性也。知其性,则知天矣。存其心,养其性,所以事天也。夭寿不贰,修身以俟之,所以立命也。"用现代的话来说,就是充分扩张善良的本心,这就懂得了人的本性。懂得了人的本性,就懂得天命了。保持人的善良本心,培养人的仁义本性,这就是对待天命的方法。短命也好,长寿也好,我都不三心二意,只是修养身心,等待天命,这就是安身立命的方法(亦即使命运有所依托的方法)。

另一段话,他说:"莫非命也,顺受其正;是故知命者不立乎岩墙之下。尽其道而死者,正命也;桎梏死者,非正命也。"这段话的意思是:无一不是命运,但顺理而行,所接受的便是正命,所以懂得命运的人不站在有倾倒危险的墙壁之下。尽力行道而死的人(即尽力为人格理想奋斗而死的人,所受的是正命(正当的命运),犯罪而死的人所受的不是正命。

这两段话表明孟子很强调人的道德人格的自我要求。突出了人的道德责任和历史责任,以及个体在现实生活中为改变命运而努力奋斗的人格价值。

周之贞院长创办青云,为难童打造安身立命之所。他在这个教育实体中所做的任何事情,都是从学童的心上进行点拨,把学童的命运提升为自己的使命和个人终生为之奋斗的目标,这就达到周院长对学童提出的知行要求——立命。

学童们从沦陷区到佛仔堂,远离家乡,身无长物。周院长构建的青云乡教育实体,实质上是为学童们造就了一个安身立命之所。安者,安定也;立者,建立也。在周之贞的教育理念和教育实践上,这个"安"和"立",一是指物质生活上的"安"和"立"。儿教院初创时,只有仅能维持生命基本消耗量的饮食。随着菜地生产的开辟,饮食逐步改善,宿舍、课室、礼堂相继出现,学童们的希望有所满足。二是指精神生活上的"安"和"立"。这表现在学童们在历史文化科学知识上的不断提高;文化体育、娱乐项目的不断充实与丰富;为提高学习兴趣,开展书画、作文竞赛活动;对劳作手艺、蔬果产品的钻研等。这一切都表明学童们的精神领域不断开阔,各项教育内容不断加深。总之,学童的精神生活有所寄托,人格志向有所追求,周院长的"立命"理念就得到实现了。

二是向善、至善。在周之贞先生的教育理念中,青云乡教育实体是一个伦理化的大家庭。师生如父子,同学如兄弟。他要求全院师生员工做到师慈生孝、兄友弟恭、互相尊重、和睦相处,造就一代具有理想人格的人——"盛德至善,民之不能忘也"(《礼记·大学》)。就是要培养一代品德高尚,达到最完善境界的人。

要达到这个"至善"境界,如何做到呢?周院长的施教手段,就是感通教育。其内容是:第一,真诚待人。《礼记·大学》云:"与国人交,止于信。"这是说,与别人交往的时候,要做到诚实、讲信用。学童们从走上青云之路的第一步起,周之贞院长就教导他们:"出入相友,守望相助,疾病相扶持。"以相友、相助、相扶持作为人与人相处的真诚态度来相交,从而形成一种友爱、和睦的伦理大家庭式的凝聚力。

在儿教院内,各人都以自己的心照顾别人的"身",别人以自己的"身"感受对方的"心",再转过来回报对方,照顾别人的身。于是就达到了真诚互动。

周院长曾教导学童们说:"我们当中的个人,在外遭人欺侮、侵凌,有我们集体之众,人人精神一呼应之,谁敢正眼而视?真乃无纷不解,无难不排,即有狼差,或要求不遂,期以拳脚加诸我者,知我集体团结如一人,彼此精神一呼即应,快不敢拳脚交加。"

第二,对等互通。周院长要求同学相处时,每个人都能替别人设想,使人我关系产生良好互动,这是他实践孔子教育思想的一个具体表现。孔子说:"夫仁者,己欲立而立人,己欲达而达人。"(《论语·雍也》)这是教导我们,让我们懂得有仁德的人,自己想有所建树的,也帮助别人建树,自己想要做到的,也帮助别人做到。周院长拥有青云这份文化资源,他就充分利用这份资源,努力做好"续国脉、保元气"的庄严工作。他对学童们说:"你们的童年是辛苦的,你们侥幸闯过鬼门关。在儿教院也是够苦的。吃的是自己舂的糙米,一餐饭菜只有十几粒白豆或两三匙水豆腐。冬天穿的是两件单衫加件棉背心。一年到头,多数人整天赤足。但你们经得起磨练,在老师的教导下,能努力上进,取得成绩。"

初建儿教院时,周院长致力于创造良好的生活、耕作、学习环境,让学童有一个健全的发展空间。周院长极善于做人的思想工作。他有一套很生动的"使人书"的说法。他从具体的事例入手,引导学生们认识读书的真正含义:"世界上许多伟人,能成大事的人,他们好多本事是从实践中学来的。也可以说是对'无字的书''使人的书'读得好所至……我不是要大家不去读书。要读书! 如果有条件,应继续升学。没有条件升学,也要自学。古人的书要读,今人的书更要读。知识越广博,越受人尊重,你在社会上立身处世,办各种事情就越有本领。"周院长的讲话,让学生们感到欢欣鼓舞,使师生关系产生了良好的对等互通。

第三,立心向善。有"中国文化的宪法"之称的《礼记》,其中《大学》一篇里开宗明义地说:"大学之道……在止于至善。"这就明示我们,中国传统教育的目标,是培养一代流芳百世的,具有完善道德人格的人。周之贞先生构建青云乡教育实体,其初衷正是冀求践行这个传统目标。这个愿景似乎太理想化,但在周先生的教育思想中,虽不至,而心向往之。

在周院长的精心计划下,学童们进院后,在亲手参与建造的校园里,各人按照规定,每天都过着黎明即起洒扫庭园的日子。或站岗放哨,厨房炊事,菜地浇水,粮库舂米;或挑谷磨豆腐,以至到课室上文化课等。

青云志

这种种活动正是实践了孟子所要求的:"故天将降大任于斯人也,必先苦其心志,劳其筋骨,饿其体肤,空乏其身,行拂乱其所为。"(《孟子·告子下》)因此,可以震动学童们的心意,坚韧他们的性情,增加他们的向善能力。

通过这些活动,完成规定的任务,学童们逐渐懂得,这一切都是为了自己的衣食住行,为了学习文化知识,为了满足自己的兴趣。于是,在日常的劳动、学习生活中,学童们从被动生活走向主动生活,从无目的的混沌状态走向有目的的人生大道。

《论语》中有句话说:"古之学者为己,今之学者为人。"(《宪问》)孔子指出,古代求学的人是为了充实、提高自己的道德学问,现在求学的人是为了炫耀自己,取悦于人。也就是说,真正尊重学问的人,他的学习是为了心灵得到改造,从书本上学,从社会实践中学,让自己成为一个有教养、有知识的人,以此在社会上安身立命。学习的目的就是完成这个向善,使至善的理想人格得到建立和提升。

周院长在教育工作中就是以这种思路来指导学生的。他对学童们说:"你们能经得住多年的磨练,以后即使碰到艰苦的生活,你们肯定也能经受得住,比别人生活得愉快,对社会的贡献也会更大。"

青云乡教育实体中的全体成员,在周院长深厚的传统文化思想的熏陶下,一步步地炼就高尚的道德品质,反映了青云人由内在的向善潜能达到了至善的理想境界。

具有这种理想境界的人,应该如何为人行事呢?《礼记·大学》一文早就给了我们一个清晰的答案:"为人君,止于仁;为人臣,止于敬;为人子,止于孝;为人父,止于慈;与国人交,止于信。"这就是说,当领导的要做到仁爱;对领导、对长辈止于敬;为人子,止于孝;为人父,止于息;对长辈,要做到尊重,要尽责;做子女的,要做到孝顺、诚恳;做父辈的,要做到慈爱;与别人交往,要做到讲信用。《礼记》这番话,引申开来,可以这样理解:现实生活中,不同的人有不同的身份,有不同的努力方向。在这个问题上,关键在于找到最适合自身条件,最能扬长避短的位置和角色。工作有轻重,职务有高低,但都是一个为社会所尊重的、道德完善的人。

周之贞先生正是执着地按照这个教育观念,去引导受教育者。他怀着父辈的慈爱之心,含辛茹苦地哺育着他的学子。如今青云已硕果累累,那些昔日的难童已经卓然成才。他们在工、农、兵、学、商各个岗位上,在社会生活的各个领域,默默耕耘,为祖国、为家乡做出各自的奉献。

(四)余论——青云之路,薪火相传

20世纪40年代第一批青云学生,他们在硕果仅存的陈大展老师的带领下,铭记师恩,忠诚师志。他们离开儿教院,出去为社会做事,成为对社会有用的人。做事的时候,懂得什么是礼仪廉耻,内心有坚定不移的做人标准;同时忠于自己的职责,做到"不辱君命"。正如孔子要求他的学生所做到的:"行己有耻,使于四方,不辱君命,可谓士矣。"(《论语·子路》)

在儿教院和青云中学毕业后,一部分人继续求学深造,成为社会各界的栋梁之才。其中,梁光是中山医学院教授;杨国彦是《南方日报》《羊城晚报》的资深记者、编辑;周扬海是省总工会中层干部;林照尘是广州钢铁厂的工程师;崔浩江是广州交运医院内科主任;赵汝安是顺德县副县长、政协主席;欧阳学翘是广州二十七中校长;梁以明是顺德县经委、计委领导;赵堡娥是赵百则老师之女,后来成为广州南武中学特级教师。

周之贞院长苦心培育的弟子,大多数在各自的岗位上,勤勤恳恳,默默耕耘,为社会做出奉献。举例来说,李伟强,抗战胜利后,转学到广州深造,随即赴香港经商,经过三十多年的拼搏奋斗,创立香港利信达集团。他深受周

院长"办学兴国"教育思想的影响,于改革开放后,荣归故里,慷慨解囊,先后捐资数千万元发展教育事业,回报社会,惠及乡梓。

吴均伯,曾任勒流中学高中语文教师,教学有方,成绩卓著。他把青云儿教院的许多文物档案都保存得很好,编写出青云儿教院院史,印成书册,发给校友留念。母校重建,青云纪念馆建造,碑文皆出自其手笔。不愧为校友所戏称的"翰林院编修"。

其他在社会上有业绩、有建树的同学还有许多,举其要者是:周锦荣,在辽宁大连中学工作,退休后,又到北滘莘村中学任教。欧浩玲,在顺德担任粮食局局长至退休。丘锡祥,任顺德沙滘镇党委副书记。苏增轼,任顺德药材总公司经理。欧阳永年,曾任顺德均安乡长。苏铭霖,新中国成立后曾在军政大学任教,复员后,在广州海珠区少年宫当主任。邓汝根,担任广州南方制面厂厂长。关景安,任广州荔湾区街道党委书记。陈若梨,任广州荔湾区委统战部副部长、侨办主任。冯绍伦,新中国成立初在广州公安部门工作,后在贸易公司任总经理。伍庆巨,担任工厂财务主任。覃景良,曾任珠海某区区长,后任贸易公司总经理。吕东莱,曾任广州商业部门中层领导。区秀琼,任广州市第二人民医院儿科主任。周盛松,在澳门经商,热心顺德同乡联谊会的工作。黄祖泽,在香港经商。方启旋,在香港工作,在行业会当干事。

总之,青云首届学子于今虽然都年事已高,但是人人精神矍铄。为祖国,为家乡,孜孜不倦。为坚持把周之贞院长开拓的青云事业发扬光大,仍在奔走呼号,奋斗不息。

50年代以后毕业的青云人,他们薪尽火传,继续发扬周之贞先生的盛德向善的思想传统。无论在城市、在村镇,他们都任劳任怨,积极工作,立德行政,忠心为民。他们身份平平却心怀天下,是一批有文化、有修养的境界高尚的人。

这批青云新人，他们地处天南地北，任职有高有低，但是对周之贞立德立功的为人，都是矢志发扬的。这些同学还有很多贡献非凡的，比如：林绍禧、梁定僚、陈浩标、黄海津、黄玉华、何少兼、胡杰球、范炳南、陈辉文、关耀勋、原炽、郑家谋、冯树波、冼干明、梁灿辉、周冠雄、覃宝林、伍国栋、梁伟权、区志滔等。

我国的先贤孟轲先生，"夫唯大雅，卓尔不群"。他曾自豪地说："君子有三乐。"其中，"仰不愧于天，俯不怍于人，二乐也；得天下英才而教育之，三乐也"。（《孟子·尽心上》）周之贞先生，前半生献身民主革命，"念赤县苍生，实现宏求天下利"（周先生语）。确实无愧于天地。而他的后半生，全身心投入教育事业，用他那忠诚深厚的仁者精神，去培育幼苗，造就英才。这确实是令人崇敬的。他在创建儿教院继而发展青云中学的艰苦历程中，继承弘扬民族的传统文化，结合儿教院的实际，提出了一系列行之有效的育人措施，最后形成了颇具民族特色的教育思想。这是更应该值得我们认真总结和学习的。

三、我们敬爱的周之贞院长①

梁　光　邓汝根

当日本帝国主义铁蹄踏遍大半个中国，中华民族到了最危险的时候，民主革命家周之贞先生站在以人为本的立场，以续国脉、保元气、育人才为己任，在沦陷区外创办儿童教养院，为日后抗日战争胜利，建设家乡，培育人才，振兴中华而献身。他办学，以立人为本。为了儿童的一切、一切为了儿童，创建安身立命之所。他对待问题，坚持独立思考，凡是想得到的，就努力切实做到。他以韧性和坚守的精神，为达到自己树立的目标一步步走，一点点去做，直至成功为止。

原始的"礼"是民族文化之根。青云文社起源于祭礼，早在明朝时期，顺德民众就在约定的时间里举行致祭，纪念以往的顺德贤臣，以及使后人感恩和有功的贤臣，这是民间文化习俗的开始。继而捐款建祠纪念。为确保祭礼活动经常进行，捐款置田收租便作为经常性活动经费的来源。至崇祯己卯年，祭礼已具备礼仪标志性的塔和阁祠等建筑，并完成了理论性说明文章《青云

---

① 选自《青云之路》编纂小组编辑：《仁者爱人 薪火相传——民主革命家、传统教育家周之贞先生纪念文集》，第89~115页，2007年(内部赠阅版)。作者为儿教院学员。

第一社序》，确定青云文社在春秋仲月例行四祠之祭的经常性社伙活动。

"礼"以时为大，"礼"与时俱进。青云文社从清同治四年起将每年田租、款项的一部分创办"代送文武新生印卷金"。随后，清至民国期间，将祭礼习俗的部分款项支持办学。这样，不少学生得到青云文社资助而完成学业，不少人得以有了上京考试，或出国留学的机会。

抗战期间，青云文社整理委员会以周之贞为首，将文社田产由分散资助年长个人上学的形式作进一步的发展，成为延续学脉、百年树人的教育工程。周之贞为叫后人铭记青云文社救助之义，取名为"顺德青云儿童教养院"。

从这段青云文社祭礼的故事来看，礼仪确实是传承文化的主要工具之一，其作用不亚于文字。古礼内含起源方面的礼仪，内容丰富，负载大量古时的信息。青云文社的祭礼主要体现了"报"的目的和观念。"报"就是报恩、报功、报德之类，"教民美报"是施行礼教的重要内容。"报"的观念是古人的真实心理。正是由于"报"的观念的揭示，我们可以理解祭礼的初始原因、动机和功能，也可以理解古人的观念意识。因此，在儿童教养院的名称上，周院长教导后人要铭记顺德青云儿教院的源头是青云文社。

第一部分　青云始创巡礼

一、意识萌发

　　因"道不同,不相为谋"而离开军政界的周之贞先生善作国内外考察和反思, 伟大的先知先觉者往往是寂寞而痛苦的。想到中山先生的理想和方案,昔日多年紧随先生的同志,不少都怀疑其要求过高。大大小小的野心政客、军阀更是群魔乱舞,去了一个大皇帝,变出无数小皇帝。要刷新政治,改革人心,还要从根上的教育做起。

　　考察反思后,周之贞先生回国见到的是烽火连天,兵荒马乱,日本军国主义铁蹄踏遍祖国半壁河山,家乡遭"三光",饿殍载道,人民惨遭杀戮,难童流落街头无家可归的悲惨状况。为此,周之贞先生展开了心灵的发问,心中弥漫着一种"人苦于不自知"的惋惜。一切价值由人内心作判断,一切行为以人心主体意志而动。不忧身世却忧民的周之贞先生又下定决心,豁出后半生也要做续国脉、保元气,建教养院,为难童打造安身立命之所的工作。

　　决心下定后,他就开始向老下属、老朋友吹风,不断向各阶层的头面人物表达自己对时局的看法、想法,并一一取得共识。

二、名正言顺搭起架子

　　周之贞先生在昔日的下属、挚友、好友、社会中的知名人士中作交流、磨合,逐渐取得共识,召开了有关会议,作出了一系列决议,这些会议是:青云文社整理委员会、顺德旅韶同乡会、顺德抢救难童委员会、儿童教养院筹备委员会、儿童教养院董事会。

经过各界商议后,周先生为叫人们铭记青云文社的救助而取名"顺德青云儿童教养院"。有关机构的通过和有关机构的建立为今后的工作铺平了道路,也为今后做筹捐等各种有理、有利、有节的工作取得了依据。

上层结构建立后,大量具体细致的思想启蒙工作就可开始了。选建教职员工队伍,招生、护送、接待工作人员等,每一项都离不开细致的思想工作。因为烽火连天,兵荒马乱,地跨沦陷区和国统区,儿童生命宝贵,绝对不能发生丝毫闪失,工作人员思想工作要领先,切实负责,才能在广大民众和儿童中做宣传、启蒙的思想工作,最后才能在极度惊险中取得成功的效果。这种细致周到的作风与周先生从事辛亥革命的工作经验不无联系,与先生"不独子其子"的爱心不无联系。

三、粥教打锣招生

接受了周之贞先生思想意识启蒙的招生工作人员分别进到各区、乡、村中,深入到各家各户做细致的群众宣传工作,揭穿日寇的侵略真面目,增强对国家、民族前途的信心,认识到儿童是国家、民族的前途和希望,送儿童到大后方接受教育培养,日后抗日胜利,他们便是建设家乡的栋梁之材。在此基础上,取适合时机更进一步向群众公开宣传,就出现了在粥教打锣招生的动人场面。在难童脑海中留下了终身难忘的烙印——"到大后方有书读,有饭吃"。儿童这时都自觉地跑到乡公所去报名。

四、人生两重劫难

被选上的儿童要高举周之贞院长给大家的第一面旗帜："出入相友,守望相助,疾病相扶持。"要求每位同学牢记其意义,贯彻到行动中,贯彻到这次偷越日寇封锁线和长途跋涉的路途中,贯彻到每个人的一生中。这是每个人在这次活动中取得胜利的法宝, 这是每个人在今后的人生道路中取得胜利的法宝。儿童都按规定的日期和地点集中,其中一批领着 20 多名难童从大良乘船到勒流,不幸被日寇得知消息,派出大队人马,赶到勒流实行追捕。他们在守望相助、步步为营的前进中,察觉到敌人的阴谋,及时按事先议定的方案化整为零,折返大良,伺机再上路,这样总算逃过一劫。

一周后,这支队伍再集中取道大良、麦村,在甘竹滩偷渡难童,于一个无月色的晚上,登上了数只小艇,由船工划艇,穿过宽一千多米的江面,当船艇快近对岸时,不幸又降临了。远方传来日寇的汽艇声,情况危急,各艇难童都按摆渡工指导,牢记出发前领队吩咐,内心惊慌却丝毫不喊不乱,互相靠近成一团,都蜷缩着身体,屏住呼吸,艇在船工奋力划行下,赶到了岸边。敌船眼见追不上,便胡乱向难童船艇的方向开枪扫射。这时,难童一个个都上了岸,又逃过了一劫。

五、两地天渊之别

在沦陷区,见到的是轰炸后被烧光的危房,尸横街头,空气中散发着臭气,满目都是战争造成的悲惨景象。经过逃离、转移、偷渡,冲破了重重劫难的儿童,终于在领队的带领下,踏上了祖国的大后方。喜悦的面容表露出来,因为到达了院方精心安排的接待站。沙坪站内工作人员已为难童备好饭菜和热水,难童因为心情高兴,饭量也大了,吃得心情舒畅,饱满腹。

第二站是金利,接待站工作人员见到难童,如久别重逢的亲人,以土特产"金利藕""大鲤鱼"做好饭菜来迎候。

难童就这样前进,途中有时迎风冒雨也不停留。由于严冬期间天气寒冷,又急于赶路,有些小难童脚上长了冻疮,红肿发紫,站内工作人员专门为难童煮上了热盐水为之泡脚,以消散冻疮,真是亲如父母。

一批批难童满怀趋向新生的心情,高举院长授予的守望相助的大旗,在他存乎一心的安排下,在极度艰难和惊险中不断前行。

六、思想的反复和退潮

各批难童陆续集中在临时院址内生活,昔日沦陷区内触目惊心的可怕场面在脑海中逐渐淡化,死亡突然降临的可能性不存在了,过着平静的生活。

昔日过惯自由散漫、到处流浪,长期失于管教,而不同程度沾有社会恶习的难童,此时偷窃、打斗、粗言秽语等不良行为时有发生;思乡、思家、思亲等各种情绪都显现出来了。

从心理学角度来看,前段家乡招生员的宣传启蒙使难童的思想苏醒起来,激活了他们内在的求知兴趣和学习需要,"有饭吃,有书读"的幢憬太美好了。由于对要吃苦,过艰难日子的思想准备不足,面对如今的现实,难童内部思想状态发生了矛盾,两种思想在难童脑海中出现拉锯战。经院方及时发现并针对实际情况,以院长为首,与教师深入到学童当中:一方面,热情关心学童,加强对学童的思想教育;另一方面,对不良行为严加教育和管理,对物质生活加以调剂和改善,在课余和空闲时间充实各种文娱体育活动。这样,整个集体都活跃起来了,尽管物质生活依旧艰苦,集体中却洋溢着团结、友爱、和谐、积极向上的情绪。

七、"原生态"的安身之所

任何历史事件都是由细节组成的,在试图还原历史的时候,都是从事件最小的组成单位出发,目的不仅是为了以小见大,还在于通过一个个细节的还原,露出令人难以想象的细节,这将最大限度地弥补我们说不清的缺憾。这种苦难的冲击可直抵人们内心而不朽,使有心想了解的人,感知那真实。

这里的人们,仅以刚能维持最低的生活生存的物质条件过着每天的生活。每餐两碗饭,十多粒黄豆或两汤匙豆腐。睡的是以简陋竹架搭成的床,以安歇一天的疲劳。每人或数人一个小桶,借以在井边盛水漱口,冲湿布片洗脸。卧室无桌椅板凳。文房用品是锯半个竹节载墨汁,削尖竹枝做笔,用松烟加牛皮搅拌成墨。连墨都没有的时候,就在地面上打碎黄土作纸,用竹尖作笔,写字作答文。书是老师编写的内容,经缮写油印装订成讲义。每两人一份。课室围绕着大树,挂块小黑板,学生围绕老师席地而坐。雨天尽量找个有瓦遮头的地方就是了。这样艰苦,为什么?就是求生存、求生活、学做人、学发展。在这荒芜的山沟里,园丁都是血气方刚的青壮年教师,甘愿远离闹市,日夕陪伴难童,以所学的知识设法传授给学生。夜间以学生宿舍的一角隔开的房间为卧室,老师以学生之忧而忧,以学生之乐而乐,默默耕耘。他们遵照院长以身作则的指示,切实做到了知人、爱人、立人、达人,他们深知,今日的难童就是国脉、元气:重视他们的生命和价值,愿为他们做出无私的奉献,在这生活物质贫乏、药物奇缺的状况下,令人尊敬的赵师母也因病献身于佛仔堂内,长埋在青云墓地里。在青云"原生态"里为什么能存在这样一支团队呢?因为他们都亲历过战火连天、兵荒马乱的生活,经历过死里逃生的劫难,同样的感受产生着同样的渴望,师生员工们都自愿自觉地团结在周之贞院长周围,按周之贞指引的方向和办法去努力奋斗。周之贞以打倒日寇、振兴中华民族的共同理想团结人,以自力更生、艰苦奋斗的创业精神鼓舞着这个团队求生存、求发展。

八、劳动:青云存在与发展的契机

当青云儿童的思想拉锯战取得大捷之际,当春风吹遍佛仔堂荒原时,之贞院长向全院师生员工发出了号召,高举"天将降大任于斯人也,必先苦其心志,劳其筋骨,饿其体肤,空乏其身,行拂乱其所为,所以动心忍性,曾益其所不能"的大旗,让难童重温创办儿教院时就规定的,凡在儿教院接受教育的人,一律都要参加劳动。

儿教院是难童安身立命之所,求生存先要有安身之地,图发展就要立命。通过自身的努力,按自己所希望的方向来改变被赋予的命运。这个问题不解决,就失去了办院的初衷。要解决问题,因此要狠抓劳动。通过建校劳动,解决难童住、行、接受教育等的场地问题。常规的劳动解决生活帮补,改善饮食生活中的一些物质需要。这些劳动牵涉人与自然的关系,同时也孕育了青云文化。

以青云雄姿的蓝图为例,它是在周之贞院长观念意旨的指导下,由设计师绘成的建筑蓝图。佛仔堂荒原以建筑工人为主,儿童为辅,按图建造,使荒原变成青云雄姿,雄姿就是一种青云文化。

这里的文化产生于人与自然的关系中,它不仅表现为一种物质层面的文化,即学童有了礼堂、教室、宿舍等场所;还开垦菜园,丰富了饮食资源。同时,也包含了精神层面的内容,因为这些物质中包含着人的目的和追求,包含着人对自然的认识,人对某种物欲的审美、享受和理想。

关于人的目的和追求、理想,试看雄姿中大中至正的中山纪念堂,它是进行思想文化启蒙教育的始点,周之贞院长每周在这里带领全院师生默颂孙中山总理遗嘱,宣扬孙中山思想。孙中山思想是中国传统文明思想与西方民主思想精华的结合,有人民的立场而无党派立场;有民主观念而无一己臆想;有博爱之心而无险恶用心。院长宣传中山思想中一个拯救民族的规划是"三民主义",给民众一种思想、一种信仰、一种力量,从中启发儿童要成为一个有自觉思想和意识的人。努力学习,强身健体,为振兴中华、建设祖国而奋斗。

九、青云的意义世界

青云集体里,儿童之间最大与最小相差四至八岁。大的称大哥班,小的称弟弟班。大小不同,劳力不同,劳动成果自然不同,但同享受劳动成果。如果计较起来,就会有利益的矛盾冲突,现实的利益冲突形成世俗化的世界。对这些矛盾的调节不仅与集体生活相关,而且与集体生存直接关联。为了集体的长远生存发展,要求人们放弃某些个体和眼前利益,追求长远和整体利益,于是在世俗的利益世界上建立起一个意义世界。意义世界是一个既根植于人的需要,特别是集体的与长远的需要,又体现人的某种具有精神意义追求的世界。

意义世界的建构对于维持个体与集体生命的平衡具有至关重要的意义。文化创造的是一个意义世界,这个意义世界的创造,扬弃了现实世界中许多世俗的矛盾冲突,而达到生命的平衡。

在青云的现实生活里,大哥班的同学干着粗重的劳动活儿,在菜园里,菜种得好,产量高,收获大,可是弟弟班的同学只能做个样。但在饭堂里,分成一桌一桌的,哥哥的桌和弟弟的桌,配饭的数量是一样的,共同享受劳动成果。大哥对弟弟的关照、爱护、帮助、提携,是无微不致的,也是真心诚意的。弟弟也对大哥尊敬、爱戴,心悦诚服地服从指导。

在青云大家庭里,个人利益是不计较的。意义第一、友谊第一,因此有了"出入相友、守望相助、疾病相扶持"的伦理互动关系。各人都以自己的"心"照顾别人的"身",别人以自己的"身"感受对方的"心",再转过来"回报"对方,照顾别人的"身"。于是便心心相印、心意感通,产生了同学之间和哥弟之间的真情互动。周之贞院长从理论上追到教育家的老祖宗孔夫子那里,他说,这就是"己欲立而立人,己欲达而达人"的具体表现。

十、生命的意义在于选择

在一次纪念周上,周院长给师生讲做人的道理。他说,人能存在就是选择,有选择才有自由。一个人的生命意义就在于选择,只有不断地为自己的人生作选择,这样的人才算是来这个世界活过。如果一个人,他的人生总是被人决定,这个人可说是白活了。

你们都在沦陷区生活过,"三光"后的景象亲身经历过。敌伪人员宣传大东亚共荣圈,把它说成天经地义,说成王道乐土,就是叫中国人当顺民,顺从日寇的统治。你们进儿教院前,经院方的宣传讲解,你们家长很快清醒过来,同意你们逃离沦陷区,尤其是你们的自觉、坚强,很快就自觉报名,这是你们自主、自由选择个人的前途。

你们进院后，不是万事大吉，也不会是一帆风顺的，先是物质生活困难要克服，另外要想到，同学关系、学习文化科学知识，都得努力。更要想到凶残的日寇还在我们周围，要有忧患意识，绝对不能放松。要挺起我们的脊梁抗下去。

在家乡时，你们都见过卖鱼和买鱼。一条大头鱼，被破成两边，看你买哪一边，这就是选择。我主张买硬边，因为它有头，有脊梁，有尾巴。好比做人的选择一样，首先做人要有骨气，要有脊梁骨，活得正气，站得正，坐得稳。另外还要有头有尾，虎头蛇尾要不得，有头无尾更是要不得。做人、做事要敢于负责，勇于承担。

十一、竹篱笆的思考

在青云雄姿蓝图上或实际院址周边围有竹篱笆，这是事实。设计者的真意是什么呢？一位以立人为本，不独子其子的周之贞院长，从他萌发续国脉、保元气育人才之日起，到向各阶层人士吹启蒙风和筹款，就有个设想，那就是必然要善用他那深厚的国学知识和前半生的经历，作为思考的前提和基础。思考着儿教院建筑的布局和设置，建成后与周围村落的社会关系，也必然要考虑儿教院应拥有的一种风格及给儿童学子们内心留下的精神烙印。世界上有十大文化名人，排在第十位的是我国孔夫子，他是教育家、思想家和哲学家。他一生最大的贡献是办教育，贯穿孔夫子一生的一个中心思想是仁者爱人。人性论是我国思想史上一个重要问题，当时孔夫子首先提出人性问题。他相信天命，但他说了"性相近，习相远"。荀子提出性恶论，孟子提出"性善论"。孟子人性论贡献大，不仅提出"无恻隐之心，非人也"的命题，更进一步提出"恻隐之心，仁之端也"的命题，指出一个人要成熟，存在变数，而非一帆风顺。

难童生活在竹篱笆内,竹篱笆可作边界的区分,从远处看来,四周战火弥漫,一片荒原,竹篱笆内出现人间仙景,这是自然的人化,是缔造者按仁者的理想建成的"人文化成天下"。昔日生活在院内的儿童,空闲时自发地唱一首外国民谣,叫《可爱的家庭》。歌词大意是:"我的家庭,真可爱,有整洁的门、明净的窗……"不久,佛仔堂周围传说遭虎害,有老虎吃猪伤人,在院内的难童中也引起一些恐慌。当时又传说一句老虎说的话:"竹门我怕刺,木门放个屁。"人们的解说是:老虎最怕刺,竹枝断裂后,有很多刺,刺在老虎皮肉上,谁给虎挑刺? 老虎只有远离有竹的地方。村子木门,木栅栏,虎不怕,如放个屁一样,易进出。听了这些,难童内心稍有了丝安全感。

抗日战争初中期,江谷算是个大后方,也是势单力薄的中小商贩暂时逃避战事的地方,因此江谷也稍有繁荣。但简陋的赌馆、鸦片烟馆还是林立的,自然易败坏社会、滋生盗贼,还是这个竹篱笆,起到了匡正礼义廉耻的大作用。

十二、饭桌礼仪

儿教院经费特别困难,每桌供应的饭菜很有限,难童从各地初始集中时,每餐开饭时,动手快的人吃的好,动手慢的人吃半饱,进餐如临战场。肉、菜、饭很难人人满腹,不能个人想多吃就只顾自己,应照顾到人人都有机会吃上。老师根据儿童生活表现,通过各种方式正面开导和启迪,如通过给儿童讲孔融让梨的故事导出中国是礼仪之邦,礼是中国传统文化的核心,家庭是社会组织的细胞,小孩从小在家接受礼的教育。因此,几岁大的孔融,在一群孩子当中分梨,把大的分给别人吃,自己吃小的,很有礼貌。在儿教院小弟弟班的活动中就传颂着孔融让梨的故事。儒家揭示了礼中一种带永恒意义的东西，就是人与禽兽的区分，就是文明与野蛮的分界线，人有别禽兽的标准是"让"和"别"。

拿"让"来说，是讲人与人之间的交接关系。人与人交接中能"让"就能够和睦相处，因和睦相处，才可能共同组织社会，而动物不能"让"，所以动物不能组织成社会。因此，人与动物禽兽的区别，首要是由"让"的功能决定的。这种"让"的功能，具体表现在人们的各种交接礼仪中。

礼就是理，理就在礼中，儿童从中摸索出较公平的，人人都能吃到肉、菜的共识和能坚持下去的秩序，这就是"饭桌礼仪"，因为每个人都从理上懂得尊重别人。讲礼让，不霸道，也就使争食现象一去不复返了。

最平常的事情，往往含有极高明的深意。古时周公"制礼作乐"的实质是中国早期一场"还礼于俗"的礼俗化运动，把平凡习惯的"俗"变成文明的社会自觉，并形成文字的典章制度。《礼运》说："夫礼之初，始诸饮食"，反映了古人的饮食方式，包含分配方式。其中的分肉和治理天下是同一个道理，因此就留下了"宰割天下"的名言。由分食而来，分食做到了公平，就会出现"兴施惠之象""见政事之均"等句。这些语句看似非常深奥，但若以现代文化人类学知识来看，不过是一种原始的分食礼。

礼要与时俱进，院长为使儿童深刻认识和不忘国家民族危机，于每饭之前将高呼"每饭不忘，打倒日本"的口号作为青云的一个礼仪。这种礼仪就是青云文化，同时激发了难童对日寇的深仇大恨，增强了儿童的民族爱国之心。

十三、勤洗勤捉，自然虱灭

俗语说，福无双至，祸不单行。难童因营养不良处于贫血状态，又引来体虱、木虱、蚊子等"吸血鬼"的偷袭、它们不但吸人血,还让孩子们日不能安心学习,夜不能安然休息,甚至可能引发疟疾,真令人厌恶极了。

生活股长到卫生室领来治虱药包,分发给各宿舍,甲长拆开药包,准备分发,一连拆了九层纸,拆到第十层,才是药物,一看是条药方,上面写着:"勤洗勤捉,自然虱灭。"这是个笑话。在这穷困艰难的岁月里,我们不迷信,绝不祈求于神佛。解决困难的办法只能靠人的力量,靠我们自身的勤奋。

在那艰难的日子里,个别同学生病了感觉全身寒冷,继而发抖,随之高烧说胡话, 眼目昏花。有迷信的个别人说:"那不是着魔, 是神魔显灵作怪吧!"当时院方中唯物思想占领导地位,这位同学染上疟疾病了,是在蚊虫叮咬时感染了疟原虫,产生"打摆子"的症状,应对的办法是一物治一物。当时困难极了,院长得靠陈和先生到外地寻找"奎宁"特效药,才能降伏这如魔的疟疾。在这艰苦的岁月里,周之贞院长真正把难童疾苦安危放在心上,真正把难童当作国脉、元气来对待。一切为了儿童,为了儿童的一切。在经费极度因难的日子里,在这个数百人的集体里,投入两名医护人员和一名护士看护难童的身体健康,对付严峻的流行病。在当时的岁月里,在缺医少药,方圆数百里难找到一个医护人员的情况下, 院长还派出得力助手到各地不惜重金搜集药物,诊治难童的疾病,从中可显之贞院长的父母心,显出他那"不独子其子"的精神。

十四、青云礼仪

青云的礼仪活动是对儿童进行文化素质教育的一项课程。难童从沦陷区集中开始,就走上周之贞为之设计的青云之路,成为人生一个新的开端。过去难童心灵常处于混沌状态,不知有世界和自己,踏上青云之路,接受启

青云志

蒙,心灵受到冲击,开始意识到自己正脱离过去,迈入未来;踏上青云之路,这提示你正进入一个与以前不同的人生阶段, 你将成长为一个与以前不同的人,你要以新的要求引导自己前进,开始发自内心地认识人际关系的重要性,自觉地守望相助,保护同伴,保护集体,有了集体就有个人和他人的存在之地、生息之地。

人的一生是人的心灵不断成长的过程,对于心灵的转变,人们常会处于混乱状态,不知自己进入了一个新的人生阶段。青云用礼仪教育这一心灵武器,调动和教育儿童以礼仪的方式改变儿童的生活方式和人生态度。礼仪仪式有一套固定的形式或程序,如起床、集合、升旗、前进列队、司号、操练,每逢周一为纪念周,在庄严肃穆的中山纪念堂诵读孙中山总理遗嘱,然后有学校领导人训话,进行思想教育。每餐饭前高呼"每饭不忘,打倒日本"的口号。这是震撼儿童心灵的兵器。固定的形式和规定, 完成规定的项目内容和行为,达到集体规定的要求,久而久之使儿童养成自觉的习惯。军事化的仪式,简单鲜明,儿童易记、易接受,并有助于提高儿童生活行为的兴趣,在儿童心中留下深刻的印象。

军队的形式首先从意识上惊醒儿童,"军人以服从为天职"。对集体和纪律要高度警惕和自觉遵守,这样高举"守望相助"的旗帜,把集体导向"仁"学体系的教育,引导儿童心灵发生一系列的蜕变,时刻要有忧患意识,要以战斗的姿态对待工作、学习、生活,重视思想意识和精神呼应。军队对集体纪律和集体要求,理解的要执行和不理解的也要执行,在执行中加深理解。儿童在这种集体气氛中,逐渐养成铁一般的集体纪律,在这种文明礼仪素质教育下的儿童,江谷人民是有鲜明看法的,当群众眼前未见青云时,听到军号哒哒响,他们知道青云在前进,渐近,听到整齐的光脚板踏地声;眼见时,气势雄纠纠,昂首、挺胸,每个人都挥动有力的双臂,迈着整齐的步伐。在那日寇

"三光"烟火弥漫,一片白色恐怖中,心惊胆战的群众,心头为之一振,我们的民族有救了,我们国家的未来有希望了。你看!青云就是我们的希望啊!难童为能踏进青云而感到自豪,难童努力奋进为青云增添光荣,通过礼仪素质教育,以不同仪式呼唤起儿童心灵成长的节拍,对儿童起到团结、激励的作用。

十五、"首望相助、疾病相扶"是青云常规礼

礼尚往来,穷小子有什么礼呢?无!"无的是一点物","有的是意味深长的一点心",有的是相互间兄弟般的手足之情。当他人有病或困难之时,专程前往看望一下、关心一下,递杯水,送个饭;病痛粘身,给个欢心、解个笑。这是弱势群体生存之法宝,是人间冷暖互相关心的一种表现,这是个"礼",是青云的一种习俗,是一种文化表现。青云儿童为人之早熟、老成,就在基本为人的几招。

孟子说:"出入相友,守望相助,疾病相扶,百姓亲睦。"这句话是周之贞院长踏进人生之途时在下层弱势群体生活中屡屡见到、反复感悟的焦点。孟夫子之教,是下层民众避过艰难困苦的一股自救良药,是建立远亲不如近邻的亲善关系的一个高招。院长说:"拿安内讲,我们内部如遇不幸之事发生,大众守望相助,疾病相扶持;倘横逆猝然临于我者,我们大众为后盾;事无巨细,不足疑惧,天灾人祸不幸之事发生,对待办法,或慷慨解囊,或奔走呼号,拯饥救溺,受惠在我们之间,此为有徵可信的。""拿攘外讲,我们当中的个人,在外猝遭外人欺侮、侵凌,有我们集体之众,人人精神一呼应之,伊谁敢正眼而视。真乃无纷不解,无难不排,即有狼差,或要求不遂,期以拳脚交加。"礼教重熏陶,重潜移默化,儿童在日用而不知地养成共同遵守的礼节习

431

惯。在处理人际关系上能遵守重信守义、以和为贵、尊老爱幼、忠恕待人、履行互谅互让等道德行为规范,这是会受惠一生,并且搏得别人称颂的。

当年,质朴少文的难童,年龄稍有高低之别。什么格物、致知、诚意、正心及治国平天下之事,老师会用不同言词、事例、方式讲解。但共同的一点,就是对学生的修身、齐家格外看重而不放松,修身使青云搏得好名声,学生养成好人品、好作风、好学风;齐家可树立好校风。

好风气、好品质是由于拥有和利用了青云这份文化资源,千万不要小看这份文化资源。院长说:"你们的童年是辛苦的,你们侥幸闯过鬼门关。在儿教院也是够苦的,吃的是自己舂的糙米,一餐饭菜只有十几粒白豆或两三匙水豆腐。穿的是两件单衫加件棉背心,一年到晚,多数人整天赤足,但你们经得起磨练,在老师教导下能努力上进,取得成绩。"

半个多世纪后的今天,试看《中国青年报》文章,《大学生在饥饿中学节俭》,报导南京财经大学团委组织了一场别开生面的"饥饿行动",为期三周,每人费用150元。在饥饿中培养学生以艰苦奋斗为荣,以骄奢淫逸为耻的节俭意识。这使人回想起周院长当年的话:"你们能经得住多年的磨练。以后即使碰到艰苦的生活,你们肯定经受得住,比别人生活得愉快,对社会的贡献也会更大。"

第二部分　青云的文化教育思路

周之贞院长在他"续国脉、保元气、育人才"的思想形成后,决定办青云儿童教养院,其工作思路贯穿的一条主线是以人为本,青云教育以育人为本,办青云以人才为本。在青云内要树立儿童和教师在院内的地位,要善待儿童,尊重教师,把人作为一切工作的出发点和首要考虑的因素;要努力创造良好的生活、耕作、学习和成长环境,让儿童有一个良好的发展空间。

一、进行传统伦理道德教育

每一个人生下来,就生活在社会文化之中,不可避免地受到该文化的渲染和教化。进院的儿童受其家庭及社会的影响,进院后所表现的思想信念主要是以往文化背景内化的结果, 他们的思考和判断无法跳出以往的文化框架,尤其是伦理道德问题,其价值体系更根深蒂固地决定着儿童个人的道德判断,因而在院内的集体生活中有所表现。至于以往背景文化的道德规则或价值观是否合理,儿童本人往往不知道,也不会加以质疑,而且背景文化的价值体系会引导学生对事情持有特定的看法。

由于背景会影响前景,为了使儿童真正认清问题的真相,老师必须花大力气做准备,才能对这些背景文化预设不断地作批判、评估和反省,并且要结合儿童实际,通过讲故事及与事物相关的经验给儿童作讲解。因为任何一个既存的社会都会有一些道德规则,作为人与人相对待的规范标准。要回答儿童的质疑,难度自然是大的。但也是必要的。因为认清旧的、放弃旧的,就等于主动给认识新的让路,就能更快、更好地接受新生活,接受新知识。必须透过理性和批判的方法寻找建设青云的指导思想。历史上,殷周在"重人事""重道德"的基础上,逐步发展并完善孔子的人学思想,其价值规范和核心是"仁"和"礼"。孟子继承"仁",主张人性善,开创了儒家人学思想的"内圣之学"。面对日寇侵华、对中国施行"三光"策略,周院长痛感儿童失教、失养,"义难坐视"的恻隐之心萌生,人无恻隐之心,非仁也。正是这种思想观念形成了"国脉、元气、育人才"的理论概念。荀子继承"礼",主张人性恶,成为儒家人学思想中"外王之学"的倡导者,这一条思想与周院长由爱国爱民的思想者成为从事辛亥革命的革命者和后来带兵从政采取的策略,以及建立青云时对青云竹篱笆的思考不无关系。

二、建构青云乡教育实体

中国文化是一种伦理文化,其文化体系的核心是伦理。从文化设计的意义上考察,以善的价值对人的行为进行导向的文化结构,对社会生活秩序与生命秩序进行自我组织、自我调节的文化结构,就是伦理。

孟子认为,伦理的产生是因为"圣人"忧于秩序的紊乱和行为的堕落,于是"教人以伦",其内容就是"父子有亲""君臣有义"。"伦"出自社会需要并内在于社会,其中亲、义、别、序、信是五伦关系,是共同遵循的通则,内中还有各自的"伦"和"分"。作为人伦的文化设计,青云乡成为儿教院内全院学童之间一种稳定牢靠的、人与人之间的关系模式。设计的目的是形成有机有效、合理的伦理秩序,作为青云文化教育的结构实体。

在青云伦理实体中,有其逻辑关系,这就是师生如父慈子孝的关系,同学与乡、保、甲长等有君臣的关系,同学之间有兄友弟恭的关系,朋友之间有信任和一帮一的关系。在这些关系中,以相互期待为前提;在相互期待中,又以在上位尊者为主动,带头遵守执行规定。

在青云乡伦理秩序的设计原理中,首先确定人伦关系与人伦秩序,然后要求伦理关系中每个个体都恪守本分。由此建立起的秩序,强调稳定性,强调权力和义务的神圣。在这个实体中,要共同恪守本分,周之贞院长率先垂范,切实团结、关怀、爱护着其属下各级负责人及教师,对学童选出的学生领导严肃认真地进行审核、批准并尊重他们。

三、教育要做到心上去

周之贞院长是个杂家,是个实践家,是个行动上的巨人。他参加同盟会,从事辛亥革命,以有力的行动巩固和建设孙中山的南方根据地。院长一向讷于言,敏于行。可是在工作上,在面对下属、对学生时,为把事情做好,他却敏于言,他有一套"使人书"的说法,极善于做人的思想工作。"使人书"的思想基础是"人性向善论",单从院长创办青云的每件事例就足以说明。

人的特色在于自由,自由是一种动力状态,一个人有了自由,再与"知""情""意"相结合,就会产生出行动的力道。因此,做教育工作,就要做到学生的心上,使学生知道这件事,喜欢做这件事,以至选择做这件事;更要为学生创造实现这三者关系的条件,为三者结合起来提供机会,这时就为学生的自由创造了运作的条件。

1.求其心安

对人的教育,首先是对儿童进行人格的教育。人格教育的目的是求其心安。这批难童到佛仔堂,远离家乡和父母亲人,从血缘上来看,可以说是举目无亲,院长才为难童打造了这个安身之所。这个安,一是物质上的安,由仅能维持生命基本消耗量的饮食,到伴随菜地生产的改善,饮食上步步发生变化,住宿、课室、礼堂等相继出现,儿童的希望和盼头不断得到满足。二是精神上的安,表现在历史文化科学知识的不断提高,文化体育娱乐的不断充实与丰富,为提高学习兴趣上举办书画、文章的竞赛活动;对劳作手艺,菜地种植的品种、产品的钻研等,都表明儿童的精神领域在不断开阔。精神生活有寄托,志向有追求和发展,这就是人与动物之最大不同,唯有如此人才会真正安心。

2.潜移默化

儿童进院后,在自己亲手参与建造的校园里,各人按安排和规定每天都过着黎明即起,洒扫庭园,站岗放哨,厨房炊事,菜地浇水、舂米,挑谷磨豆腐,到课室上文化课等这样的生活。这样的生活是为了自己的食、住、行,为了学习文化科学知识,为了满足自己的兴趣和好奇心。就在这样平淡的日常生活中,学童形成了乐趣,找到了自己的兴趣,从被动的生活走向主动的生活,从无目的走向有目的。

3.建构自己的道德人格

刚进院时,老师给学童指出"你应该如何",讲学校的一些规矩,应遵守的礼节,一些事情的做法之类的。这些都是用来要求我的,我不得不接受。所以这时的我是被动的,是别人给的一种要求,而不是自己的,自己只是工具而已。老师说你应该这样,你去做,谈不上是人格问题,说到底是被动的,是被操纵的木偶。

进院生活一段时日后,儿童才会不断要对自己说"我要做什么",那是"我自己给自己提出的要求"。我要不要做,是自己在决定,这时才有了道德问题,这时的儿童开始逐步建立起自己的道德价值。

当道德人格真正建立起来,才能够完全独立地对自己负责,一方面有压力,另一方面也使自己成长,自我肯定的这种快乐是绝对胜过压力的。人生如果没有压力,没有痛苦,又怎么会有快乐呢? 没有付出任何代价的话,给你快乐,你也不能享受啊! 为此,周之贞院长早为我们作了总结:你们能经得住多年的磨练,以后即使碰到艰苦的生活,你们肯定也能经受得住,比别人生活得更愉快,对社会的贡献也会更大。院长所说比别人生活得更愉快,对社会的贡献也更大,是因为贫穷,所以才能激励自己必须发挥潜能,以艰苦奋斗、自力更生打基础,通过努力学习,追求方式方法,以讲求关系,通力协作,壮大力量。这样,不论干什么,都会做出一番成绩。

4.努力接受道德教育

与周之贞院长同年加入同盟会的民主革命家、教育家、科学家蔡元培先生说:"天之本质为道德。而其见于事物也,为秩序重秩序,故道德界唯一之作用为中。中者,随时地之关系,而适处于无过不及之地者也。是为道德之根本,名位不同,而各有适于其时之——道德,是谓中。"

(1)关于道德的问题,有其特点。人需要有道德,一方面是因为我们不能离开社会,另一方面是因为道德是自我要求,所以要化被动为主动,才能习得道德品质。作为一个人,以前做对了,今天做对了,并不保证以后也会做对,所以道德没有休息日,必须不断提醒自己,要非常谨慎,一辈子都要谨慎。此外,道德要求永无止境。在道德上,没有十全十美的人,所以要时刻严格地遵守这项基本原则。

(2)道德教育的基本要求。青云对儿童进行人格道德教育时,从真诚到感通是一个主轴。首先,不论与任何人来往,都必须以真诚的态度进行;其次,互相有感通后,人与人才会互动。人不能脱离人际关系。人与人相处,受一定传统的影响,相处的方法与每个人的群社会特色有关。

青云难童自沦陷区集中进行偷渡起,就形成了青云的人际关系。也可以说,从走上青云之路的第一步起,就有了青云的特色。周之贞院长教导儿童要"出入相友,守望相助,疾病相扶持"。并以相友、相助、相扶持作为人与人相处的真诚态度和基本礼节来要求,形成一种亲睦的内聚力量和抵御外部侵犯、欺侮的一种强大的自卫力量。

因此,互相间要真诚,这是做人的人格表现,是做人的第一步。虽然师长是这样教的,但有时候仍会受到伤害,因为人心不同,正如各人面目一样,不能保证每个人都真诚待人。这就得耐心,所谓"日久见人心"。同学相互对待是否真诚？俗语说："第一次受骗是别人坏，第二次受骗是自己笨。"但没有人叫你因真诚而受骗上当。因为孔子也说了："好仁而不好学，其蔽也愚。"老师讲"山上放羊的小孩喊狼来了"的故事，起初骗来了好笑，后来狼真来了，吃苦的还是自己，骗人者以为自己得计，最后得到的是孤立无援。

第二步是感通。人我是对等互通的，人与人之间感通才能达到"仁"的理想，基本主张和做法是"恕"。"恕"的字形是"如""心"，其含义是做事要做到如自己的心意一样，这就要求做到"已所不欲，勿施于人"。为此，要求同学相处时，每个人都要能够替别人设想，使人我关系产生良好互动。

第三步，要化被动为主动，要养成一种由被动变为主动的心态，要以此作为一种个人的人格表现。社会有规矩，做人有礼节，这是对人的基本要求。当我认识清楚要求的本质和对人际间的意义时，我就会自觉主动地遵守和执行，以此作为自己行动的价值要求。人的存在就是活着，而价值是活着所要求的目标。周之贞创办青云，为难童打造安身立命之所，做任何事情都从人的心上进行点拨，把难童的命运转化并提升为使命，成为个人终生为之奋斗的目标。即让人自觉其内在向善的力量，经由择善固执而走向至善，这时就真正达到院长对难童的立命的要求了。

《孟子》中有"立命"一说，意思是通过自身的努力，按自己所希望的方向来改变被赋予的命运。尽管不知道究竟可以达到一个怎样的程度，但是周之贞院长确信，总会有一部分命运是可以通过努力而改变的。因此，他不惜把他后半生的性命和家产豁出去，为难童创造立命条件。为国家、为民族、为家乡培养人才，他提出的"三位一体"的目标是众所周知的。

昔日院长的良苦用心和老师的辛勤教导使青云硕果累累，培养出来的良才都充实到了家乡和祖国建设的各个岗位上去，发挥了不可替代的作用。被称为院长优秀接班人的李伟强同学早前就说过："抚今思昔，不忘青云"，现在更明白地说:"建立事业,帮助别人。"请翻看青云之路《一个扶贫助学的故事》,它反映了一个学童思想的成长,堂堂正正做人,在自己的岗位上兢兢业业、勤勤恳恳,尽职尽责地为国家、为民族工作。在那个想敛财易如反掌,想升官用钱就能买到职位的情况下,显示出昔日由青云炼就的高尚人格和道德品质,反映了人的内在自觉向善的力量,从择善固执而走向至善。

在现实情况下,一个人的力量会有大小,一个人的遭遇和处境会有不同。当他内心有着相同的自觉向善,择善固执而走向至善时,就是一个高尚的人,一个脱离了低级趣味的人,一个有益于国家和人民的人。

四、我们感怀应不忘既往①

周扬海

周之贞先生是我的堂伯父。关于他的往事，对我来说是不断认识和逐步加深的。

他的家就在我家隔壁，他是我父亲的堂兄，而且是同年出生。他们自幼就一起读私塾度过他们的童年。在我年幼时每遇周之贞先生回家之际，我也跟随父母过门探望、玩耍。闲时听家长说堂伯父自小身体强健，而我父亲则身体孱弱，病痛缠身。所以周之贞先生赴南洋经商时，我父亲则往广州从师学医，各走不同道路。所以从父辈传言，我对周之贞先生往事的了解是断断续续的，逐步加深的。

最近同学及亲友，特别蔡尔洪同学在儿教院和我同班，是较要好的同学，暇时也到我家走动和玩耍。偶也到周之贞先生家。所以多次催促说："你们是院长的至亲了！"要我写关于堂伯父的往事。又说："虽是学兄均伯早有著作，也不该借故推托。"想来是道理应尽晚辈之责。

故在梦回之际，每省思之，零星辑录于后，以完嘱托。

周之贞先生(生于公历一八八三年，卒于一九五○年)，又名苏群，字友

①　选自《青云之路》编纂小组编辑：《仁者爱人　薪火相传——民主革命家、传统教育家周之贞先生纪念文集》，第163~167页，2007年(内部赠阅版)。作者为儿教院学员。

云,晚年自称懒拙庐主。广东省顺德县北滘乡人。早年赴南洋经商。一九〇五年冬在新加坡加入中国同盟会。一九〇九年参与编辑、出版《星洲晨报》,宣传革命。一九一一年回国参加黄花岗起义,并与李沛基炸毙满清的广东将军凤山。一九一二年任肇罗绥靖处督办。一九一三年参加二次革命失败,流亡南洋。

一九一五年回国,参与组织华侨护国军,任中华革命党广州湾党务联络员,开展反袁(世凯)讨龙(济光)斗争。一九一七年参加护法运动,任海陆军大元帅府参军。一九二一年和一九二三年两次任顺德县县长。陈炯明叛变后,先后受任西江讨贼军司令;陆海军大元帅大本营工兵局筹饷委员、四邑两阳番顺八属绥靖处处长、中央直辖广东讨贼军第二师师长等职。一向受到孙中山先生的信任和器重。

自一九二五年孙中山先生逝世后,形势政局多变,同时周之贞先生受西山会议派某些要人排斥,遂避居上海。一九二六年转赴南洋婆罗洲。之后一段时间漫游欧美、日本,考察世界大势。

周之贞先生自一九二六年至一九四〇年的十四年中,始终忧国忧民,既看到军阀的混战割据,也看到国家的危难。九一八事变后,先生居无定所。一九三八年十月,日寇攻陷羊城,更愤恨国民党当局对敌人的退让、妥协、投降。又哀痛国人被蹂躏,山河破碎。更恨当年追随孙中山先生的汪精卫叛变革命,认贼作父投降日本,在南京成立伪"国民政府"。

周之贞先生的政治生涯,从他各个时期的诗作中可以看到一点轨迹:积蓄奋起——铿锵革命——揭露、鞭挞、搏击有违孙中山先生主张之人。但他毕竟自感无力狂挽,又不欲自置于内耗的旋涡之中,于是转向务实。为乡间、为社邑、为后代、为日后的国基作筹划。

叙述到这里,不禁令我想起父亲和周之贞先生的一段往事。

青云志

那是我父亲在上海中医学院毕业后,于上海结识一班进步朋友,在堂兄的介绍下于一九二五年间参加了孙中山先生创立的同盟会,并以医务为由开设医馆、茶叶商铺及投资上海大世界娱乐业。经常奔走于上海、广州、顺德之间,支持孙中山先生的革命活动。

大抵在一九三四年父亲回顺德行医时,由于医术医德高尚,扶贫济困行为深得乡民赞誉。其间经周之贞先生举荐,我父亲被任命为北滘乡长。正值那时国内军阀混战,地方割据。上海和广州却呈一派兴旺景象。北滘百废待兴,乡务繁重,建设工作提上议事日程。在周之贞先生的策划和授意下,经父亲与乡绅的努力,在北滘疏通河道,砌筑河堤,建筑防洪水闸于新街口、辛基及东便桥等环北滘水道之要冲。开辟公路接通陈村,引进甘蔗良种(俗称喳哗种)种植,改善蔗农收入。并为纪念孙中山先生筹建"中山公园",辟地十亩,选址于当时"花灯祠"与"五大夫祠"之间,历时两年建成。园中有读书亭、赏花亭、风雨亭、鸟兽栏、报风台及一个大金鱼池。池中央灰塑童子拜观音像,在园北端假山石上安装一台英国制手摇水泵,供观音像之净瓶射水。

当时,父亲受周之贞先生爱国抗侮进步思想影响,不忘乡亲的疾患痛苦,除乡务工作外,还在乡公所旁筹资建一中药店(芝兰轩),为贫苦者济医济药。及至一九四一年患脑溢血半身不遂辞去乡务工作而结束。这一段往事都和周之贞先生的支持、鼓励、影响分不开。

一九四一年冬,日寇攻占香港及岭南沿海地区,饥民老幼饿殍遍野,日寇视我人民如蝼蚁,敌伪如狼似虎。周之贞先生目睹惨状,怜悯幼小被摧残,为保存乡梓"元气",继承"国脉"。于是偕志同道合者廖平子、郑彦荣、何彤、冯炳奎、伍蕃、郑军凯、冯卓勋等人,继青云文社育人兴国宗旨创办"顺德青云儿童教养院",经三年先后分十三至十四批抢救顺德难童,至一九四四年前后达八百多人。选院址于当时广宁县江谷镇的佛仔堂山区。这段时期由于给养不继及其他因素,分批选送各地365名,中途离院60多名,病亡夭折30多名,合计450多名难童离开儿教院。

一九四五年十二月,即日本投降三个月后,院址迁回顺德陈村欧氏大宗祠——肯构堂,难童人数仅剩200多名。从此,顺德青云儿童教养院易名为"私立青云中学",到一九四九年底历时九年之久。周之贞先生施教育人之心不断。

诚然,施教育人的九年实务并非坦途。试想几百号人光吃就不得了,筹款是经常的事。除向当时的中央、省民政部门奔走呼号、筹赈济、请募捐、求借贷及青云文社每年拨款等,经常入不敷支,再加抗日战争胜利后,国统区物价飞涨,昨日筹款今日成废纸的事比比皆是。所以周之贞先生在百无出处时几度把他在上海的私产、怀集的杉山、四会的果园及香港的珍藏变卖,以维持施教育人的运作,对此无怨无悔。

周之贞先生长期奔波积劳成疾,自一九四七年起经常咳血,多次前往香港就医无效,最终在一九五〇年春逝世于香港仔山边台寓所之内,身后并无长物。

回顾周之贞先生公历一八八三年出生,自参加辛亥革命以来,并未加入国民党,最后还是保持"同盟会员"的称号,逝世时按我国传统惯例计享年六十八岁。至现在一百二十五年。

今天,在党中央的领导下,祖国繁荣昌盛,建设和谐社会。我们感怀应不忘既往。

五、怀念青云二三事①

赵汝安

广州青云同学创办《青云之路》,读后静思往事,悠悠岁月,难品忘怀。

(一)院长与青云

院长周之贞先生爱国爱乡有远见,抢救难童创办青云。在日寇侵华时,顺德极其危难,流亡、饿死者达30万,全县人口失去一半。家乡老少在战争与饥饿线上挣扎,死亡枕籍。周之贞先生挺身而出,他以赤诚之心奔走四方,创办顺德青云儿童教养院。

儿童教养院办在广宁与四会交界的佛仔堂山区里,从顺德到鹤山沙坪要黑夜偷渡九江敌伪封锁线,生死难料,这是第一关;教养有日,胜利无期,而经济来源有限,这是第二关;家乡老父重托,既教又养,把家长的责任、学校的要求、社会的希望全接过来,确是一件艰难的事。先生年逾花甲,名誉海内外(他是老同盟会员,历任孙中山辖下师长),本可颐养天年,但他在国难当头时,挺身而出肩任院长。集结青云文社的余产、社会的力量,并慷慨变卖

---

① 选自于青云中学校友编纂组编印《青云之路》(第二册),第111~113页,2005年7月印刷(内部赠阅版)。作者为儿教院学员。

家产多次用于解救学校经济困难,善始善终不遗余力。从 1942 年 11 月 7 日开始,分批抢救难童八百多人,教养于山区。抗日战争胜利后即迁返顺德陈村又融入顺德教育体系,易名为青云中学。此段历史,难童难忘,家长难忘,顺德人难忘,历史难忘。

(二)老师与校风

国难当头艰难办院,需要一批爱国爱乡,满腔热忱,患难与共,管教全校的青年教职员工。院长不常驻校,托付于赵百则、陈器范两位主任带领数十位教职员工管教着八至十三岁的儿童数百人。数年如一日地同吃同住同劳动,患难与共。记得他们带领难童分批夜渡敌伪封锁线而又步行数天入山区;他们以身作则,夜以继日地奉献青春而无悔;他们在日寇将犯院之时带领儿童走村落户认亲人,使其得到妥善安排转危为安;他们与学生同甘同苦坚持到抗战胜利,易名青云中学后,部分继续留任或深造(指青年老师,如赵继祖)。这种师生情谊,数十年不敢忘怀。而赵、陈两位主任认真办学,使青云校风驰誉四会、广宁。尤其赵继祖老师为人和蔼可亲,循循善诱,好学不倦至今念念不忘;陈大展、张景益等老师教我们图、工、音、体;参加劳动、养猪种菜、做豆腐、做饭、织草鞋、建校等,把德、智、体、群、美融入管教中。从小培养学生的自立自信能力,莘莘学子受益终生。

(三)学生与社会

来自顺德各乡的八百多名失学儿童,分批夜渡封锁线,长途跋涉到佛仔堂,邻近老乡无偿提供祠堂住地。待"竹笪批荡",校舍建成后才分批分住上课。他们小小年纪,举目无亲,素不相识,而亲如手足,互相帮助;他们共同学习、劳动和文娱,有序地生活在一个大家庭里;他们手抄课本,点燃松香烛夜

青云志

读。完成小学课程升上初中；他们缺医少药，失营养，两匙豆腐佐蒸饭，一碗牛骨汤配合药物解除夜盲症；他们避寇入村认村民为"父母"，避过险关，又以歌、剧慰问乡亲以答谢。

抗日胜利满院欢乐。大门前贴着"胜利归来，春山欲笑；成功在望，志士腾欢"的对联，"废墟重建在人为，教养儿童快着鞭"的豪言壮言，鼓舞着思乡的几百学子。

秋尽初冬，院方买舟返回故里。莘莘学子因见到家长而欢乐，继续安心就学，供读到初中毕业。今天祖国各地与异国工作的青云校友，每逢校庆，互访聚会之际都笑逐颜开谈往事，倍感亲切。他们服务社会、回报社会，同学中李伟强校友，事业有成，回乡捐资办学达5000万元以上。校庆时为回报江谷乡亲，又独资捐出1380万元创办四会江谷青云小学，指望四会江谷青云小学与顺德青云中学形成系列。还设立奖教学基金，保证青云精神代代相传，此志可敬可佩！

六、回眸"青云"十则①

欧阳学翘

（一）青云儿童教养院的创办背景

顺德在珠江三角洲的水网地带，全县面积 806 平方千米，沦陷前人口约 60 万。由于土地肥沃，人民勤劳，所以蚕丝和养鱼业很发达，邑中又有不少人到邻近的港澳经商、谋业，人民丰衣足食。

1937 年 7 月 7 日，日军发动全面侵华战争，1938 年 10 月 21 日广州失守，顺德亦随之成为沦陷区。沦陷后的顺德，被日军封锁，连年饥荒，饿殍载道，人民惨遭杀戮。几年间，顺德就损失 30 万人，占全县原有人数的一半。嗷嗷待哺的儿童，流落街头，无家可归，奄奄待毙。1941 年，周之贞、廖平子等先生，痛感儿童的失养、失教，悯苦少小惨受摧残，深感"义难坐视"。为保存地方"元气""延续国脉"，从百年树人大计，抢救、培养和造就下一代人才起见，遂与邑人何彤、伍蕃、冯焯勋、郑军凯、郑荣、陈骥、伍颂折、陈劲节等商议，决定以青云文社名义，集顺德人士于曲江顺德旅韶同乡会，筹组抢救邑中难童事宜。

---

① 选自于青云中学校友编纂组编印《青云之路》（第二册），第 119~133 页，2005 年 7 月印刷（内部赠阅版）。作者为儿教院学员。

青 云 志

　　1941 年 9 月 30 日,旅韶同乡会议决筹办儿童教养院,负收养管教之责,并确定其经费筹集办法,以请拨顺德青云文社租项、向各界募捐,请求政府和各团体济助为基础。为健全领导职责,随即成立顺德抢救难童委员会和儿童教养院筹备委员会。抢救委员为何彤、郑彦棻、伍蕃、陈骥、萧次尹、何雪甫、岑学吕等人;儿教院筹备委员会主任为周之贞,委员有伍蕃、郑彦棻、陈器范、冯焯勋、伍颂圻、何雪甫等。10 月 14 日,儿教院董事会成立。周之贞兼任儿教院院长,廖平子为副院长,儿教院取名为"顺德青云儿童教养院",铭记青云文社救助之义。院址择定为偏僻、安全的广宁县第八区荆让乡之佛仔堂。为便于抢救、转运邑中难童,设办事处于鹤山县沙坪玉桥乡易氏适叟祠顺德县政府内。

　　是时政府虽有任命周之贞先生为广东三角洲游击司令之职,但周先生以抢救难童为急,舍弃该职,并即奔赴鹤山,往来四会、广宁、顺德之间,办理联络、筹款、抢救、聘用人员等事。1942 年 11 月 7 日起,被抢救的难童分批偷渡日军封锁线,走上进军四会、广宁的征途。几百难童从此改变了一生的命运。

(二)劳动要看青云人

　　战国时期我国的大思想家、大教育家孟子有一段名言:"天将降大任于斯人也,必先苦其心志,劳其筋骨,饿其体肤,空乏其身,行拂乱其所为,所以动心忍性,曾益其所不能。"概括来说,就是一个人将来要能成大事,必须经过艰苦的磨练。周院长深谙这个道理,所以在他创办的青云儿童教养院中,把劳动教育、劳动锻炼和劳动安排放在一个很重要的位置上。规定凡在儿教院接受教育的人,一律要参加劳动。

　　儿教院的劳动类别大抵分成三大类:一是建校劳动,二是常规劳动,三是突击劳动。

建校劳动。主要集中在1942年秋冬至1943年春夏季。1942年秋冬,由顺德抢救至四会的几百名儿童,分别借住于佛仔堂附近的杨村、洗村和苏村。白天,这些儿童不是在树林中上课,便是外出劳动。此时,正是建院的大忙期,所以每周都会有几次劳动安排,主要是去"谭公庙"拾竹抬杉或去"四泰"运瓦。谭公庙和田寮离佛仔堂都有几千米的路程,儿童们多数光着脚,走在泥泞的乡村小径或高低不平的山路上,还要抬着重物,艰巨性是不言而喻的。但在几个月时间内,儿教院包括大礼堂、教室、宿舍、饭堂、医务室等大小50多座新房屋就巍然屹立于佛仔堂上,而这些房屋所用的建筑材料大部分是儿童们肩扛走路完成的,这不能不说是个奇迹!

常规劳动。迁入新的院址后,运输建筑材料的任务基本结束了,随之而来的,则是多式多样的常规劳动,包括种植、养猪、磨谷、磨豆腐、编织、炊事和运谷运柴等。

种植或称耕作。这又分公共耕作和个人耕作两种。公耕由院方统一规划,分班包干,较多种植花生、芋头和蔬菜,产品登记后送饭堂为集体加菜;自耕地基本上两人耕作一两畦,种植的品种自定,收获的产品由自己处理。由于同学们都有改善生活的愿望和竞争向上的心理,所以对农事能精耕细作,勤淋水施肥,注意病虫害,致使作物欣欣向荣。罗林长等同学种出的白菜,单株就有两斤以上,同学们纷纷向他们取经。

编织主要是织草鞋、织竹帽。儿教院的儿童基本上是赤足的,到了寒冬的时候,许多同学脚上都生了冻疮,走在冰冷的泥泞路上很不好受。因此,院方专门请人教儿童学织草鞋,有草鞋可穿,走路就好多了,有的同学还把自己的破衣服撕成布条,织成草鞋,有这么"高级"的布草鞋穿,令许多同学很羡慕。赵汝安同学的编织技术最好,也乐意教人,许多同学都拜他为师。

至于磨谷、磨豆腐、舂米、炊事（要煮几百人的大锅饭）需要较大的体力，也有一定的技术性，多由高年级的同学轮流负责，但低年级的同学逐渐长大后，同样要参与这些劳动。

去江谷墟抬米、抬柴，除少数年纪太小者外，大家都要参加，一星期大约要去一两次。往返几千米，担着重物，到途中的大榕树下，大家都会歇下来休息片刻或上厕所。此地有户人家养了一只大黄狗，此狗见到儿教院的学生，总爱摇头摆尾走过来，在学生身边转道，显得十分亲热，似乎在说："你们辛苦了，多歇一会再走吧！"最后一位同学离去时，它还要跟着走一段路。难怪有些农民说，儿教院办在此地，鸡狗都开心。

此外，还有突击性的劳动，如拓展荒地与开辟运动场。佛仔堂是个山坡连着山坡的地方，没有平坦使用的运动场地，师生们靠着锄头和箩箕，竟搬掉半个山坡，开辟出一个平坦的七七运动场，以纪念抗日战争的开始，争取中华民族的伟大复兴。

经过在儿教院几年的艰苦磨炼，很多的人都练出了不凡的身手、顽强的意志和可以终身受用的独立生活、工作的能力。他们进入社会后，能敬业乐群，胜不骄、败不馁，在各自的岗位上做出贡献。

（三）由学生当乡长的青云乡

在青云儿童教养院内，有一个颇有名气的青云乡。这个乡的办事机构叫作"乡公所"，乡公所内设民政、文化、经济、警卫四个股，乡公所还统辖着一批保、甲。这个乡的乡长、民政股长、文化股长、经济股长、警卫股长和保、甲长全部由学生担任。

青云乡是教养院内的儿童群体，乡长实际正是学生会主席。为什么不叫学生会而叫乡呢？原来，这是周之贞院长办学育人宗旨的体现。周之贞先生创办儿童教养院,一方面是要抢救顺德的难童,以免他们失学失养甚至挨饿致死,同时也为培养人才。他期望通过严格的教育培养,能造就出文学家、艺术家、科学家、企业家,且要有管理社会、治理国家的重要人才。他常以孔夫子"正心、修身、齐家、治国、平天下"的哲理教育学生,他常谈:"你们长大后,起码要能当'三位一体'的要才。'三位一体'就是一个人能身兼乡长、校长和保卫地方的团营长。"周院长认为,自小就要培养孩子有管治社会的意识,因此儿教院的学生组织不叫学生会而叫乡,建制是"乡","乡"就要有"乡长"。

青云乡的乡长是颇有权威的。乡长管辖着的四个股都有明确的职责。

民政股,负责院的消毒、消灭木虱、防止疾病流传,组织卫生大扫除,筹划加菜和分配牛骨汤等。

文化股,负责墙报的评比,书法、绘画、演讲、作文比赛,运动会的宣传、鼓动,话剧团、歌咏团的排练和演出。

经济股,介绍与组织种植、编织(织草鞋、织竹帽)、养猪、磨谷、磨豆腐,办好消费合作社和生产合作社。

警卫股,负责维持学生纪律,保管好锄头、箩筐等生产工具,派人站岗放哨,保护好各种草树(主要是大蕉和橄榄等)。

保长,相当于一个教学班的班长,负责带好本班。甲长,相当于小组长,平时负责分饭分送菜。乡长、股长、保甲长,各司各职,做得有声有色,而且儿教院管教严格,老师能循循善诱,所以学生纪律良好,从未听说学生有打架、吸烟、赌博或偷农民东西的事发生。当年,虽然物质极度缺乏,但学生精神生活丰富,学习的自觉性、积极性很高。所以校友的诗词中有"山沟办出名学府,校风学风两超群"之句。

当年的乡长、股长、保甲长都是先由学生提名,再由院务会议决定任免的。这些带"长"字的人没有任何津贴,但乡长和股长有一个"特许",就是"留西装"(理"西装"头发),但任期届满,不再担任乡长、股长时,就要像其他同学一样刮个光头,归队"佛仔"。

有不少的老校友曾担任青云乡的乡长、股长或保甲长。如今,参与《青云之路》和《青云之光》编纂工作的老校友欧阳学翘、吴均伯、梁以明都曾担任青云之乡的乡长。

(四)深得群众赞誉的青云话剧团

为了丰富课余生活,对儿童进行多方面教育,青云儿童教养院经常举行师生同乐会、游艺会、月光会、歌咏比赛、话剧演出等。在此基础上,逐步形成了歌咏团和话剧团。

话剧团在1943年下半年已初具规模,次年已成为组织严密、道具、灯光、化装、效果、舞台监督、后台提词和导演分工明确的剧团了。先后担任过导演或合作导演的有张景益、陈大展、苏国梁、欧阳可燊和赖子英老师等。赖子英是中央戏剧学院院长欧阳予倩的挚友,赖老师用从挚友处获得的理论和艺术来指导自己的学生,使青云话剧团得益不浅。

青云话剧团的演员主要是学生,但当时的教员也很乐意参与,如苏惠霖和陈明铿等老师都曾担任重要角色。学生演员多为中、高年级学生,吴均伯、何汉和、周澄海、欧阳学翘、周锦荣、何海丰、周栢枝、周莘桓、区汉滔、苏宗伦、廖文权等多人都参加过演出。

由于青云儿教院招收的全是男生,所以剧中人的女性角色只能由男生担任,周澄海和欧阳学翘在几个大的剧目中都担任女角,他们男扮女装,惟妙惟肖,在四会演出时,不少观众不相信这是男扮女装,差点弄出笑话。

青云话剧选演的剧目,基本上由简单到复杂,由小型到大型,但内容都是健康的、爱国的,如《顽童一页》《杏花春雨江南》《无情女》《红心草》等剧目中的抗日救国的情节,使观众大受感动,深受教育。

我国著名武侠演员关德兴是《大侠甘凤池》《神鞭大侠》等戏的主角,在四会公演时,主动请儿教院的演员做他的配角。演出成功,他十分满意。

1945年8月,日本宣布无条件投降,12月儿教院迁返顺德,青云话剧团继续它的活动。为向社会汇报儿教院多年的施教情况,并为筹设院方一些经费,青云话剧团于1946年春季,先后到莘村、沙滘、碧江和勒流等地公演话剧,"誉满绥江"的青云歌咏团演唱了《游击队之歌》和《黄河大合唱》等歌曲,碧江的苏德文等苏氏姐妹音乐造诣很深,她们自愿加入演出。精彩的话剧、歌咏和音乐演出,不时搏得观众热烈的掌声。演出的成功,既教育了群众,也大大提高了"青云"在社会上的知名度。

1948年,青云中学招收自费生,新添了一批女同学,欧湛杭等被吸收进话剧团,在后来的演出中,欧湛杭曾担任剧中的女主角。

青云"两堂"(佛仔堂和肯构堂)的老校友情系青云话剧团,以至在他们走上工作岗位后,仍念念不忘。当年,赵汝安在道教小学当校长,欧阳学翘在良教小学任职时,都曾在本单位组织师生和当地群众进行话剧演出,且取得了很好的效果。

(五)永记周院长的教导 珍视周院长的留影

由于周之贞先生德高望重,学识渊博,又是几百难童的救命恩人和教育成长的高才导师,所以青云儿教院的学生对他非常敬重,感恩戴德,没齿难忘。

1949年夏,青云中学第二届初中毕业生喜忧交集。喜的是,经过几年的艰苦学习,终于初中毕业。初中毕业在当时是令人十分羡慕的。忧的是,当时社会动荡,物价飞涨,人浮于事,怕毕业即失业。此时,忽闻周院长要来参加

青云志

今届学生的毕业典礼,大家奔走相告。

周院长见到师生总是问这问那,十分关心。毕业典礼开始后,周院长坐在一张木椅上讲话。他不用讲稿,流利地讲了一个多小时,他讲话的内容主要有三点:

第一,"吃得苦中苦,定可胜别人"。他引用孟子的一段名言:"天将降大任于斯人也,必先苦其心志,劳其筋骨,饿其体肤,空乏其身……"你们的童年是辛苦的。顺德沦陷几年,人口减少了一半,有30万人被打死、饿死,或流落他乡,惨死途中。你们侥幸闯过鬼门关,但在儿教院的几年也是够苦的,吃的是自己舂的糙米,一餐饭菜是每人一打白豆或三匙羹水豆腐;冬天穿的是两件单衫加一件"龟壳"(棉背心),一年到尾多数人整天赤足,后来学会织草鞋,寒冷天时才不致要赤脚走路;有病又缺药欠医……但你们能经得住多年的磨练,以后即使碰到艰苦的生活,肯定也能经受得住,比别人生活得愉快,对社会的贡献也会更大。

第二,"要守望相助,疾病相扶持"。你们在儿教院几年,这方面是做得很好的。日军进犯江谷时,怕敌人要到儿教院杀人放火,院方把大家散到附近村庄,假作农家子弟,院方派出学生到附近山头、路口放哨,及时把敌军的动态向院方传送,保护着院舍和师生的安全。同学有病,你们会无微不至地陪伴守候。学生因病住进医务室时,始终有同学为他喂食和洗衣服……你们投身社会之后,与同事、朋友相处时也要有这种精神。

第三,要"善读使人书"。世界上许多伟人、能成大事的人,他们好多的本事是从实践中学来的,也可以说是对"无字的书""使人的书"读得好。怎样读"使人书"呢?可举个例子说说。

你要把一张桌子搬到讲台上,自己一个人搬不动,怎么办?你可以对一位身强力壮的同学说,你的体力很好,请你帮我一起把桌子搬到台上去,还

454

征求他是把桌子横着搬还是直着搬，搬好后说声谢谢。这位同学虽辛苦了一阵，但会感到高兴，因为他做了件好事。

这个简单的事例体现着四层意思：一是办事要有明确的目标；二是识选人，会用人；三是让人发挥其聪明才智；四是对人要激励，使他的作用发挥得更好。

此理推而广之，你的"使人书"就更有作用了。比如，你要办个建筑公司，你的目标一是为了发财致富，二是为了造福社会。你肯定需要很多人的帮忙与支持。你要聘请擅长园林建设的专家为你设计亭、台、楼、阁；要聘请擅长高层建筑的专家设计摩天大厦；要聘请廉洁奉公，会精打细算的人为你理财。这叫作"知人己任"。你又很乐意听取他们的意见，"士为知己者死"，他们会充分发挥其聪明才智，加上你的赏罚措施，企业肯定会搞得风生水起。

周院长的讲话，让学生欢欣鼓舞，不时发出热烈的掌声。他又说，我不是要大家不去读书，要读书！如果有条件，应继续升学，没有条件升学，也要自学。古人的书要读，今人的书更要读。知识越广博，越受人尊重，在社会上越有立身之处，办各种事情越有本领。望大家把青云儿教院那种勤奋学习的好风气发扬下去。

典礼结束后，周院长与师生合照。此照片历经半个多世纪后，几已全部散失，香港校友赵绍椿同学把它翻出来。加晒了若干张送给有关师生与部门，大家都十分珍借这张照片，当年参与拍照的同学更引以为荣。

（六）漫话青云读书风

1942年秋，由顺德抢救到四会的几百难童集中在瑶头、白土，随后转到佛仔堂附近的杨村、冼村和苏村，安顿下来后，随即开始上课。但当时，既没有教室，也没有桌椅、课本。白天就在住地附近的树林下上课。每个难童发一

青云志

块小木板,大家席地而坐,木板放在膝盖上。老师把一块小黑板挂在树林上,把自编的教材(讲义)抄在黑板上,让大家抄下。没有笔墨,老师用乌烟拌在牛皮胶水里做墨,把竹节锯开做墨盒,把竹枝削尖做笔。

由于学生成绩参差不齐,有的由于长期失学,懒散成性,所以夜间上课时,有的孩子会搞小动作或与同学逗笑。但由于老师管理严格,且不断进行学习目的——抗日救国、建设家乡、振兴中华的教育与品德教育,提倡发扬我国固有的"教品励学精神"及恪守"以和悦态度对人""奉公守法,礼节是治事之本"的原则,在纪律教育中,实行"我约束自己,管理自己""我离开老师也能严守纪律",师生又生活在一起,同甘共苦,老师对学生关怀备至,因此学生的学习成绩进步很快。

几个月后,儿教院新院落成,大家高高兴兴地搬到新院址。随后举行了甄别考试,按级别重新编班,有的学生调升一级,有的跃升两级。院方又进一步实施有别于其他学校的制度与措施。规定:没有寒暑假,没有星期天,原则上每天上午上课,下午劳动(雨天改上课),晚上自修。如果不是外出抬谷抬柴或有开垦的劳动,则下午是上了一两节课后才让大家去淋菜施肥。所以每年的实际教学时数要比正常学校多。晚上的自修,照明是点松香枝,但学生纪律良好,高低年级的课室都鸦雀无声。

为了调剂儿童的学习生活,院方又经常组织各种有意义的活动,如说书、演讲、作文、图画、习字、墙报等比赛,以及歌咏、话剧演出等,推动了读书风气的形成。

由于学生学习目的明确,师生关系良好,老师能因势利导,学生能养成一种自学的兴趣和习惯,因而学业成绩很突出。1944年,儿教院曾在四会县城举行成绩展览,当地许多人参观后都称赞不已。高小毕业生考曲江、四会等地中学者,每试冠群。1945年日本无条件投降后,儿教院迁回顺德,校风、学风都得到发扬。1946 年 8 月 13 日,经广东省政务督导一团视察,认为难童的学习成绩已超过普通学校,旋即嘉许全校员生,颁发奖金 10 万元。

从青云儿童教养院毕业的学生,有的以初中毕业的学历考上了高校,有的靠自学在岗位上成为成才的尖子。´

(七)名气不大,作用不小的青云拯溺队

青云中学在肯构堂时期曾经有一支"拯溺队",这支"拯溺队"可说是名声很小,但作用却不小。

1946 年夏,期考前夕,有几个低年级同学擅自到学校附近的"马基头"游泳,张耀光不慎滑到河边的深水处,几个同学不敢下去救人,又不敢大声呼救,他们慌慌张张地跑回学校,告诉同学,再由同学告诉老师,老师立即呼唤几个身体高大、熟悉水性的同学前去抢救。经过一番打捞,终于把溺水的张耀光拖出水面,并立即进行"倒水"(把溺水者双脚挂在抢救者的肩上,抢救者急跳急跳,意图把水倒出来)与人工呼吸,但因溺水时间过长,医生与多位同学的抢救终未能把这条小生命救回来。

此事对全校师生震动很大。因为每年夏季"西水大"的时候,学校低洼的地方都受水淹,成了低年级同学的"游泳池",而且学校的农场在门口小河的对岸,虽有木桥可去,但要绕个大弯,多走几百米的路程,所以同学要去农场劳动时,都是游水过去的。因此,涉水的问题成了学校的大事。

为了确保学生涉水安全,就要让全体学生都学会游泳,为防意外事件的发生(如游泳中突然抽筋),学校又专门成立了"拯溺队"。经过游泳比赛,选出身体好,游泳技术拔尖,且又勇敢的同学做队员,并请有经验的人员给予培训。

这支由十多人组成的拯溺队,每天下午和晚饭后活跃在河边,辅导同学

学习游泳,并密切关注着水面动态。此后,学校从未发生过游泳事故,同学们的游泳技术得到很大提高,且大大增强了身心健康。

这个拯溺队还做过不少好事。校门前的小河是运蔗船的主要航道,有时因船只过载又遇退潮,船会搁浅,拯溺队的同学就主动帮船家把船推过浅滩,顺利把甘蔗运到糖厂。押运人员往往要送给同学一些甘蔗做酬谢,拯溺队则把这些甘蔗给同学们分享,真是皆大欢喜。

(八)周院长说"日本的事话你知"

在青云儿童教养院,周院长对师生讲话时,常会说:"日本的事话你知。"如今虽事隔六十多年了,但我们的印象仍十分深刻。

日本于 1868 年进行了明治维新,日本资本主义迅速发展起来。与此同时,其军国主义势力也迅速抬头。1894 年 7 月,侵占朝鲜的日军对中国海陆军发动突然袭击,中国战败,被迫签下《马关条约》。这个不平等条约规定要赔偿日本军费两亿两白银,要"割让"台湾及所有附属岛屿……1904 年,日本发动了与俄国争夺东西霸权、重新瓜分朝鲜和中国东北的帝国主义战争。1927 年,日本首相田中义一在内阁会议上推出《对华政策纲要》,并给天皇一份秘密奏折,内称"欲征服中国,必先征服内蒙;若征服世界,必先征服中国"。可见,日本当时的野心,就是要吞并中国,征服世界。几年后,1931 年,日本在我国东北发动九一八事变,1932 年 1 月,日军侵占我国东北全境。1937 年 7 月 7 日,日本发动了全面的侵华战争。

周院长说:"日本的军队是一支全世界最野蛮的军队。其中,尤为残暴的是'久留米师团'。'久留米师团'是一支'野仔兵'(由私生子组建的军队)。日本男女之间的性关系极不严肃,所以私生子特别多。日本政府有意把这支野仔兵训练成一支对外侵略的急先锋。所以在日本各地设立了许多'信箱',这些'信箱'专门用作接收私生子的。苟合的父母把私生子送入"信箱"后，随后就有人收了送入育婴院，几年后送入幼儿园，并逐步加强掠夺别国的教育，如拿天津雪梨给孩子吃，吃后问孩子好吃不好吃，孩子说：'好吃'，培训人员就会说：'这些雪梨是中国天津出产的，将来我们占领中国后，天津雪梨和其他好吃的东西就能任你们随便吃了。'对接近成年的学生就说：'中国名叫支那，支那是半死不活的意思，我们要打支那。只要几个月就可以把整个中国占领了，支那有很多漂亮的花姑娘，我们占领中国后，花姑娘就任由你们摆布，你们就可以充分显示日本男子的雄风了。'"

日本军方还给日本远征军以特别训练。例如，把婴儿抱起掷下地时用刺刀把他捅死，举行杀人比赛，让模拟的中国人跪下，用大刀把他的头砍下，看谁在相同时间内砍下的人头最多，又训练用机关枪扫射被反绑的人群……

这些日本兵在中国实行了"杀光""抢光""烧光"的"三光"政策。日军杀害中国人的手段确是无所不用其极。1937 年 12 月 13 日，日军侵占南京后，对中国人民进行了长达六周的血腥大屠杀，被集体枪杀和活埋的中国军民有 19 多万人，零星被杀的居民有 15 万人。我们顺德原有居民 50 万人，沦陷几年，被日军屠杀的、饿死的，或逃难外地、客死他乡的就有 30 多万人。在座的同学中，父母兄弟或亲友死于日军铁蹄下的相信为数不少。你们来四会儿教院不是要偷渡日军的封锁线吗？如果你们在偷渡时被日军发现，早已葬身鱼腹了。

因为对日本帝国主义有深仇大恨，所以每餐饭大家都会振臂高呼："每饭不忘，打倒日本！"周院长说："你们有志气，我很高兴，很自豪。"

(九)在儿教院，谈虎成趣

20 世纪 40 年代初，顺德几百难童被抢救到广宁、四会交界的山区，先是

青云志

借住农村的祠堂，1942年秋冬，才住进新的院舍。在儿教院的几年，我们听过不少当地有关老虎的趣事。

在杨村的时候，我们听老乡说，多年以前的一个傍晚，村边的树林中出现了一只老虎，乡人见状，奔走相告。老人、小孩迅速躲到屋内，青壮年男子都拿起锄头、刀、棍，严阵以待，老虎见人们手上都拿着武器，便迅速离去了。此后，杨村从未见过老虎的踪影。

在佛仔堂的时候，一天，听说附近村子夜里闯进一只老虎，咬住一头猪，猪哇哇大叫，惊醒了主人和邻近的农民，他们纷纷拿起锄铲、刀、棒，老虎见人多威武，就慌不择路，要从一堵矮墙跳出去，岂料跳起后，猪在墙外，虎身在墙内，矮墙则刚好卡住老虎的脖子，进退不得，众乡亲迅速将老虎打死。第二天，江谷圩就有老虎肉出售，吃掉老虎肉的人，好长一段时间后仍在谈论吃老虎肉的滋味。

儿教院有个"打更佬"（更夫），每晚负责打更、守夜。一天，三更过后，他酒瘾发作，便去附近的村子买酒，回来的路上，几百米的远处有只大老虎，两眼如电灯闪闪发光。更夫大惊，但立即理智过来，猛力敲打手中的铜锣，并迅速爬到路边茶亭的横梁上去。直到第二天，农民下田的时候，他才返回儿教院，大谈昨晚的险遇，人们都称赞他机智镇定。

我们的儿教院，虽地处山区僻静，但我们从来不怕老虎。因为儿教院周围有竹篱笆，老虎是无法进来的。日间，由于儿教院没有寒暑假，没有礼拜日，极少有人单独外出。要外出，基本上都是去担柴挑谷，集体往返，且人人都有扁担或箩筐。有的同学打趣说："老虎见状，都会契弟走得摸（逃得越快越好）。"

也有同学从儿教院不怕老虎说到国家的安危。"如果我们的国家有坚固的国防，全民皆兵，人人不怕死，最强大的帝国也不敢轻易攻来，即使我们战败，敌人也不会威风凛凛地进来，只能躺在棺材里出去。"

(十)对岑学吕题词"不独子其子"的体会

顺德名人岑学吕先生曾送给周院长一幅题字，上书"不独子其子"五个大字。对这五个字，周院长确是受之无愧的。

我的体会也可以充分说明上述内容。1942 年，青云儿童教养院在顺德各地招收难童，我被选上后高兴得跳了起来。1943 年 10 月 30 日，新院舍全部落成，举行隆重的庆祝活动，省内的名流和顺德各区的代表来了不少，大多数都安排在周院长当时在江谷的寓所(塘寮)食住。一大批嘉宾到来，当然要热情接待，除一部分教职工参加外，还挑选了区汉滔、梁庭昌、欧阳学翘等八九个同学当接待员。对这批小接待员，周院长进行了培训。院长讲：古书上说，礼义廉耻，国之四维，四维不张，国及灭亡，可见礼字的重要性。你们对客人一定要懂礼节，有礼貌。对待宾客从早上的打招呼、用餐时的排席次到打扫卫生的时间和动作……都说得很具体，我们都能一一照办。几天后客人全部离去时，周院长赞扬我们做得好，并鼓励我们要勤奋读书。此后，我读书确实非常用功，以致在其后的特别考试中能由三年级跳升五年级，读五、六年级的时候，老师给我的评语一直是"品学兼优，全级之冠"，还连续两届被选为"乡长"(学生会主席)。

1944 年，青云儿教院曾到四会县城演出话剧和举办学生成绩展览，周澄海在话剧中扮演女主角(男扮女装)；展览中吴均伯的文章、旋广的书法、罗庆沃的水彩画、欧阳学翘的铅笔画深得县长邓征涛和当地文化教育界的好评，周院长对此十分高兴，所以当我读初二的时候，初中部缺少图画教员，周院长就提出让我上小学三、四年级的美术课。我想，院长对我如此信任，我一定要把课上好。

青云志

1948 年，我初中毕业，学校没有高中，我只好回老家帮助耕种。当年九月，我去香港找工作，院长叫我先住在他家，好积极地去找工作。我姨母住在院长家不远处，所以我白天去姨母家吃饭，晚上到周院长家投宿。

周院长的家在湾仔洋船街山边台。这里是富人的居住区，但当我到周院长家一看，除了桌椅板凳，根本看不到值钱的东西，院长家没有佣仆，煮饭买菜都由院长的外甥梁新去干，梁也曾在儿教院工作，我与他很要好，我在院长家住宿，都是与梁新在大厅睡地板，拿旧书报做枕头。过去常听人说，周院长为办儿教院真是"毁家纾难"，眼前的情景，令我深有感触，深表敬佩！

梁新当时也未找到工作，所以能有较多时间与我聊天。梁告诉我，周院长本打算让我和几位同学去广州报考高中，费用由他筹措。但毕业后大家就各散东西，不知下落，现在考试时间已过，去不成了，我很可惜失去了一次极好的求学机会。我只好到一间纸料文具店打工。

此时，周院长仍时时为我的工作与前途操心。1949 年 2 月，他要我返回青云中学工作，当教务员，让我一边工作，一边学习，以求自学成才。年底，学校经费来源断绝，教职工拿不到薪水，我再次去到香港，在黄仲典儿子开的商号找工。黄是周院长当官时的部下，也曾在青云儿教院当过总务主任数年，他俩的感情很深厚，黄先生不时叫我送信件或送物品给周院长，院长见到我总是非常高兴，问这问那，并一再鼓励我要自强不息，要有志气、有骨气、有勇气、有朝气。不管有无机会进入学校都要多读书。知识就是财富，"你有知识，人家偷不去，抢不走，也不怕在路上丢失"。

1950 年 6 月，周院长因病辞世，黄仲典先生得知，亲自撰联，并让我送到其家中，我乘的士前去，在车上，周院长的音容举止不断在我的脑海中涌现。当我把挽联送到目的地时，我的眼泪竟把挽联滴湿了。

七、接过周之贞先生的接力棒①

李伟强

我幼年适逢国难,就投奔内地青云儿教院就读。当时,艰难当道,挫折在前。但周之贞先生变卖家产,供我们吃、住和读书,使儿教院得以生存与发展。我辈能有今日,当不忘周公昔日实践的教学兴国思想,更要把他义薄云天的侠义精神发扬。

在儿童教养院艰苦求学的几年间,我们的生活是十分困难的。可以说是在缺医少药、温饱不足的环境中,求生存、求知识。在苦难的岁月里学会了生活,学会了做人,在与饥饿、疾病的搏斗中长大。我们越活越坚强。生活虽然艰辛,学习却十分刻苦。学校还安排时间要我们参加体力劳动。比如,运输建校用的竹木,开辟荒地种杂粮和蔬菜,借以自救。我们还积极开展文娱体育活动。日常生活纪律化,学生们实行自己管理自己的方针,锻炼自立自强的能力。同学学习风气好,学习兴趣浓,学习成绩高。所以后来我到广州投考中学,亦能顺利被录取,得以继续深造。

在周之贞院长不遗余力地教导和带领下,青云儿教院的学子们不畏艰险,自强不息,勇往直前,形成了独特的青云传统。这就是:爱国家、爱集体、艰

---

① 选自《青云之路》编纂小组编辑:《仁者爱人　薪火相传——民主革命家、传统教育家周之贞先生纪念文集》,第57~58页,2007年8月印刷(内部赠阅版)。作者为儿教院学员。

青云志

苦朴素、勤奋学习、团结友爱。

《礼记·学礼》说："玉不琢,不成器。人不学,不知道,是故古之王者,建国君民,教学为先。"周之贞先生主创办青云儿童教养院就是这样做的。我也深受周之贞先生的这种精神所感动,希望接过他的接力棒,大力支持家乡的教育事业。

如今,人们的人生观已经改变了。他们经常思考的,是自己为社会做了什么,向社会贡献了什么。这才是做人的最高境界。

《论语》云："四海之内,皆兄弟也。"又说："夫仁者,己欲立而立人,己欲达而达人。"这些话使我懂得,有仁德的人,自己想有所建树,也要帮助别人建树;自己想要做到的,也要帮助别人做到。周之贞先生在国难当头、举步维艰的日子里,竭尽全力,做好"续国脉、保元气"的工作。他怀着父辈的慈爱之心,含莘茹苦地哺育着众多学子。如今,青云儿童教养院已硕果累累。那些昔日的难童,已卓然成才,在各自奋斗的领域,默默耕耘。我们应该抱有感恩之心,为社会、为家乡,做出自己的贡献。

我深信,周之贞先生的侠骨柔肠、忧世忧民的思想,相友相助、仁者博爱的精神,一定会薪火相传、发扬光大。而且我更深信,更多的青云学子,会继续发扬青云的优良传统,立德立功,盛德至善。希望周之贞先生创建的教育业绩,百尺竿头,更进一步。因为我们有宝贵的遗产,这就是独树一帜、彪炳千秋的青云精神——刻苦、勤奋、友爱、助人。

致　谢

本书是《青云：周之贞和他的学生们》课题的成果产出。这一项目由广东省和的慈善基金会和广东省德胜社区慈善基金会、佛山市顺德区北滘慈善会联合资助，由广州公益慈善书院承接执行。本项研究的顺利开展和最终完成，离不了许多单位和个人的支持与帮助，在此我们致以诚挚的感谢！

首先，感谢每一位接受我们采访的青云老人及其家人们，如果没有他们的支持和配合，就不会有这本书所呈现出来的口述史内容。他们是：蔡尔洪及夫人、蔡武鸣、陈福锐、陈文权、方启璇、冯绍伦、黄祖泽、黎树禧、李伟强及秘书马锦菁小姐、麦启德、麦志辉、欧星权、欧阳广源、欧阳学翘及其子欧阳力和欧阳雅、苏振坤、吴范夫之子吴少隆、辛永雄、杨国彦、周均权的遗孀杨巧云和儿子周培文、郑学善、周扬海。

我们要特别感谢顺德青云中学的廖平辉副校长、陶霞主任和四会青云小学的谢东文校长。在寻访青云儿教院老人及儿教院旧址、参访四会江谷青云文化纪念馆等的过程中，他们给我们提供了无私的支持和帮助。我们也要特别感谢青云中学已退休的老校长何瀚桂先生，他为我们了解青云中学的复名过程及青云校友会的情况提供了宝贵的意见和资料。我们也要特别感谢顺德北滘周之贞纪念馆，纪念馆的馆藏展品成为本项目的重要资料来源；

青 云 志

感谢纪念馆的管理员苏振中先生，他帮助我们与广州青云校友会的会长蔡尔洪先生取得了联系，使得本项研究能够顺利展开。这里，尤其要感谢广州青云校友会的蔡尔洪先生，他八十五岁高龄仍然为我们的访谈和拍摄四处奔走，提供了极为关键的支持，也对我们的作品提出了宝贵的批评意见；我们要感谢香港青云校友会的欧星权先生，我们在香港的访谈和拍摄全赖他的奔走联络。感谢李伟强先生及其秘书马锦菁女士，为我们在香港以及顺德莘村的拍摄提供场地并且安排了细致的行政支持。我们也要感谢邓四明先生，年逾六旬的他由于其父邓征涛与周之贞的渊源而成为青云"小友"，一路陪伴和参与了部分访谈和拍摄的过程，帮助我们澄清了很多历史细节。我们也要感谢顺德档案馆，其馆藏资料为本研究的开展提供了重要的线索和历史文献支撑。

专题片的拍摄和剪辑是整个项目过程中耗时最多的工作。感谢深圳市贝斯蒂文化传播有限公司，陈兰、朱军武和伍晓勇为此付出了超出预期的精力和心血，并不厌其烦地对专题片进行修改。感谢广州街市文化发展有限公司的小石、小蚁和各位伙伴在专题片制作前期的辛勤付出。感谢宁夏大学的狄良川博士，协助拍摄了本片需要的部分补充镜头。

最需要感谢的，是顺德本地三家非常重要的基金会的支持。广东省和的慈善基金会和广东省德胜社区慈善基金会不光为本项目提供了资金支持，他们的同仁也为项目的开展躬身力行。广东省和的慈善基金会副理事长周培文先生早在项目开始之前就为我们提供支持，做了大量的前期研究工作，在项目开展之后又捐出了其父遗留的一大箱青云资料，并为一些关键的采访和拍摄提供了巨大的帮助，大大推动了研究项目的进行。我们也感谢这两家基金会的项目官员谢桂花、刘冲、刘倩薇，是他们坚持不懈的跟进，才使得这项艰巨的任务在此刻能够看到成果。感谢佛山市顺德区北滘慈善会为本

466

书的出版提供了资金支持。

广州公益慈善书院是本项目得以顺利开展的坚实后盾。书院的学术委员、历史学家刘志伟教授拨冗接受我们的专访,就清末民初的华南地方社会提供他的专业见解;人类学家邓启耀教授为本项目专题片的拍摄推荐了设备资源,大大节约了制作经费;武洹宇博士和聂铂女士时时鼓励并给予及时的意见和建议。项目开展过程中的几位项目助理——黄韵婷、黄慧琳、黄沛晴、岳欣——她们承担了大量巨细靡遗的文字整理工作和行政事务。

我们深知,最终产出的书稿和专题片还有许多不足之处和改进的空间,期待未来我们还能够有机会继续完善,我们也仅以此书和专题片表达我们对周之贞先生的敬意!祝愿青云精神能够继续在顺德大地代代相传!